知識論

黃鼎元◎著

五南圖書出版股份有限公司

前言

　　本書乃爲大一至大二同學參考閱讀所撰寫的知識論教科書。知識論作爲哲學的一個分支極具重要性，但因探討對象乃人的自我認識過程，在古典哲學中作爲一反省過程時，知識論又可爲形上學起點的銜接；而在當代哲學中，知識論則與意識或心靈等複雜現象彼此相關：在此前提下，知識論的探討不若倫理學那般引人入勝，知識論的內容也不容易讓人認爲貼近日常生活。但知識論作爲探討人認識如何可能的學科，其重要性在於引導我們對自己究竟如何認識對象所有理解，所以知識論實質內容可爲「對理解產生理解」或更爲玄妙之說法──「理解理解」。

　　爲能幫助我們理解作爲理性動物的自己如何認識世界，許多專家學者提供專門研究，並產出許多重要著作。這些著作大部分針對知識論重要議題提出討論，輔以對哲學史上重要哲學家學說的研究，說明不同學派與立場對認識過程採取如何的說明。作者認爲，對於「認識如何可能」，或「我們如何認識外在世界」這些問題，回顧哲學史的發展對我們能有極大幫助。提供爲能讓讀者在短時間內掌握與理解知識論在哲學史上的發展，本書方式乃探哲學史概念與知識論系統並重之架構：於第一章首先對知識論進行概略性鳥瞰，說明知識論作爲一門學科涉及到的問題或概念。第二至第五章則依據四種主要知識論立場，從什麼都不相信到相信超越感官經驗之對象的主張，並依據哲學史發展歷程依序說明。第二章探討懷疑主義，第三章探討實在論，第四章探討觀念論，至於第五章探討神祕經驗知識論。最後結語部分將全書討論濃縮爲幾個問題，並思考知識論作爲基礎學科能夠如何與其他領域結合。

　　本書作爲概論性教科書，爲避免閱讀上過多的注釋干擾讀者，書中僅在大標題項目上註明整段文章參考資料來源，並提供有興趣進一步閱讀或

找尋資料的讀者延伸閱讀內容。若在文中加有注釋，或為延伸說明，或為極度重要而需特別註明；且為讀者進階閱讀查詢資料上的方便，盡可能提供中文參考資料為主。另外，在探討哲學家重要理論時，相同為避免注釋過多擾亂讀者，盡可能僅在重要著作第一次出現時提供全文，爾後再出現時將以縮寫帶過。

　　作者基於學習與研究之背景為士林哲學，輔以是為入門者所提供之入門教材，故題材選取上仍以古典哲學內容為主。另外既基於哲學史進行對知識論之探討，作者列舉以下幾本重要哲學史為本書撰寫時的重要依據，包括：

1. 傅偉勳，《西洋哲學史》，臺北：三民書局；

2. F. Coplston，《西洋哲學史》七卷，臺北：黎明文化；

3. 關永中，《知識論》兩卷，臺北：五南出版社；

4. S. E. Stumpf & J. Fieser著，鄧曉芒、匡宏譯，《西方哲學史：從蘇格拉底到沙特及其後》，臺北：五南出版社，2017年。

　　其中F. Coplston與S. E. Stumpf & J. Fieser所著作之哲學史，其英文原文淺顯易讀，推薦給想要透過以英文進一步理解哲學的讀者們。另外，除S. E. Stumpf & J. Fieser的哲學史為最近出版以外，其他幾本著作均屬因重要而多次重印或卷數較多者，在此就不特別附上出版日期。若於本書中出現上述四本著作也將不特別多做說明。

　　本書的完成要感謝以下許多幫助過我的師長朋友，包括我的碩博士指導教授關永中老師，指導並帶領我領悟士林哲學知識論的奧妙。感謝輔大哲學系的師生，尤其在「懷疑主義：理論與實踐」課程中參與課堂的熱烈討論；感謝基督教宣道會神學院的師長同學們在「宗教神學」課程中的討論。這兩門課在授課中基於課程需要，常常討論到哲學史上各哲學家對知識論的說明，這幾年的授課讓我累積並重新反省哲學家們知識論方面的系統與內容。感謝五南出版社編輯陳姿穎小姐在規劃與編排上的辛勞，特別

是容忍我潦草的字跡；特別感謝我親愛的妻子與寶貝女兒在這段撰寫時間的協助與包容。願榮耀歸給上帝。

2019年2月底於臺北

目錄

第五章　我們能認識超越世界嗎？

結語

第一章　緒論

　　「知識論」一詞聽起來極具學術性，彷彿不是一般人能懂得的學科。然而知識論是我們每天都在經歷或實踐之內容。就學術角度來說，哲學最根本探究的三個問題，包括「我是誰？」、「我能知道什麼？」、「我應該做什麼？」其中第二個問題「我能知道什麼？」就是知識論所研究與探討的領域。依此問題爲基礎，哲學人回答上述第一個問題以理解自身的存在樣貌，並爲第三個問題的實踐提供所需準備。就生活角度來看，只要我們看或聽到某事後發出疑問說「眞的還是假的？」，我們就在實踐知識論的內容。簡言之，知識論關係到我們每天對世界的認知，是我們每天在生活中不斷實踐的學說。

壹、知識論是什麼？

從英文字詞來看，知識論有兩個字詞意義：

1. Epistemology = epistēmē (ἐπιστήμη) + logos (λόγος)。
其中epistēmē的意思是「知識」，而logos是指「規則」，故Epistemology的意義為「與知識相關的規則」。此字詞有時也被翻譯為「認識論」。
2. Theory of knowing，關於探討知道的理論。

不論哪個字詞，都在問我們「究竟能知道什麼？」這裡所謂的「知道」，並不是簡單所謂感官體悟或相信某事的內容，還包括是否具有對特定對象認知的條件。這些知識論探討的議題極具重要性，因為知識的成立除必要條件外，還包括對其普遍有效性等問題的探問。

一、常識的意義

當我們論及知識論時，其不但在問我們具有何種標準條件來確認我們如何認知外在世界，還包括究竟什麼樣的認知條件可使被認知對象得以稱為知識。確實，知識與常識在知識論領域內是指兩個不同的認知對象：前者需基於特定條件而成立；後者雖可作為在日常生活中賴以為生的某些認知對象，但在知識論領域內卻常被認為是低於知識的認知內容。

（一）常識是什麼？

常識可泛指我們所熟悉，或應該為眾人所熟悉的某些事物——雖然我們對這些事物的內容為何不一定有共識。葛蘭西（Antonio Gramsci）認為所謂常識可被理解為在一個社會中共同接受的那些內容，透過這些內容我們可以理解或解釋這個世界所呈現的樣貌——雖然我們接受這些內容常出自於不自覺之結果，一如他認為當我們接受某種世界觀時必定屬於某個社會或團體。[1]葛蘭西點出對常識的觀察，也可在郎尼根（Bernard Lonergan）那發現。

（二）郎尼根的例證[2]

郎尼根在《洞察》（*Insight: A Study of Human Understanding*）中對常識進行討論，他探究常識究竟具有如何特性？又能對人產生如何的影響？

1.客觀意義下的常識（The Objective Field of Common Sense）

郎尼根首先考察，若常識作為一種客觀普遍的經驗對象，應具備哪些特性？雖然常識一詞常被賦予等級上較知識低的地位，但他認為一般人在常識中仍有對事物理解的洞察。所有人無需學習就會提問（一如亞里斯多德所言，人生而傾向求知），當問題不斷被提出且不斷受到回答時即能產生累積，進而產生各種學問。個人擁有的常識在教學或生活內的言行舉止之間不斷累積與傳授，進而形成團體所具之的公共知識資訊，並一代又一

---

[1] Antonio Gramsci著，《實踐哲學》，重慶：重慶出版社，1990年，頁4。關於他對常識的解釋與意識形態間的關係，可見該書頁3-25。

[2] Bernard Lonergan, *Insight: A Study of Human Understanding* (London: Longmans, Green & Co., 1957), Ch.6-7. 另外可參關永中對此之註解。見關永中，《郎尼根的認知理論：洞察卷一釋義》，臺北：輔仁大學出版社，2011年，6-7章。

代繼續傳遞與累積。

　　雖常識具有此類特性，但常識卻是不完備的（Incompleteness），這與常識專注於事物之個別具體層面有關。郎尼根認為常識「普通而不普遍」（Common without being general），特別當被用以面對單一具體事物或狀況後，當下的洞察就不再能具普遍適用性。然而，常識能依循類比方式被應用，也就是類似事物以類似方式理解。對任何一個人來說，在他熟悉的領域內，無需以系統性方式認知或表達，而是透過經驗的類比處理在該領域內所面對的未知事物。這種經驗看上去可被一般化（Generalization），因為常識所用語言及接觸範圍符合群眾共識，所以作為廣義經驗知識的一種，常識的作用在於幫助聆聽者通過對常識的把握應付日常生活所需。此點被郎尼根稱為實用常識（Practical Common Sense），即強調常識的實踐層面，並指出人類能通過對常識的累積而發展技能、制度甚或精神生活。

　　為能讓使用者掌握日常所需，郎尼根指出常識在表達上具有四種特性：

　　(1)從表達程序來看，人首先把握一組未完備的洞察，之後再根據個別狀況，提出針對每一種不同狀況並能符合此狀況的內容調整，以使個人洞察在這個狀況下能夠完整並面對實際情況；最後透過此一情況發展出所需步驟。關永中以爬山為例，某個人可能概略地認識登山的一般技術，但當他要爬喜瑪拉雅山時，將需要針對此處的氣候及高度加添個別的配備。

　　(2)當常識進行表達時會儘量避免未完備的洞察（因為理解個別事物或普遍真理所需），但也避免已完備的洞察（因是為處理系統性事物所需要），甚至要避免專有辭彙以避開他人誤解。

　　(3)由於不用系統地表述，也不用專有名詞的使用，故常識的表達極

為靈活，甚至會因人而異。

　　(4)這種因人而異的特性，致使常識也需要透過個人以自身理智對內容理解與判斷，但也常出現無法被規範的內容。

　　為此，常識要求的是對象與個人間的關係（郎尼根以「物我關聯」稱呼），因為科學要求透過經驗累積得出抽象而普遍的理論，但常識只關注個人日常生活並處理實際問題：請注意，這並非意味常識就不具可被認知的內容，因為常識與科學相同，是人類認知經驗的普遍累積，所以原則上可被驗證；只是常識更看重實踐與個別事物或個人的具體事例，而我們確實能透過兩者的差異補足彼此在認知上的欠缺。為此，常識可依不同社會文化、環境及歷史時代有所差異。這意謂不同的環境可能會有各自所需具備及面對困難的常識，而這些常識可能只能解決其所面對的當下情境，所以當一個體轉換環境時，便可能需要重新學習這些「常識」。

2. 常識對主體的影響（The Subjective Field of Common Sense）

　　雖然常識是一種可被觀察的客觀經驗對象，但常識也與每個人的生命緊密連結。為此，常識將主體與客體連結在一起，甚至為主體提供認知的內容。關永中認為，認知同時具有其客體面與主體面，其客體面為：知識有經驗對象作根據，為主體提供認知資料；其主體面則為：主體的心態能深刻影響客體的呈現，主體以何種心態面對客體，客體就以何種方式呈現自己。關永中如此舉例：有四個人面對著同一頭狗，第一個人的反應是：「啊！香肉！」第二個人欣賞道：「多美啊！可參加狗展！」第三個人卻問：「狗的身體機能怎麼樣？」第四個人則說：「好極了，牠可以替我守門口！」為此，認知有其主體面，由主體所提供；客體對象須經受主體心態之過濾而產生經驗。關永中所舉四種反應，正好代表郎尼根所歸納出不同經驗模式（Patterns of Experience）：「生物型」、「美感

型」、「理智型」與「戲劇型」。

　　所謂經驗模式，是主體基於一個或多個不同目的組合成個人經驗，並引導自身獲取更多經驗的心態或模式。經驗意味所有知識起源於經驗，且透過感官作用與外在世界連結。感官與身體的活動與人的意向性（Intension）活動有關，有著「心之所向身之所往」的意味，這些意向性活動蘊含人類有著生存的本能動力，並且對事物有特定的興趣。雖然每個人渴求的對象不同，但在他的意識內總有對某些事物的渴求。人類經驗在主觀上受到自身有興趣對象的引導，會導致不同的洞察結果。我們可以說，這些經驗模式都是受常識影響所產生的結果：

　　(1)生物型經驗模式（The Biological Pattern of Experience）：此類經驗模式乃依據生物需求而組織個人的經驗機能，簡單來說是依據「刺激──反應」（Stimulus-Response）運作模式所進行。

　　(2)美感型經驗模式（The Aesthetic Pattern of Experience）：在滿足個人生物需求後，能擴展個人藝術與美感的感性層面。在此模式中，人常透過象徵或藝術表現出其所見對象之面貌。

　　(3)理智型經驗模式（The Intellectual Pattern of Experience）：通過美感經驗，人可以表現並詢問事物的眞實樣貌，並獲得對事物的洞察。透過洞察人可以獲得對更多事物的洞察與理解，以致最終達成對學問及知識系統性的理解。

　　(4)戲劇型經驗模式（The Dramatic Pattern of Experience）：上述三者可說具有發展順序，但對一般人來說，他可能雖然不屬上述三者中的任何之一，卻同時具有三者中的任一部分，因爲每個人都有自己的角色要扮演。戲劇型經驗模式旨在表明，每個人都以扮演自己於人生舞臺上之角色爲個人主要的經驗模式。此點預設每個人都是社會性動物，並透過與他人互動學習，正確表達自身角色之方式。然而，這並不代表每個人都是戴

著面具欺騙他人，「戲劇」一詞也並非蘊含人生如戲之意，而是指個人按著所處情境表達出正確的解釋與表現。

3.常識引導出之偏執（Bias）

雖然人擁有渴望對事物的認知，但有時候人可能在扮演人生的角色上會故意拒絕接受自己不想面對的認知與相關洞察。然而，排除一個洞察會帶來排除更多洞察的可能，以致最後呈現出對事物認知的偏執。這是常識可能出現的問題：因為常識雖然具系統性，但卻會因時制宜而有不同，這使人可以拒絕在自己所擁有常識以外的更高層次產生認知，此點也突顯常識較知識不足之處，我們可以稱這種拒絕認知的狀況為「乖蔽」。郎尼根認為乖蔽就是故意壓制正常認知或洞察及其所引發的結果，並因此形成自我封閉的狀態。乖蔽常以盲點（Scotoma）的形式出現在人的認知經驗內，影響人在認知範圍內掌握的對象；此點也正好可以解釋為何常識不能適切因應或面對某些正在發生的問題。

郎尼根認為，乖蔽包含四個層面：

(1)理解上的錯亂（Aberration of Understanding）：一個人因不願面對自我認知引導出的結果，所以潛意識（甚或有意地）拒絕本可得知的認知內容，或認同個人早已知道的結果。換言之，此人可能拒絕他在反省中早已尋到之相反證據。

(2)審查力的壓抑（Repression of Censorship）：正常狀況下，審查力之作用再透過適切編排感覺與物件，以利個人達到對事物的正確認知。但在乖蔽情況下，個人會壓抑那些能導致正確認知的各種條件，並選擇對自己有利的物件以達到自己所期望的結果。

(3)感情正常流露的壓制（Inhibition）：基於前面理解的錯亂與審查

力的壓抑，人對外在事物的理解產生不當連結，以致透過情感作用得出特定結論。例如：對某人的偏見導致我看到此人的任何舉止，都使我對其產生更深的厭惡。

(4)行事上的錯亂（Aberration of Performance）：通過前述問題，個人的認知產生乖蔽，導致其產生如失言類型的行為失當，嚴重時甚至使個人重構過往回憶，以符合自己所期望的認知結果。[3]

所有常識在累積過程中均經歷動態結構（Dynamic Structure）的運作，通過個人與團體間的辯證累積知識並轉化環境。但當常識累積成為知識時，不論個人或團體均面對個人與團體中情理間的張力，此亦形成從個人到群體中的各種偏執，這種張力導致前述偏執變得更為強烈。除了上述個人扮演人生角色時會產生的戲劇型偏執外，另外還包括：個人偏執（Individual Bias），強調唯我主義（Egoism）為中心的偏執，否認理智的作用，並以個人欲望為依歸的思考；團體偏執（Group Bias），基於社會中各種不同團體，為維護自身利益下對其他類型常識的攻擊與打壓；以及普遍偏執（General Bias），泛指全人類基於特定需求對常識的濫用，此時常識已不再是此節開始時所提及的個人面對生活周遭的基礎，而成為讓人類失去希望的錯誤資訊。[4]

---

[3]　在《洞察》194-206頁，郎尼根依據心理學理論探討夢境、性與深層心理學的問題。由於與本文無直接相關，故此處略過。有興趣的讀者可參見該書，或可參閱關永中的釋義。關永中的解釋可見《郎尼根的認知理論──洞察卷一釋義》，頁262-269。

[4]　《洞察》第七章以常識為基礎，帶領我們思考基於常識所引發的偏執有多麼嚴重。此章可謂郎尼根基於對常識觀察所提出的社會、政治與歷史思辨。通過此章，我們也可發現對常識的不加反省可能引發多大的問題。

二、「認識」所指爲何？[5]

　　既然知識與常識卻有不同，那麼當我們討論人如何「認識」對象時，「認識」又爲何？關於人類此一能力，其基礎建立於理性能力上，且通常具有以下兩方面之意義：

（一）認識意謂心靈與對象的非物質性結合

　　就個人經驗來說，認識活動預設個人心靈與對象的同時成立。這種成立同時指出以下從認識活動引導出之內容：

　　1. 主體應當具備能力：就個人角度即認知主體（Cognitional Structure）來說，認識活動表達人應當具有恰當能力達至認識外在世界之可能。雖說「人應當具有恰當能力」，但所謂恰當能力卻因不同學說或哲學家而產生不同論述內容。爲此，當我們提及知識論的概念或內涵時，往往強調此處學說爲某學派或某哲人所言，以利研究上之區隔。

　　2. 主體肯定外在世界的存在：除肯定主體能力外，認識一詞的使用也表示我們確實知道有一外在世界存在，且能受到我們心靈之肯定。當主體之心靈肯定外在世界存在時，主體與外在世界仍保持各自的同一性，然此時主體與外在世界對象產生無意識的結合。心靈確實可以認識某物，但當我認識某物時，我乃對此對象產生認知活動以至於該物能與我的心靈結合，若我故意不讓自己的心靈意識到外在之物，即可能產生「視而不見」之結果。

　　3. 認識並不改變主體與對象的性質：心靈確實可以認識到某物在其

---

[5]　參王臣瑞，《知識論》，臺北：學生書局，2000年9月，頁9-27。

面前，但當心靈認識此對象後，心靈與對象的性質均未產生改變，兩者並未產生性質上的變化。對象不會因心靈的認知產生本質的增減，唯一增加的在於心靈對外在世界的認知，然而這種增加並非本質的增加，而是結果的增加。心靈之性質在此仍保持相同。

4. 認識爲心靈與對象間的非物質性結合：基於上述心靈與對象在認識活動中性質並未改變，但心靈能以某種方式確實與對象結合之事實，此種結合僅是以非物質性方式進行。對象在心靈中之呈現可被稱爲「意向的存在」（Intentional existence）。所謂意向可稱爲心靈嚮往對象之活動，故當心靈嘗試認識某物，需以主動方式使對象與自己結合，以使該對象能內在於心靈。這種結合即可稱爲意向的存在。

上述對認識一詞的使用乃基於士林哲學（Scholasticism）實在論立場所討論者。因爲不論意向的存在（或可被稱爲認識的存在）均預設被認識之對象以某種方式存在於認識者之內裡，因此，若心靈爲要認識一物，必須使該物成爲心靈內成爲一意向的存在，此意向的存在可被稱爲「印入的心像」（*Species impressa*）。印入的心像即爲某對象的可感覺形式。按照士林哲學所言，可感覺印入的心像非感官單獨產生，亦非心靈單獨產生，而是在感官認識對象時基於其直接接觸而讓心靈進一步把握的過程。故這種可被稱爲「感覺的認知」之過程，實爲感官與心靈合作所擁有者。在此過程中，心靈的每一個活動均發自於心靈自身並最終回歸認識自身，故整個認識活動可謂心靈之內在活動。或許有學者不同意這種對認識的解析，但更進一步，認識需要條件始能成爲知識。

（二）知識成立的條件

前面既言及常識與知識之差異，又說明認識此一活動的內容，那麼

在我們認識某對象時，如何確定此認識結果可成為一知識結果？從反面來說，我們須確保認識的非錯誤性；就正面而言，則須確認知識成立是否具備條件。

1.認識的非錯誤性

認識過程若按士林哲學所言，被認識者乃依據認識主體之能力所認識：此論點乃根據士林哲學內哲學人類學所言，一容器（在此可比喻為人）乃按其容量（在此可比喻為認識能力）所接受（在此可指為認識對象）。若依此而言，我們之所以認識外在事物，乃依其之樣貌並按我們理智所能接受之方式所得。那麼，認識錯誤如何可能？

(1)錯誤的意義：既然我們對於對象之認識乃根據理智所能掌握者，故錯誤即為我們在認識所產生關於對象的積極不符合性。這種不符合性包括理智所肯定者對象之沒有（反之亦然）。

(2)即便錯誤仍為理智所判斷結果：雖然認識可能產生錯誤，但產生錯誤仍為理智之產物。認識過程中，或許認知主體對認識對象有錯誤理解，但理智仍可在判斷過程中透過反省或比對來修正結果。

2.認識所具備之條件

上述知識之成立屬負面表述，即認為至少不能產生錯誤，但這不代表我們就能具備知識。為此，傳統在探討知識成立的條件時會習於使用JTB理論：Justified True Belief。此理論有三條公式作為其成立要件。按照JTB理論，S知道／認識／相信P若且唯若：

(i) P為真（S believes that p）

(ii) S相信P為真，且（S believes that p is true, and）

(iii) S確有理由相信此P為眞（S is justified in believing that p）

JTB理論所表達者為，若一認知主體S表明對某一命題P為知道時，其不能單純只是以一種信念的角度或以信仰態度表明主體之所知，更要包括具有充分的理由／證成（justification）。

若參考《劍橋哲學辭典》（*The Cambridge Dictionary of Philosophy*）條目Justification（頁457-458）所言，證成的意義在於：當我們指某一命題P為合理的，意謂就此命題P而言，其具有比相同條件下的其他命題更具合理性。但所謂「合理的」需要充分理由，否則在我們討論特定信念時可能無法區分某一眞實理由與另一缺乏理由之信念的差距何在。所以當我們說「某一命題／信念P是合理或恰當」時，其所指為對此命題／信念之判斷具有符合其所需之（可能相較性狹隘的）充分理由，此充分理由可以根據歸納演繹或各種方式獲得。當我們說相信某一命題為合理且具有充分條件時，我們就可以說我們對此命題具有證成。換言之，所謂具有證成之理由意謂我們對某一命題／信念具備合理的充分理由。

三、知識論的意義與內容

既然常識可能造成認識上的各種張力與衝突，甚至可能使人陷入偏執，我們就需要關於認知對象及其內容更為明確的資訊內容，這就是知識的意義及作用。

（一）知識論的三個核心問題

從哲學史來看，知識論一直是眾多哲學家探索世界時看重的領域

之一，因爲知識論所問的核心問題爲「作爲主體的我認識世界如何可能？」據此核心，我們可以將知識論的基礎討論歸結爲三個問題：

Q1主體有什麼認識能力可以認識外在世界？

Q2客體的樣貌究竟爲何？

Q3主客關係是如何作用的？或呈現如何的關係？

這三個問題彼此連結。其中（認知）主體常指我們自身，也就是正在閱讀這些文字的讀者您自己，或是撰寫這些文字的筆者在下；客體通常指主體認識的對象，例如對讀者來說，這些文字即爲客體。從主體到客體之間的關係我們常以「主客關聯」稱呼，既然主體與客體是兩個不同的對象，那麼從主體到客體之間究竟如何產生連結／作用，也需加以探討。我們可以用一個簡單的圖表說明上述三個問題的重要內容究竟爲何。

主體	主客關聯	客體
作爲認識的主動存在，我有什麼能力可以認識外在世界？當我認識外在世界後，我又怎麼可能描述或定義我所看到的對象？我如何認識不同對象間的差異？	主體如何認識到客體？客體的樣貌如何作用在主體認知中？主體應該如何解釋客體？是否有適合的判斷標準？	我所認識對象究竟爲何？在我認識一對象後，該對象確爲我所看到的樣貌嗎？我認識的對象具有客觀存在嗎？或者只是我的幻想或想像而已？

→「有無超越」在此表格意謂理性外的特殊能力或超越經驗所能把握之對象，能幫助我們認識或被我們所認識，但這種幫助與認識可能發生嗎？

→有眞理的存在嗎？如果有，何爲眞理？

雖然知識論強調主體的認識能力及對事物之認知，但傳統知識論上因爲涉及對客體的認識，所以產生從知識論跳躍至形上學的過程。這種跳躍在古典哲學裡尤爲明顯：例如，柏拉圖的知識眞假等級一開始與其著名洞

穴理論（比喻）有關，但按照洞穴說其最後的比喻爲太陽的理型，柏拉圖並以「理型論」（Theory of Forms/Ideas）給出世界萬事萬物生成的基本原理，這就是形上學基本工作之一——爲萬事萬物可變表象尋找一生成變化的基本法則（柏拉圖的理論參見下一節）。爲此，讀者很容易在閱讀中發現，當我們探討一些哲學家的理論時，我們同時亦討論關於這位哲學家的形上學理論。

透過上述三個問題即可把握哲學史上衆多哲學家們對知識論的看法。例如，懷疑主義對Q1-Q3全都不承認其具可被認知的可能，觀念論將重點放在Q1，實在論則是對Q1-Q3全部肯定。雖然從大方向來說各派別有其共同接受的論點，但就各別哲學家來說又可能有理論上的落差。例如，康德相信Q3的客體存在（他命名爲物自身），但他的後人之一費希特卻只接受Q1而否認Q3（不過爲能解釋世界他仍說明Q2的內容）。這些詳細細節我們將在後面討論到這些主要理論時進一步做說明。

（二）作爲範例：觀念的來源，一種哲學史論述

一方面我們可用上述三個問題概略囊括知識論的基礎問題，另方面我們也可以用哲學史概念上的延續說明不同哲學家之間理論與觀念的轉變或傳承。不同哲學家基於其所在時代背景，將從前人得到的觀念融入自身學說理論內，爾後又影響身後哲學家。爲此，我們可在不同哲學家的理論內找到其他哲學家的影子，或是找到共同特徵。例如，當康德知識論出現物自身的預設後，爲解決此一難題便出現了費希特、謝林以及黑格爾等人的努力。爲此，我們在此將以洛克（John Locke, 1632-1704）與巴克萊（George Berkeley, 1685-1753）爲例，說明這種觀念轉變與傳承的範例。

1.洛克：觀念來自經驗累積[6]

　　洛克被認爲是（英國）經驗主義的重要哲學家，其知識論起點始於一次家中聚會談話。根據他《人類理智論》（*An Essay Concerning Human Understanding*）所提，1671年某次他在家中與朋友們談話時因遭遇困難，發現「須先檢驗人類理性能力」，且須釐清「理智所能適切處理對象與無法處理者爲何」等相關問題後，始能正確處理哲學問題的想法。爲此，洛克知識論所要處理之議題包括：(1)人類知識來源，(2)在什麼意義下人類知識可說具有準確性，以及(3)人類知識所能處理的範圍究竟爲何？

　　雖然洛克知識論所處理問題幾乎囊括所有知識論的基礎內容，但他進一步定規人類知識內容均來自「觀念」（Ideas）。觀念指人所能接受事物之表象，即湧現與心中一切關於對象所擁有的內容。人類所擁有觀念來源均來自感覺與反省，因人心靈如同白板（*Tabula rasa*）或空置房間（*Empty room*），內容本無一物，後因人透過感覺與經驗所產生之觀念而逐漸填滿並交互作用，進而產生我們對世界的認知。

　　洛克提出心靈白板理論表明其反對「先天觀念」（Innate Idea）的存在。先天觀念爲理性主義者，如笛卡兒等人所提出，此觀念強調人出生時理性已有特定知識內容。例如，笛卡兒認爲人的先天觀念至少有兩項：自我存在的意識與神的存在。有些主張先天觀念的學者認爲，先天觀念可能也包括矛盾律、同一律等邏輯觀念，但洛克認爲這不可能，因爲從幼童、野蠻人或智能障礙者身上，我們看不到他們有這些先天邏輯觀念的明證。此外，若這些先天觀念存在，我們如何解釋個人對善惡美醜等價值

[6] 關於洛克知識論可參考以下資料：D. J. O'Connor，謝啓武譯，《洛克》，臺北：長橋出版社，1979年；Garrett Thomson，袁銀傳，蔡紅豔譯，《洛克》，北京市：中華書局，2002年；Richard I. Aaron, *John Locke* (Oxford: Clarendon Press, 1955)。

有不同詮釋理解？為此，洛克認為所謂先天觀念也僅是經驗累積所得。既然人沒有先天觀念，那麼經由先天觀念累積所成之命題「先天原則」（Innate Principle）也就無存在理由。

既然人類所有對外在知覺均來自觀念，那麼我們有必要說明洛克對觀念的理解與認知。我們可將洛克對觀念的分析列表如下：

人類一切觀念均來自感覺或反省	
單純觀念	複合觀念
原初、不可變、（觀念間）相離無關涉	透過組合單純觀念而能主動發展出新的內容
①由一種感覺構成者，例如：視覺 ②兩種感覺協調而成者，例如：形狀 ③只有反省而得者，例如：記憶 ④經由感覺與反省形成者，例如：快樂	①模式：單純模式與混合模式 ②實體：單一實體與集合實體 ③關係

觀念的來源來自經驗，但觀念本身的產生來自物體的性質。觀念是理性的直接對象，是我們心中所擁有對對象的認知；性質為物體本身所具有的某種力量，能直接作用在我們的心中。「力量」為洛克解釋觀念與性質關係所增加的第三種性質。其中，物體所擁有能作用在我們心裡的力量為初性，我們心中觀念為初性，作用後在我們心中產生次性，至於力量有時也被歸在次性的範圍內。為此，洛克解釋我們認識外在世界的路徑如下：作為初性的性質經由其力量在人的心中產生次性，此次性可謂簡單觀念，兩個以上簡單觀念的組合即為複合觀念。經由複合觀念的組合，我們可以理解知識即為我們對外在世界觀念的一致或矛盾。從這種對知識的涵義，洛克再區分知識為以下兩組分類：

知識的種類	知識的準確性
①具一致性或差別性的知識 ②關係性的知識 ③具共存性質的知識 ④具有實在性的知識	①具不可抗拒性質的直覺性知識 ②藉推論所得知論證性知識 ③具特殊性質的感官知識

　　然而，洛克的解釋在此產生問題：一方面他反對笛卡兒以來的先天觀念，認爲一切之事均來自於經驗；另方面他又必須解釋作爲初性的性質如何於外在世界存有。在此我們看到他受到笛卡兒心物二元論的影響（關於笛卡兒的心物二元論請參見第二章內容），仍然預設有一實體（*Substatum*）支撐這些初性的存在。這種預設實已超越經驗論的論題範圍，因爲實體非我們所能經驗之對象。正是在這裡，巴克萊修正洛克的理論，以維護經驗論的理論設定。

2. 巴克萊：存在即是被知覺[7]

　　洛克的經驗論雖能總結爲「所有知識來自經驗」以及「初性／次性形構認知過程」，但如上所言，洛克的解釋最終引導出超出經驗論範圍的結論。爲此，巴克萊透過修正洛克理論達至建立起主觀觀念論系統。

(1) 存在即是被知覺

　　洛克理論最大問題在其初性／次性二性觀點。巴克萊認爲，如果初性／次性確實爲眞，那麼我們無法理解爲何同一事物可能因感官在不同場合或因外在條件之故產生主觀相對性，例如：相同物品的軟硬或溫度常因人而異。這種因人而異預設知覺的主觀性，由此可見，初性／次性的理論有其解釋上的困難，因我們無法具備充分理由證明洛克所謂初性爲眞，而次

---

[7]　關於巴克萊的部分可以參考以下資料：T. E. Jessop, *George Berkeley* (London: Longmans company, 1959); A.D. Ritchie; edited, with a preface, by G.E. Davie, D. Litt, George Berkeley (Manchester: Manchester University Press, 1967)。

性不眞的論點。爲此，巴克萊定規所有存在不是知覺就是被知覺，這意謂凡是存在者均爲個別存在之物。此點與我們感官經驗相似，因我們所知覺到的對象確爲個別對象。我們無法知覺任何一個抽象觀念，例如，當我們思考「人」的時候，我們腦海浮現的必然是一個活生生的個別對象。

(2) 抽象觀念並不存在

嚴格來說，巴克萊的論點是爲貫徹洛克經驗論而產生的結果。如果按洛克所言，我們僅能透過感官經驗獲取對事物的認識，那麼超越在感官經驗以外的實體如何可能爲我們認知？爲此，當巴克萊指出存在即爲知覺或被知覺這樣的命題時，其確實已貫徹洛克經驗論的主張。我們必須注意，巴克萊並不否認一般觀念，他眞正否認的是一般抽象觀念。我們的心智具有通過抽象得出一般觀念的能力（例如：我們發現「人是具有理性的」），但抽象觀念可以指那些經由複合概念組成而與外在世界無實際對應的概念內容。這不是說我們沒有普遍觀念的內容，而是指普遍觀念浮現心中時，必定有明確對應的個別對象。當巴克萊貫徹洛克的經驗主義系統後，他可算爲建構起第一個主觀觀念論的體系。

(3) 主觀觀念論系統

巴克萊的主觀觀念論體強調外在事物的存在意義乃因被我們所知覺而得。傅偉勳指出，在此系統下整個世界可被規劃成以下的世界結構：

①物質世界，即被知覺所知覺到的一切（我們或可以理性主義的擴延物質稱之）。此世界具有以下等式作爲其存在樣貌：

物質實體 ＝ 眞實事物 ＝ 可感性質 ＝ 被知覺的存在 ＝ 不能離開心智之存在

②精神世界，即知覺者或知覺主體。知覺主體尚可區分爲有限的與無限的兩種。有限的即爲我們的心智，無限的即爲神。

我們注意到，巴克萊在此突然提出神作爲無限的知覺實體，這種提出具有認識論上的邏輯性。如果存在即是知覺與被知覺，那麼當我無法知覺某個對象時，是否該物就不復存在？這個問題乃基於我們心智有限而得出必然結果。爲避免這種困境發生，巴克萊先以宇宙論證證明神的存在，即主張我們所能知覺者既非我們所能創造者，故必然有一更高層次精神產生之，以使其確實存在，此更高層次精神即爲神。此存在能知覺萬有，即便我們暫時無法知覺的某物也在其知覺內。爲此，世界的存在能以得到保證。

3.洛克到巴克萊：我們看見什麼

上述所舉從洛克到巴克萊這兩位先後僅相差80年左右的哲學家是爲說明，若我們參考哲學史將會發現，知識論系統的發展具有先後脈絡的順序。某位哲學家所提出一個知識論的論點或立場，並非憑空想像或空穴來風，而是在哲學歷史的脈絡中受到啓發或嘗試修改甚至超克前人論點而產生的。爲此，我們或者能在不同哲學家間找到脈絡傳遞的來龍去脈（如巴克萊理論的提出乃修正並貫徹洛克經驗主義而得），或者在不同時代找到不同論述的共同論點及主張（如第二章所提之懷疑主義）。本書在以下各章將依循此一原則，盡可能用最簡單方式梳理哲學理論間的共同點或傳遞與修正過程。

貳、從柏拉圖開始的問題：眞實在哪裡？[8]

在理解前述論點後，我們可以開始討論知識論最重要的問題之一：究竟眞實在哪裡？從哲學史角度來看，柏拉圖算是最早開始討論知識論與眞實性的哲學家之一。

一、對主觀經驗的反駁

由於師承蘇格拉底（Socrates），柏拉圖捨棄感覺或經驗，而以辯證法探討知識何在的問題。柏拉圖因認爲共相／理型（Forms）爲眞實存在，致使其形上學與知識論呈一體兩面之姿。柏拉圖屬觀念論（Idealism），強調唯有理型界的形象（Eidos）爲唯一眞實之存在。此論來自他對普羅塔哥拉斯（Protagoras，其學說參見第二章）主觀知識理論的反駁。按傅偉勳分析，柏拉圖反駁普羅塔哥拉斯的理論可見四個主要論點：

1. 若主觀經驗爲眞且作爲我們對眞理的權衡，則眞理不復存在。因所有主觀經驗均可能因不同時空條件產生變化，如此無法形成眞理。

2. 感官／主觀經驗因隨時空改變條件，將學說建立或理論探索不再可能。不論學說建立或理論探索，甚至論證或辯證等，均需要客觀眞理及爲衆人所接受之設準。但感官主觀經驗因具相對性，故不可能產出衆人接

---

[8] 關於柏拉圖進一步參考資料包括：其全集已有中文版，見王曉朝譯，《柏拉圖全集》，北京：人民出版社，2002-2003年；Gail Fine, ed., *Plato* (Oxford: Oxford University Press, 2000)；R. M. Hare, *Plato* (Oxford: The Univ. Press, 1982)；Bernard Williams，何畫瑰譯，《柏拉圖》，臺北：麥田出版社，2000年；傅佩榮，《柏拉圖》，臺北：東大出版社，1998年。

受的判斷標準。

3. 柏拉圖針對普羅塔哥拉斯的理論進行辯證：普羅塔哥拉斯認為命題之真假可同時成立，若我們質疑此論點並要求其加以回答，其將無法有效回覆。因若回覆為真，則命題亦可同時為偽；但若為偽則命題可不被相信。此為普羅塔哥拉斯的矛盾。

4. 所有感官判斷並然包含不具感官之要素。我們所有感官所知絕對之對象都預設著某些共同對象或內容以使我們對事物認知。

由於柏拉圖不接受感覺經驗類的知識，甚至以虛妄或幻覺等字詞描述，輔以他接受理型論之預設，致使對他而言唯有數理知識與理型界之理型才為真實知識。為能說明人如何認識理型界之真實，其提出洞穴說作為證明，這種論述乃為其對知識之說明提出背景知識。

二、知識是什麼？

柏拉圖受其師蘇格拉底之影響不只在反對普羅塔哥拉斯方面，更包括在對知識為何的態度上。在蘇格拉底那裡，任何名詞或概念皆必須有客觀真確的指稱或定義，否則我們無法建立客觀生活所需之規範，而這些生活所需規範要能實踐則奠基客觀知識的確立。所以就蘇格拉底而言，知識與德行（及客觀生活規範所需條件）為一體兩面。更進一步說，任何為非作歹者並非純心為非作歹，而是基於無知的結果。蘇格拉底的主張可被稱為「倫理學的主知主義」，特別是對他來說不帶善的知識行為不可被稱為善，而善的客觀知識必然指向智慧而言。

關於蘇格拉底倫理學上的主知主義，後世討論（甚至批判）甚多，

我們在此僅提出其對柏拉圖知識概念的影響。我們需要注意的是，蘇格拉底使用之方法，也就是所謂「催生法」，一方面或許與其母親為助產士有關，但另方面因為其僅是透過這樣的方法「發現」已經存在之真理，所以這種方式僅是幫助他人取回回憶的手段。柏拉圖在《費多篇》（*Pha-edo*）中曾提到，蘇格拉底協助沒學過幾何學的幼僕算出幾何圖形的面積，並因此指出知識與回憶之間的關係。這點可算柏拉圖知識論中極為重要的關鍵。

　　按照關永中的提示，柏拉圖此關鍵之所以重要，在於其提供了關於知識成立的最後拼圖。他認為，柏拉圖的知識理論可公式化為一個算式：

感官知覺 + X + 正確判斷 = 知識

算式中第一項「感官知覺」，即上面對普羅塔哥拉斯的反駁，因為知覺與現象都可能變異或錯亂，而且單靠知覺無法構成知識。但即便靠真確判斷也無法形成正確知識，例如：我們可以藉由某個運動員沒有拿到名次而說他表現很差，但不代表我們對這位運動員甚至這項運動具有適切知識。因此，所謂真確知識與回憶有關。當人開始理解某對象時就接觸到此事物的觀念，這種接觸雖是用感官作為媒介，但卻能叫人回憶起前生已經得到的觀念。這種現象是因為當人出生時，他遺忘了本來擁有的觀念，所以必須藉由回憶重新喚起。（*Phaedo*: 72e-77a）

　　因此我們可以說，上述公式的X就是此處所說的「觀念」。事物的觀念被柏拉圖以理型（Forms）稱呼。為能說明理型的作用以及知識的內容，柏拉圖提出他著名的洞穴說加以解釋。

三、洞穴說與存有階級

柏拉圖在《理想國》（*The Republic*）第七卷舉出了著名的洞穴比喻，這個比喻既能說明知識內容又可闡釋存在等級。他假設有一個囚犯被囚禁在洞穴的最內部，其自幼便被綁著且只能看到牆壁上的影像。囚犯的背後有一道矮牆，此矮牆上有一些器具，器具之後則是火，將器具的影子照在囚犯面前的牆壁上。雖有他人沿洞穴之動線搬運人與物之器具，但囚犯始終僅能看見火光照映在牆上的影子。柏拉圖認爲這些人僅滿足於虛妄影像或幻覺，對應在現實世界及那些受自己偏見或欲望所控制的人，這些人誤以爲所見即爲眞，即便給他們機會看到外在眞實世界，但由於他們眼睛無法適應洞穴陽光的刺眼，他們會寧可躲回洞穴內。

我們現在假設有一位囚犯順利掙脫枷鎖，站起身來回頭看，他將發現他所建之影像均爲虛妄，那些影像僅是矮牆上器物受火光照耀後反映在牆上的影子。當他發現所見影像均爲虛妄時，此人已脫離虛妄影像的偏見，能以常識或經驗對事物產生理解——此時他仍不能理解何爲眞實世界，除非他願意沿著洞穴牆壁逐步離開洞穴。當他離開洞穴時將看見眞實世界爲何，此時他已進入眞正的知識領域，甚至能見眞實的太陽（柏拉圖認爲若學習了他的辯證法確實能達到此一結果）。然而，這位囚犯若想回到洞穴內告訴其他囚犯外在世界才具眞實性，其他囚犯會以爲此人瘋癲，甚至將他處死。

柏拉圖的洞穴說可以比對他的知識論與形上學，我們可列表於下：

真實等級	世界結構	存在等級	知識內容	洞穴說
假 ↓ 眞	現象界	影像	虛妄的幻覺	照映在囚犯面前的影像
		現象	信念／意見	小牆及其上的物件 火光照耀產生上述影像
	理型界	數學	媒介的知識	外在世界的眞實物品
		理型／觀念	理型的知識 睿智（Noesis）	太陽

關於上表，我們可以注意以下幾點：

1. 依據存有等級而言，所有影像均爲虛僞的幻覺，爾後依現象、數學而在理型／觀念界達至眞正的眞實。與之相對的知識內容也依虛假到眞實爲虛妄幻覺、信念／意見、媒介知識與理型知識。這些眞假概念均可對應至洞穴說的各部分。換言之，我們因身處於現象界，故此生所擁有的「知識」其實僅爲虛假幻覺而已；眞正的知識在理型界，唯有那裡的知識才是眞實認知對象。此點與柏拉圖形上學理型論有關。按理型論，我們世界所有事物均依理型界萬物之理型而產生，爲該世界的摹本。

2. 雖然按柏拉圖的知識等級，虛妄的幻覺是最低等級，然而柏拉圖並非認爲這些都爲全然虛幻。正確來說應爲其眞實程度比不上個別具體事物，因爲這些幻象是對眞實事物的模仿。而較高一級的現象雖是眞實存在的事物，也是我們感官所能掌握的對象，但在存在等級上仍比不上理型界的觀念。他們的存在可說是分享／模仿理型而有。

3. 柏拉圖所說的那位回到洞穴告訴衆人眞相卻被處死的囚犯，影射他的老師蘇格拉底。蘇格拉底在西元前399年因腐化市民與對神明不敬之罪名被判處死刑，此罪名之成立可能是因其使用「催生法」迫使談話對象承認自己的無知，因而得罪多人。蘇格拉底正如那位看到眞實而嘗試告訴

其他身陷洞穴囚犯的脫逃者，但因眾人僅能接受虛妄，不願接受眞實而將之處死。

　　4. 柏拉圖的知識論系統呈現一種相反的眞實：我們眼前所看見的眞實不一定是眞的，那看不見的才是眞實的。這種兩層世界的結構日後影響到基督宗教的知識論結構，在解釋上因與教會書信結合，進而建構出系統神學，如亞歷山大里亞的奧力振（Origen of Alexandaria）在《論原理》（De principiis）中所建構。而太陽即爲理型，並照明一切事物的存在論點也影響到奧古斯丁（Augstinus of Hippo）的光照說與中世紀接受此學說的哲學家。

　　我們可以說，柏拉圖是第一個以明確知識論系統主張先天觀念的哲學家，雖然他的理論還帶有宗教或神話色彩，但他卻爲先天觀念的存在提出合理的解釋。按照柏拉圖的說法，知識的關切對象雖是眞實，但其對象不能是瞬息萬變的個別事物，而應爲作爲共相的理型或概念。這意謂著所謂眞實不在我們眼前，而在超越的世界那裡。他的理論日後受到亞里斯多德的批判，但柏拉圖的理論讓我們看見古典哲學中，知識論與形上學一體兩面的特性。這點將會在後來不同理論中不斷出現。

參、普遍觀念如何存在？

　　人確實具有對事物的觀念，但這些觀念是如何存在的？這些觀念是否具有普遍性？這些觀念又如何能被我們應用在個別不同的對象上？這樣的問題就是觀念普遍性所探討之內容。探討此一問題可從我們的認識經驗開始。就個人的認識而言，我們對外在事物的認識乃是對個別事物進行認識。任何我們所認知者皆為個別事物，例如：某張桌子或某個物件。但當我們對事物產生認識後，即便兩項相同物件具有不同外形，我們仍可清楚辨識出兩者同屬一類。這張桌子為木頭所製且有四支桌腳，另一張桌子為金屬所製且僅有一支桌腳，但兩者可被辨識為同屬桌子。為何不同對象可被放置於相同類別之下？哲學家認為這是基於我們擁有對事物的普遍概念所致。因我們具有對事物認知的普遍觀念，所以能在看到某一外在對象時辨認其之所是，進而產生對事物的認知。上述簡略敘述可以三個面向加以說明：

　　Q1我們既然通過對個別事物的認識來對事物產生認知，那麼不同事物間之辨識如何可能？這一方面預設我們的理智必須具備特定能力，但另方面卻也讓我們捫心自問，究竟這些普遍觀念以如何的方式存在？

　　Q2更進一步，我們與其他人在面對相同對象時能產生共同的認知。相同的桌子，不會在我看來是桌子但在你看來卻是椅子。這種相同認知即便面對不同類型對象，如上述所言，一張桌子為木頭所製且有四支桌腳，另一張桌子為金屬所製且僅有一支桌腳，我們卻都能認識到其確實就是桌子。這種為眾人所擁有的普遍觀念究竟如何產生？這些觀念又是以何種方式存在於我們的心智內？我們需注意的是，這樣的觀念同時是一又是多。是「一」，乃因為其數量上對眾人而言為同一個；是「多」，乃這同

一個觀念卻能同時貼合在眾多對象之上。那麼，這種既一且多的狀態如何可能？

　　Q3不同事物間存在對其說明之「種」與「類」之形式，例如人自成一類，狗可自成一類；而不同的人或狗之間存在種上之差別。這些種與類本身究竟是否也具實在性？如果是實在的，其又以何種方式存在？存在於哪裡？

　　哲學史上關於「普遍觀念究竟何在」，而「眾人如何對不同個別事物產生認識」的問題討論甚多。有時我們會以專有名詞稱呼此爭論在特定時期的發生，例如，中世紀關於普遍觀念如何可能的問題被稱為「共相之爭」。王臣瑞認為，哲學史上有幾種關於普遍觀念來源的理論與解釋，以下分別敘述。[9]

一、實在論（Realism）

　　此處所言「實在論」為主張普遍觀念確實存在之實在論，而非認識論中之意義。有時亦被稱呼為「過激的實在論」或「激烈的實在論」，在普遍觀念之議題上主張普遍觀念具真實存在，其思路最早來自柏拉圖。如前文所述，柏拉圖相信外在世界有一可與此世界相對應的理型世界，此世界所有事物均為理型世界之摹本。人類靈魂曾在理型世界居住，後在與肉體結合實因碰撞導致記憶喪失，故須透過教育回憶起理型世界所見所知。根據柏拉圖理論向下推衍，過激的實在論認為普遍觀念確實存在於物之

---

[9]　王臣瑞，《知識論》，12章。

上，且爲我們心靈以外確實存在的事物。過激實在論可更進一步詢問那個
外在世界實際存在的對象爲何？例如下文將提及之夏爾特學派主張普遍觀
念實爲神心中的模型觀念，而泛神論系統如斯賓諾莎則主張宇宙只有一個
神聖實體，我們對事物之認知均爲其思維屬性之拓延。

（一）主張者

（過激）實在論的主張者除上述柏拉圖，以及我們在第四章中將提及
之馬勒布郎雪（Malebranche）外，最著名的可屬中世紀哲學家尙波的威
廉（Wilhelm von Champeaux, 1070-1120）與夏爾特學派。

1. 尙波的威廉是中世紀（過激）實在論的著名代表。他最初主張
「種」的普遍本質構成整個個別實體，所以任一個別實體並未擁有屬於自
己所特有之觀念內涵；事物所屬「種」只是事物所屬之「類」的附屬。這
種被稱爲「同一理論」的說法被他學生阿貝拉德挑戰後進行大幅修正。按
威廉之說法，同一類物性數目上僅能爲一，個別之物間的差異僅在依附體
之差別。故僅有一個人性，不同人之間差別在其高矮胖瘦等外在依附特
徵。阿貝拉德質疑，若威廉所言爲眞，則我人在臺灣，但我之人性可在
北京被找到；且若我受毆打則代表所有人均受毆打。爲回應阿貝拉德質
疑，威廉修改同一理論爲中立理論，該論述強調，只有個別事物爲眞，
個別之物有多少則本質／實體即有多少。但每個人均有屬自身之本有因
素，也擁有和他人共同擁有之殊種。這意謂我與你之間的人性並非相同而
爲相似。

2. 夏爾特學派：該學派活躍於12世紀，與尙波的威廉年代相距不
遠。其爲解決種與類成爲普遍觀念如何可能之問題，主張個別事物存在確
具物質／質料，但普遍事物之存在爲永恆不變之模型觀念。此模型觀念

乃依神之理智所具有之模型觀念造出種與類，再與物質結合形成個別事物。爲此，在種與類以下的事物一方面具有其個別存在，另方面種與類本身也在神的理智內具實際存在。

（二）實在論的困難

實在論的主張過於強烈，致使其在哲學史上易受攻擊質疑。我們在此可綜合諸多反駁意見提出以下說明：

1. 若普遍觀念確實存在於外在世界某處爲眞，則許多負面表述之普遍觀念亦需要其原型，例如：邪惡、藐視等等。然我們似乎不需要此類負面表述普遍觀念之原型。此論點乃亞里斯多德針對柏拉圖之理型論所提出之駁斥。

2. 若普遍觀念確實存在於外在世界某處，則「神」這一類具超越性之存有的存在樣式可能受到干擾。就士林哲學而言，信仰的神與哲學所預設的神可以是同一位，只是士林哲學以理性方式說明這位信仰內的神以如何方式自我彰顯。就此而言，這種說明已預設神超越類與種之範圍。若神需一對應之原型作爲其普遍概念，則神應屬具物質內容之某種存在物，此論述又與士林哲學對神之定義不同。故普遍觀念作爲外在世界某一實存在者實屬不可能。此論點乃針對士林哲學對神聖實體定義所提出之駁斥。

3. 若種與類之普遍觀念具確實存在性，那麼一方面如阿貝拉德對尚波的威廉理論所提質疑，一個人在同時兼具生與死、聰明與愚昧等狀態，這是不可能的。更進一步，若種與類等普遍觀念確實具實在性，則個別事物之存在實屬不可能，因爲普遍觀念須貼合於萬事萬物上，所以我們所擁有對事物之認識其實僅爲普遍觀念而非認識個別事物。這致使一方面個別事物存在不可能，另方面我們要認識個別事物也不可能。

二、唯名論（Nominalism）

與實在論相反，唯名論認為普遍觀念均不具實際存在。我們理智所能認識到的都是個別事物，且僅是個別事物。在我們認識足夠個別事物後，能基於約定成俗的語言使用指稱同一類對象。基於語言使用的概念就意謂包含「類」與「種」均不具真實存在性。關於物的名字為意指結果，而非指稱結果；這意謂關於物的名詞僅為此物所具之內涵而非其所擁有之外延。基於此點，唯名論始能說普遍觀念僅為約定成俗所產生之名詞與聲音。

（一）重要提倡者

關於唯名論的支持者，提出重要代表者如下：

1. 羅塞林（Roscellin, Compiègne, 1050-1120）

羅塞林於1050年出生於孔比耶納，其著作因受譴責而被銷毀，現僅存一封他寫給阿貝拉德的書信。根據同時期其他哲學家著作所言，其基本立場為反對極端實在論（Ultra-realism）。他主張，所謂共相僅為空言（Vox），不具任何實在，而極端實在論所認定之「共相具有形式及存在」實不可能。因為我們所能掌握者僅為實際經驗之個別存有／實體，對於所謂實存共相我們無從經驗把握。這種論點導致他主張，即便我們面前有一實際存在之實體，但組成此完整實體的任一部分也僅是字詞。確實，我們在哲學上可以主張「完整實體乃由部分所組成」之命題，但在此情況下連「完整的實體是由部分所組成」此一命題也僅能是字詞，因為在現實生活中所看見的客觀實在是確實存在的複數個體，而沒有任何一個「部分」的存在。既然每一個存在都具有個別性且不可能區分部分，因此神學上「三位一體」（Trinity）的概念將形成三位神所具有之三個個

體，而非一位神具有三個個體，因為三位一體的概念中每個位格都是真實的存在。這導致羅塞林主張「三神論」而受到譴責。

　　雖然他的學說受到譴責，但他的主張影響到從他的學生阿貝拉德開始直至14世紀的唯名論者，特別是「只有個別事物存於心外」的觀點在奧坎（Ockham, Wilhelm von, CA. 1285-1349）那被發揚光大，也使唯名論獲得共相之爭最後的勝利。

2.阿貝拉德（Alberad, Pierre, 1079-1142）

　　阿貝拉德曾師從羅塞林，他的唯名論主張就建立在羅塞林的論點上，並且是擊倒他另一位老師尚波的威廉論點的關鍵。阿貝拉德這次的勝利是唯名論在中世紀共相之爭中的一大勝利。

　　阿貝拉德在與尚波的威廉論爭時，針對其同一理論學說提出三個難題，並主張只有個別存在之物才是實在的，而我們對事物的認知均為對個別之物的認識。其主張與回答如下：

對實在論的質疑	根據唯名論的回答
(1)若任一事物之類的共相已包括一切個別事物，那麼就不會存有各種不同的人，而應該只有一個共同之「人」。此論題質疑其師學說無法解釋個體差異。	(1)所謂普遍觀念都只是一種「意見」（*Opiniones*）。既為意見就有錯誤之可能，此點特別可呈現於對所謂組合之部分的認知上。
(2)若我們有一關於實體之共相，此實體如何同時接納矛盾特質，如同實際為善又為惡？此論題質疑其師學說無法解釋同一實體在不同時空下之存在狀態。	(2)我們對實體之類的普遍概念只是我們的想像，而非對實體的確切認識。此種確切認識只有神才擁有。
(3)若事物所屬之「種」可作為事物解釋之最基本原理，那為何「類」不可作為此解釋原理？	(3)我們的解釋雖能以種為基本原理，但對事物的認識其實只是一種主觀意義下的產物。為此，共相只是虛構的本質，傳達我們對事物認識的文字內涵。

為此，阿貝拉德認為，認知並非如士林哲學所言是對事物本質的把握，也非對我們所知事物的加增，而僅是一種主觀意見的看法而已。

阿貝拉德的的論點具有懷疑主義之味道。在與其師的爭論中，他迫使尚波的威廉修正自己的學說，最嚴重時雙方甚至無法同時待在巴黎。在阿貝拉德強烈的攻擊下，尚波的威廉先從實在論中的同一性理論轉變到中立理論，但即便轉變理論卻仍無法在爭論中取得優勢。約於1108年左右，在論爭失利後，他一方面斷絕與阿貝拉德的師徒關係，一方面退隱到巴黎附近。他的退隱日後影響到聖維克多學派的產生。

（二）唯名論的困難

唯名論雖然在中世紀共相之爭中始終占上風，但唯名論的理論本身也存在論理上之困難：

1. 若語言僅是一種聲音或約定成俗之結果，則語言可能失去其存在之樣貌。就語言而言，其使用上確實存在不具指稱對象卻可被普遍理解之觀念內涵，尤其對群體或過往所言之指稱更為如此。當我們說「那裡有一群狗」時，我們並非指任何個體存在之狗，而是以整體之狗的概念指稱特定群體對象。這意謂普遍名詞可代表普遍觀念，且並非只是聲音或約定成俗之使用而已。

2. 就認識的意識而言，我們確實能視任一字詞為具有普遍觀念之內涵指稱。例如，「人」這一字詞，既可指稱個別存在對象，又可為普遍名詞／觀念之使用。這種字詞之存在反證唯名論在論述上之不足。

三、溫和的實在論

　　溫和的實在論我們將在第三章中特別專章說明，在此我們僅提出簡單的說明。

（一）溫和實在論的主張

　　溫和的實在論認為普遍概念存在於人的心智中。我們所認識的確實是每一個的個別事物，但人具有理智，當理智透過感官經驗蒐集足夠感覺與料後能夠進行抽象作用。理智透過物理式的、數學式的以及形上學式的抽象得到事物的本質而形成概念。理智形成的概念在與外在世界之物件相比對後，若名實相符即為真，不符則為認識錯誤（此觀念在後文所提之真理學說將重新再提一次）。普遍概念為理智抽象之結果：與激烈實在論相較不具外在實存性；與唯名論／概念主義相較下仍然肯定普遍概念並非只是聲音或單詞，而是在理智中具有實際的存在。

　　溫和實在論的理論一般認為從亞里斯多德開始。亞里斯多德在《論靈魂》（*De anima*）中以形質論（Hylomorphism）說明人的組成，並強調理智的作用——但亞里斯多德在解釋理智作用時留下難題，此點亦將待第三章說明。亞里斯多德之後，這種類似的主張在斯多亞學派（Stoics）被提出，後再經由伊斯蘭哲學家（Arabics）與13世紀巴黎大學哲學家們，如多瑪斯·阿奎納（Thomas Aquinas）等討論修正並發揚光大。該理論在當代仍經由不同哲學家之不同方式重新包裝而提出作為理論基礎。

（二）溫和實在論面對的問題

　　雖然溫和實在論確實具有其合理性與準據，但該理論主張仍相同面對到理論上的挑戰或困難：

　　1. 對能力所採取之預設問題：溫和實在論屬接受亞里斯多德理論後逐步修正改進之成果，並經歷哲學史上諸多哲學家調整與修正後所得。然而回到根本問題，若人的認識過程並非如此時應如何處置？我們可以注意到，溫和實在論雖是從人類的感官經驗出發並連結至理智能力之應用，但嚴格來說，我們僅能確定人類確實具有感官能力，更進一步的理智功能或靈魂作用等均屬預設（甚至信仰所提）結果。就此而言，若溫和實在論所言僅為對知識立場之預設而不具實在性，則此理論將如空中樓閣。

　　2. 確實能有效對抗懷疑主義嗎？大部分講論溫和實在論的學者原則上對以其理論駁斥懷疑主義均具有相當的信心，並認為溫和實在論應可建立對知識之普效性。然面對當代以電腦科技為基礎之懷疑主義，溫和實在論可能無法有效發揮作用，特別在與上述論點結合後更為如此。根據當代電腦科技所產出之懷疑主義，如桶中大腦理論，可提出充分質疑直指連我們所認為溫和實在論之內容為真亦為電腦預設之結果（桶中大腦理論參見第二章）。為此，溫和實在論實無法宣稱其可有效對抗懷疑主義。

　　我們可將上述理論以下列表格說明：

理論	主張	受質疑點
（激烈的）實在論	普遍觀念具客觀存在，或者在理型界（柏拉圖），或者在神聖實體內（夏爾特學派），或者整個世界只有一個神聖實體，我們的觀念均為此神聖實體的延伸（斯賓諾莎）。	1.普遍觀念若為實存須包含負面者 2.對神之定義造成困難 3.個別事物按理論將失去存在與被認識之可能
唯名論	普遍觀念不具真實存在，甚至沒有普遍觀念，唯一存在的只有個別對象。普遍名詞只是聲音或約定成俗者。	1.語言使用之實際問題 2.確實有名詞既可指稱普遍觀念又可指稱個別事物
溫和的實在論	普遍觀念乃理智抽象所得之結果，具心靈上的實際存在而非外在於實際世界的真實存在。	1.已預設靈魂、理智與心靈的功能 2.不一定能有效對抗懷疑主義之質疑

肆、你有好的證據嗎？

從柏拉圖對知識的探討開始，我們對知識的認知出現一如系統性的理論。雖然現有JTB理論作為我們對知識的基礎，但在過往哲學史上不少哲學家是透過如同現今所謂證成的方式提供知識有效的基礎。

知識之所以需要使其有效之基礎，或所謂證成／判準，目的在使知識能具有普效性之可能。任何一位哲學家在探討「知識成立如何可能」此一問題時，需預設兩個狀況：

Q1是否有充分證據／推論證明其對知識之說明具合理性？
Q2這種對知識之說明是否具有普效性？

換言之，哲學家在討論所謂知識之成立時，如同在問是否具有充分證據可作為成立的根基。對於判準究竟為何，不同哲學家對之均特別探討成立的基礎與判準為何。為此，我們此處將以奧古斯丁作為例證，說明所謂「判準」，即使知識確定為真的那個關鍵究竟是如何的意義。[10]

一、知識的層級

奧古斯丁從兩方面討論知識的部分：就否定來說，懷疑主義不可能真正對認識提出懷疑，即便懷疑主義不相信我們有獲得知識的可能，他們仍

---

[10] 奧古斯丁相關資料可參考以下著作：Sharon M. Kaye & Paul Thomson，周偉馳譯，《奧古斯丁》，北京：中華書局，2002年；Mary T. Clark, *Augustine* (London; New York: Continuum Press, 1994); Richard Price, *Augustine* (Liguori: Triumph Press, 1996)。

必須接受某些眞理的存在。例如，當我們覺得自己受到欺騙，或認爲表象爲假時，於最低底線我們仍獲得了感官與主觀印象的內容。爲此，懷疑主義必須確定一個眞理，就是他正在懷疑這個事實。（與懷疑主義相關的討論，我們將在第二章再度提到。）

現在從正面角度來看，奧古斯丁肯定我們確實能獲得某些確切的眞理內容。例如，他認爲不會有人懷疑自己是存在的，而且如果他懷疑任何其他事物── 不論是鬼魔或神── 的存在，這種懷疑也就證明他的存在。爲此奧古斯丁認爲如果一個人不存在就不可能被欺騙── 這種講法預期了笛卡兒日後所提的「我思故我在」之論點。爲此，凡是藉由內在的經驗與自我意識所知道的都具有確切性。在最低底線來說，一個人至少有三件事項可以確定爲明顯事實：他存在、他活著和他理解。換言之，奧古斯丁肯定不論任何人均能獲得知識。但問題在於，究竟爲奧古斯丁而言，知識是什麼？

在我們討論奧古斯丁的知識層級以前，我們必須記得前面所提，哲學家的思想有其傳承性。就哲學史發展脈絡來看，奧古斯丁受到柏拉圖──新柏拉圖主義影響頗深，這點可以從此處所要探討的知識層級看出。但另一方面我們也不要誤會，以爲奧古斯丁有興趣想建立一套完整知識體系── 一如柯普勒斯頓所提醒，奧古斯丁在知識運作上眞正感興趣的是認知與追求那永恆不變的認知對象。在此意義下，我們大致可說奧古斯丁將知識區分爲三個等級：

1. 感覺知識

奧古斯丁認爲感覺知識是最低的知識，特性在可變性，產生根源在身體官能，其對象雖爲我們所認知之世界，卻也是那些世界中具有可變性質的對象。雖然奧古斯丁認爲感覺知識就層級而言極低，但他並沒有否定或貶抑此種知識之意圖。奧古斯丁之哲學因爲繼承自柏拉圖，所以當他詢問

「何爲知識」時已預設對「何爲永恆且不變動」的詢問。若眞正能作爲知識對象的必然永恆不變，感覺所得到對象既然變動則不可能作爲知識的適切對象。雖然如此，感覺仍然可被視爲靈魂運用感官感覺器官進行工作的一種活動，雖然不論自己或他人都能對世界下判斷，但這種判斷很有可能是錯的。

此外，當我們理解奧古斯丁所謂「感覺知識」時需要注意另一條件，即他的探討是在基督宗教信仰下進行的思考。對奧古斯丁來說，不論人或動物都有感覺，但在動物的認知中，他們乃出於生物本能趨善避惡。這不代表他們能隨時記起這些回憶，甚至不能進行理性之工作或分析。就此意義，如果我們要認定感覺能成爲一種知識，就只能是最低層級的知識或人獸共有的知識。

2. 對有形事物的判斷

雖然人與動物都有感覺，但唯有人能夠依據一種無形且永恆的客觀標準對外在事物進行判斷。這層知識可被稱爲理性（的層級），僅有人能進行，因爲動物缺乏此類能力。這層知識是爲通向生存之活動與實踐而進行，由於涉及理性之作用，故能得出判斷結果。這層知識爲人類而言清晰明確，因我們每個人都曾對事物進行判斷。但當我們進行判斷，特別是對某些放諸四海皆準的眞理進行判斷時，這種判斷預設一個更高的判斷標準：除非在我心智內在有一關於美的永恆判斷標準，否則我無從判斷一事物的美醜。這種永恆判斷標準預設的三層知識，即智慧的存在。

3. 智慧

不論感覺或對有形事物之判斷，均預設一永恆眞理的存在，否則我們無法進行判斷。這種論述預設在人心智以上應該還有一種絕對客觀標準作爲知識對象。當人心智知曉此類知識對象時，他僅是發現，爾後同意且不進行任何修改。換言之，這種知識對象無需感覺介入，單由心智默觀即可

獲得。奧古斯丁認為這就是智慧——雖然他所說的智慧與我們現代意義不同，是指對神聖本質的默觀與冥思。

我們在前面已經提及，奧古斯丁接受柏拉圖——新柏拉圖主義的哲學思想，並用以解釋基督宗教神學內容，為此我們無需意外奧古斯丁認為事物典範理型或永恆真理等均在神之內。所謂典範理型乃指神在創造世界時已存於心中對事物的認知，這種理論可被稱為「胚種型式」，即萬事萬物在被創造之前以一種具不可見潛能之「種子型式」存於神的心中，爾後神以其睿智創造此世界並開展出各種不同事物。永恆真理則以不變動之判斷的客觀標準存在於我們心中。前者構成我們對事物理解的基礎，後者則成為我們判斷事物的標準。

我們可將三種知識列表如下，說明奧古斯丁知識層即的架構：

低 ──────────────────────────────────────→ 高		
感覺知識	對有形事物判斷	智慧
人與動物皆有	僅有人擁有	僅有（少數）人擁有
靈魂運用感官感覺器官 進行工作的活動	依據永恆真理 對世界萬事萬物判斷	心智發現認同 並不嘗試修改
變動性極高	判斷可能產生錯誤	永恆且絕對

奧古斯丁此處知識階層明顯將信仰與知識結合，以致信仰與知識能相輔相成。這也造成他在信仰之路上兩條不同路徑亦能相輔相成：「來理解吧！好使你相信」（*Intellige, ut credas*），以及「你相信吧！好使你理解」（*Crede, ut intelligas*）。這種知識層級理論進一步引出他著名的光照理論。

二、光照的概念

　　奧古斯丁爲人的理解提出永恆眞理作爲客觀眞實判斷的標準。但我們如何知道這種永恆判斷標準？尤其不論感覺或人類所特有之理性，究其而言都是變動且不穩定。如果我們所依據者爲變動且不穩定者，我們如何對永恆眞理進行判斷？如果進行判斷，我們又如何確定我們的判斷具有適切性？奧古斯丁依循他柏拉圖——基督宗教式的回答指出，我們確實無法看見永恆不變之眞理，除非此眞理首先受到太陽光（神性之光）照耀而顯明。

　　奧古斯丁在這方面的理解是基督宗教式的回答。人的本性依據創造主安排，朝向理解自然秩序中其他可被理解的對象時，其就在某種無形的光中，以使心靈之眼能正確看見永恆眞理，一如肉體眼睛能看見有形事物般。奧古斯丁的論點是類比性的：我們能看見周遭事物因太陽照耀之故，心靈需要永恆之光照耀才能對永恆事物產生正確理解。唯有這光照耀在人心上，人才能從可變且會消逝的事物中看見永恆不變的眞理。然而，奧古斯丁並非說這光就是神自身，也不是說理性本身蘊含光照本身，而應該說基於神的作爲，能使心智看見在神裡面那些必然且永恆的眞理。由於光照是神對心智所進行之作爲，故雖然永恆不變眞理存在於神聖本質內，但人在此並不會眞的認識到神聖本質，僅是認識神聖本質所持有之永恆眞理。

　　光照說的理論引申出兩個額外議題：

　　1. 既然人心能認識到永恆眞理，且此種認識爲人類理性的必然追求，那麼心智所理解的永恆眞理必然建立在一個絕對不變動的眞理根基上。這絕對不變動的眞理根基就是神，人心智所能掌握的眞理正是神所具

有永恆不變的神聖完滿之反映。

2. 如果所有人都受到光照，那麼我們如何解釋惡人透過永恆眞理作惡的現況？奧古斯丁可能會如此解釋，既然光照是神的作爲而非看見神聖本質，那麼任何人都能在光照下得到永恆眞理——與其道德或修爲無關，而是與其作爲身體與靈魂的結合，那麼任何人都能夠獲得永恆眞理。這種論點與奧古斯丁的靈修神學有關，即具有強烈實踐意義的指向。

三、光照作爲保證

我們在此可爲奧古斯丁的知識論提出如此結論：現世變動的萬事萬物都不足以作爲知識的眞正對象，因爲知識的眞正對象必須永恆不變動。爲此，唯有在神光照的作爲下，我們始能對永恆不變的眞理產生正確認知。就此來看，神聖之光照可說是奧古斯丁知識適切性的保證，也就是這裡我們所說知識所需具有的保證。從證據——或更嚴肅的字詞「證成」——來說，光照就是奧古斯丁認爲知識能夠成立的最後根本。

當我們這麼說的時候，我們要特別注意時代的問題：對奧古斯丁來說，知識論的系統並非他眞正關注重點，所以知識成立的保證也非他所在意之事。此外，用證成一詞來看奧古斯丁知識論系統也犯了時代錯置的謬誤。然而我們此處要強調的是：在我們探討知識時，如何證明其適切性或如何說某知識能獲得保證是件重要的事。某位哲學家不一定會明指他系統內保證爲何，但不代表其沒有預設或提出說明。

伍、得到真理如何可能？

　　除上述論題外，知識論也嘗試探討是否有真理的存在 —— 雖然對「何為真理」這個問題，不同學派提出不同論點，甚至有哲學體系不接受真理的存在。但真理究竟為何？從真理此一問題又引發出另一問題，就是我們如何理解他人心思？唯有相同心思之前題下，我們始能稱我們具有共同真理。

一、對心外心靈的理解

　　雖然哲學預設所有人都是有理性的存在，但我們如何確定身邊那個人擁有跟我們相同的思想？這個問題可被稱為他人心思。他人心思的議題我們將在第二章提到哲學殭屍（Philosophical Zombie）時再次討論。

　　除對他人心思的理解外，我們也會想知道動物究竟具有如何的心思？動物有心思或思考能力嗎？如果動物有心思，我們能認知嗎？這種動物認知能力常因電影渲染而被無限放大，例如《決戰猩球》（*Planet of the Apes*）電影就描述靈長類動物具有與人類相同的思考與理智能力，最終與人類決鬥的故事。一些電視劇也常賦予某種動物與人類相同的理智能力製造特殊效果，以符合故事發展或產生笑料。但動物確實具有這樣的思考能力嗎？

（一）前提設定

　　當我們討論動物心思時，我們需避免投射的問題：飼主將自身感受

投射到動物身上的狀況。常見的狀況是，飼主回到家後以娃娃音或誇張語氣對飼養的小動物說著「把拔（爸爸）回來了，有沒有想我啊？」之類的話。這種投射無法證明動物具有可被理解的心思，僅為人類將自身情感與感受投射到動物身上之行為。我們也避免所謂動物靈媒為媒介的翻譯與觀點。在世界各地存在一些宗教人士宣稱可以跟動物溝通，我們在此不探究這種狀態並非指稱其行為造假，而是基於前述認知的假定：若我們能認知此類心思，預設我們應具有相同理性能力，但顯然我們與動物在認知上似乎有落差——這並非預設動物必然沒有理性，而是基於認知官能或許不同，所以在翻譯過程中可能產生錯誤。

對於動物心思，我們至少能接受不論何種動物或昆蟲，依其存在樣態具有對外在世界的感知能力，且相同具有趨善避惡之生物本能。但作為本能與具有思想能力是不同的：前者是生物本性，而後者具有特定邏輯推理之要求。我們確實也認為動物具有情感或感受，雖然這種情感或感受與人類的表達略有不同。但動物具有情感或感受表達仍然不能代表動物確實具有思考，因為有可能這些感受表達是受到制約的結果（雖然或許有人會認為制約本身就是一種思考的表現）。

基於上述前提，當我們問道「動物是否具有思考能力」這問題時，我們需要考慮的面向或許包括：如果動物有思考能力，會以如何的方式呈現？我們可以注意的包括以下三方面：

1. 語言能力。人類具有理性且能對事物思考最直接的呈現在於能以語言表達事理。所以當我們思考動物是否具有理性思考能力時，一個可供參考的指標在於其表達方式是否具有固定性或意義內涵。

2. 固定行為模式。此處所謂行為模式並非所謂單純因制約而產生的結果，而是在面對選擇時能有明確的評判與決定。人類的理性常能透過觀察而建立固定習慣模式，若動物能依據過往經驗建立固定習慣模式，或許

可證明動物與人類擁有相同或類似的思考能力。

　　3. 群體關係的建立。這種群體關係非指動物的群居，而是指動物能建立如人類的倫理關係一般之關係結構。這種群體關係也與過往成語「羔羊跪乳」或「慈烏反哺」之比喻不同，因為這仍與上述所言投射相同。我們此處所言乃強調動物本身能發展出屬於自身的群體結構。

　　上述三個面向可作為此處我們討論動物心思的評估，亦即透過與人類相似的行為模式加以評估。關於這些問題，古典哲學的思維中已有哲學家開始注意，雖然其中學說常基於其預設立場，但在與現代觀察結果比較之下就略顯幼稚。

（二）哲學觀點

　　從古典哲學開始，動物就被視為在存有位階上較人類為低的存在。中世紀哲學基於基督宗教神學，認為人的受造是為管理包含動植物在內的所有受造物。當代學者基於這過往，認為基督宗教應當為人類中心主義的出現負責，但卻忽略了真正開始這種論點可能來自笛卡兒。按照笛卡兒的論點，人同時具有心物二元的基礎。心的部分其實即為靈魂的部分，動物具有與人相同的身體，但沒有靈魂的概念。為此，動物與人不同，不具認知的可能，所以只是一種物的存在。這種論點與道德身分相關。在過往目的論哲學的意義下，動物被認為不具道德身分，而是作為人類的食物或工具：因為動物與人相較下沒有知識、思考與判斷能力。

　　與上述古典哲學不同之觀點在休謨那裡可被看到。休謨基於其效益主義的推論考慮動物的認知能力，並考慮動物所具有之感受情緒。而康德基於其倫理學強調我們對自然具有義務，卻同時認為只有能自主之生物，即具自由與理性之生物才具有道德身分。在此之所以強調道德身分，著重

點在具有道德身分預設需有對自己與同儕之認知能力，且能對事況加以思考。這種預設代表此種生物具有思考能力，即符合此處我們所研究之動物認知的議題。

　　基於古典哲學所預設，人類與動物最大差異在理性之有無，故古典哲學給予動物之地位較低。這種狀況於近代環境倫理學（Environmental Ethics）興起後產生不同的改變，也帶領人類重新思考與面對動物的感受與認知問題。

（三）三種態度

　　當代環境倫理學在處理人類與環境之關係時，提出三種主要脈絡以利討論。當我們嘗試理解動物心思時，將依循此三種主要脈絡嘗試理解動物心思。此三脈絡分別是：「人類中心主義」、「生命中心主義」與「生態中心主義」。

　　1. 人類中心主義（Anthropocentrism）脈絡：人類中心主義脈絡為過往討論動物心思最直接的應用脈絡，亦為古典哲學所強調之脈絡內涵。此觀點所帶出之世界觀為以人類為中心者，故賦予人類如統治者般之身分地位。在此脈絡，人類不一定需要思考動物的心思與認知，因為世界與動物等均為人類所使用。部分此脈絡下的學者所提出對環境之保護，乃透過人類已有之道德規範來對環境保護加以應用，如帕斯摩爾（John Passmore）；也有的是基於人類具有道德規範，而動物與環境為我們之權利延伸對象，故主張我們應對其具有保護之責任，如芬伯格（Joel Feinberg）。

　　2. 生命中心主義（Biocentrism）脈絡：此脈絡以生命中心為主要思考路徑。由於過度強調動物權利，有時受人類中心主義者嘲諷。其中

最支持保護動物權利的包括彼得・辛格（Peter Singer）以及湯姆・雷根（Tom Regan）。他們主張，過往倫理學均以人類為中心，並強調唯有人具有道德身分，但若我們仔細觀察會發現，動物同樣具有認知（雖其認知能力與人類有落差），動物也與人類相同具有感受及情緒。例如，辛格在此基礎上反對將動物排除在倫理以外的物種主義（Speciesism），並主張應公平考量所有物種的利益。所謂公平考量之基準在於該物種對痛苦之感受，就此意義，動物既然具有知覺，且能表達出對事物的喜好，那麼動物應具有不受痛苦的基本權利，且應當受到與人類相同平等之尊重與對待。這種權利觀點在雷根那裡得到進一步發展。考慮到作為物種的權利，我們固然不希望自己受到限制或被當作工具——這意謂不好的感受。如果人不希望自己受到這種對待，那麼我們也就不該如此對待動物，因為所有動物與人類相同，其存在便具有「固有價值」。

　　3. 生態中心主義（Ecocentrism）：第三種脈絡被稱為生態中心主義，其主張不論人或生物均屬完整／整體生態的一部分。在此脈絡下，若只考慮特定物種族群將出現見樹不見林的思考困境。為能考慮整體環境生態，人類必須改變思考，自己的身分不再只是人，更是整體環境中的人，亦即強調自己的真實身分。

　　在上述三種脈絡下，動物的認知在兩種意義下可被討論：一個是前面所提之投射，即人類依據自身所擁有之認知直接應用在動物身上。投射不一定必然為真，雖然有時亦不一定必然為假。就相同作為生物而言，人類確實可感受到動物的某些感受，但這種感受可能加入人類主觀認知而產生「斑比效應」（Bambi Effect）的結果。此效應來自1942年迪士尼電影《小鹿斑比》（*Bambi*）上映所觀察到之現象，即人可能同時既反對殺害可愛動物卻又接受甚至樂於殺害醜陋之動物及昆蟲，一如有的人可以同時認為虐貓很殘忍但又能接受凡蟑螂均應被打死的想法。此種論點對我們探

討動物認知實質幫助不大，因其中夾雜我們主觀認知內容，且有時對動物基於本能產出之行為過度或不當解讀。

另一個可被討論的在於動物確實具有感受及情緒等生物本能，及在此本能下動物的認知內容。我們可以確認動物具有感受與情緒，也可以確認動物能依據自身本能展開趨善避惡之行動。特別在許多實際與動物相處之經驗中得知，動物確實能與人類展開互動（雖然此處互動乃依據動物本能所產生，而非人際互動式的複雜關係）。就此狀況而言，動物的認知並非如人類所發展之能產生複雜意義的認知過程，而應被認為是基於動物本能所產出之生存式的認知。或有人質疑，部分新聞資料中呈現與人長期相處之動物會依據實際狀況產生類似人類的行為模式。對此問題或許恰當回覆應為，動物在與人類相處過程中依據其生存之認知發展出對其生存具恰當性之內容，人類對其而言應屬共生之夥伴。故為維護彼此之生存，動物能依其本能產生恰當行為。

既然動物具有依本能產生之恰當行為，且又具有情感和感受，那麼根據辛格與雷根的論點，「人類既然不願意被當作工具，就不該將動物當作工具」之論據，除對動物的權利外，還包括動物的感受問題。在其脈絡下，動物確實具有感受與情緒之能力（雖然對於有無與人類相同認知可能還需進一步討論）。既然動物具有感受能力，那麼人類大範圍圈養提供肉類來源之動物如豬或牛，就可被認為是傷害動物的感受。基於尊重生命這種義務，我們應當將對動物的尊重推廣至每種動物身上。雷根也據此主張，人類作為理性群體應當取消商業化動物養殖，甚至改變飲食習慣成為素食者。

（四）結語：動物作為具有生命的存在

在我們下結論之前，應先提及從動物的認知所延伸出之另一問題：

植物的認知又該如何處置？就生活經驗而言，我們一般不會認為植物具有明確的認知能力。特別在與人類或動物相較下，植物就只是在一處裡活著，並以我們所認為緩慢的速度成長。雖有電影描述植物在受到威脅後透過特殊運作機制保護自我，或描述自遠古至今所存留的特殊植物具有食人機制等，但就現實經驗而言，此類狀態／植物並不存在。或許部分科學實驗已可證實植物具有類似人的感受，但這種證明乃根據科學數值所為，並非此處我們所討論之直接性感受。

若我們依據前面所提三項規範來看，我們可以如此說明：

1. 語言能力：若依據人類之特性，即其為具有理性且能對事物思考之呈現為以語言表達事理，那麼動物是否具有語言？狗或貓的叫聲是否能被視為語言？就生物的聲音來說，動物的叫聲確實也反映其情緒及對事況之態度。然而這仍不能作為「語言」，因其並未能表達複雜意義。

2. 固定行為模式：動物就其生物本能而言，在面對選擇時確實能有明確的評判與決定，且這種行為模式並非所謂單純因制約而產生。然而問題在於這種依據生物本能的抉擇能否被認為是思考過後之選擇？所謂「思考過後之選擇」意謂能對不同選項，一如效益主義（Utilitarianism）所注意到，人具有兩害相權取其輕的能力。嚴格來說，我們不易在動物身上看到這種純粹選擇之結果。故就所謂固定行為模式而言，我們似乎不能證明動物具有理性或認知能力。

3. 群體關係的建立：動物依其本能所產生之群體仍具有相關的「倫理」，雖然此處倫理可能與基於動物本能所產生之（暴力）行為有關。動物確實具有其群體關係，且依其動物本能具有特定行為模式，並依循其行為有類似人類的群體與倫理，但這種群體內之關係與其說是確實的倫理，不如說是依動物本能所產出之和平共處模式。

　　基於上述說明，我們或許可以說的是：動物的確有依其本性所產出之認知能力，但這種認知能力與人類不盡相同；動物確實具有評估生存所需條件的本能，但並非如人類對各種複雜世界處置的思想機制。

二、真理如何可能？

　　既然知識論尋求真實的判準，並嘗試確認是否具有真實的存在，那麼知識論嘗試尋找真理似乎也實屬當然。雖然當代對於真理之討論的一種主要思想為「真理乃相對或流動者」，然此論點本身即已具有邏輯思辨上之困難：若真理為流動或相對，則真理不可能被稱為真理。說真理並非相對或流動者，僅為負面表述，並不能幫助我們真正理解真理為何。為此，以下將從四種不同觀點說明所謂真理為何之問題。

（一）符應說

　　我們首先討論符應說之內容。符應說為真理理論最容易理解之內容，其肯定主體確實有認知能力且能認識外在對象。然而符應說常被賦予負面意義，或被認為過於素樸。為此，我們首先定義符應說之內容。

1. 符應說之定義

　　符應說為知識論解釋真理理論。波伊曼（Louis P. Pojman）的說法可提供一簡明定義：「這個理論認為一個命題為真是當其與實在的事實或狀況符合時。這個理論可以回溯到柏拉圖，特別是亞里斯多德，因為他說：『說那不是真的，或那不是這樣，即為假；而說其所是，或那不是

並非如此，爲眞。」」**11**此類說法雖簡明卻也可能忽略符應論中的動態意義。按照汪史坦博根（Fernand Van Steenberghen）的分析，符應論可以擁有一更進一步之定義：「判斷，……是與客體符合時，則稱之爲是眞的；在它對我來講不與客體相符合時，就是未達成任務時，我則說它是錯誤的。」**12**

汪史坦博根對於符應論的理解呈現該學說之動態觀點。一個有意識的主體會因爲發現自己的知識有缺陷或錯誤而加以改造，因一知識的眞正獲得／終點在於能達至其目的。因此眞與假具有一種價值性，並經由主體的肯定加以表達。符應論就理論而言有其基於人類認知結構的限制。爲此，汪史坦博根提出兩個士林哲學常見公式表達出符應論關係中主客體的區別，也標示出主客之間的關聯：

＊公式一：已知是按照認識者的方式存在於認識者內（*Cognitum est in cognoscente ad modum cognoscentis*）。
＊公式二（爲公式一較爲普遍的表達）：被接受的是按照接受者的方式存在於接受者內（*Receptum est in recipiente ad modum recipientis*）。

此二公式所謂符應論是被建立在主客體間的關係建構，然而這樣的建構並未否認人在認識能力上的限制或表達上的限制。這樣的說法可以在多瑪斯談論符應論的討論中發現端倪。但我們應注意，雖符應說爲士林哲學實在論所強調之概念，但即便非士林哲學的學者也仍有人贊同符應論。例如，關永中指出謝勒（Max Scheler）就是一個例子：謝勒認爲所謂的眞

---

11 Louis P. Pojman, *What Can We Know? An Introduction to the Theory of Knowledge* (Belmont: Wadsworth Publishing Company, 1994), pp.4-6, 331.

12 Fernand Van Steenberghen, Trans. By Lawrence Moonan, *Epistemology* (Louvain: Publications Universitaires, 1970), p.159. 這裡的中文譯文採用的是李貴良於1965年譯爲中文的《知識與方法之批判》。

理就是理解符應事實，這種觀點就是符應論的立場。

　　就符應說來看眞理，基本上仍可探問眞理的標準爲何。我們將在第三章提到多瑪斯的四個條件，此四條件乃在多瑪斯《論眞理》一書中所提之（符應理論所產生的）四個條件，根據這四個條件可以斷定某個對象是眞的：第一個條件指的是理智的參與及獨立運作；第二個條件是理智能爲對象提出定義，此定義又能對應於判斷中的眞與假；第三個條件指的是一個對象之所以被斷定爲眞或假是因爲其本質能被神聖理智所判斷，並能經由人的理智而確認；最後，眞或假的提出是因爲人對於眞理的表達與提出，即在一個判斷的行動中才能眞正地被提出（*De Veritate*, Q.1, A.3, solutio）。

2. 判斷標準

　　爲符應說而言，眞理意謂名實相符。但作爲眞理的判斷，卻存在有絕對的第一原理。第一原理根據其意義，其爲最根本之判準原理，不具有較之更爲重要或更可作爲預設的原理或判準。士林哲學所接受之符應說預設有三項第一原理作爲最終判斷。三項原理如下：

(1)（不）矛盾律：一事物不能在同時且相同狀況下既存在又不存在。
(2)同一律：任一存有即爲其存有自身／一物乃其之所是之物。
(3)排中律：一物必然存在或不存在，不會有中間性或其他選擇。

作爲最終認識判斷，三項第一原理被認爲是最終判斷的標準，且不可能有較此三項原理更爲根本的預設原則（雖然三項原則中不矛盾律往往被認爲是根本中的根本，同一律與排中律皆爲其律則所推衍結果）。此三項判斷標準之存在爲符應說之基礎，因於符應說中，任何認識的初步均爲「存在」：當我們認識一個存在之對象時，其已必然存在而不可能不存在。或

有人會認爲此乃套套邏輯（Tautology），及不存在之事物不可能爲我們所認識。但進一步我們必須指出，唯有在一事物確實存在且不可能並非其存在之樣態時，我們始能認識此物。因在符應說之理論內，認識一物意謂能辨識其與他物不同之本質。

3.困難

雖然符應說爲最易於親近及理解之眞理觀，然符應說之理論仍有以下三項須面對之問題或困難：

(1)符應說預設著人類認識過程的物件與程序，但如果人的認識能力並非如此，符應說就如同自說自話一般，無法提出正確解釋。

(2)符應說在面對懷疑主義質疑時容易出現無法對話的可能，因爲懷疑主義所懷疑的正是符應說所主張的。

(3)主觀的困難。由於符應說強調對眞理的逐漸逼近，所以很有可能會因爲群體偏執導致明顯資訊受到（故意）忽視，一如郎尼根所提到的偏執概念。例如，學術圈中的學閥有時產生非主流主張與主流觀點不同受到排擠的現象，就是符應說主觀困難的產物。

（二）實用說

實用說爲目前知識或學習方式中之主流理論之一，於實踐上能以「這個對我有何幫助？」之問題作爲範例。就眞理角度而言，實用說與相對主義具相似性，均不接受有固定或永恆不變之眞理，而接受流動式的眞理觀。兩者差異在於相對主義的眞理觀與知識持有者之時空情境有關，而實用說之眞理觀與知識持有者所欲嘗試解之問題有關。

1.源頭：實證主義（Positivism）

實用說之真理觀可回推至法國哲學家孔德（A. Comte）。孔德所在時代因自然科學發展興盛，故其根據自然科學所擁有之主張認為，人類對知識或真理的探求會依循必然歷史規律逐步前行。這種歷史規律可區分為三個主要階段。首先是神學階段，人類在此階段基於對自然力量的懼怕而透過原初信仰／神話解釋所觀察到之自然變化；其次是形上學階段，在面對上述自然變化現象，經由人類的抽象作用解釋所知現象且尋覓規律以作解釋，基督宗教與形上學皆屬之；人類歷史最後將進入實證階段，亦即科學階段，在面對自然現象時將運用並依據已知之科學方法研究並解釋現象之發展，更進一步解釋不同事物間之關聯性。我們可將孔德所為世界歷史發展階段整理如下：

階段	特徵	對應國家	範例
神話階段	透過神話對已知世界的自然現象提出解釋	中國／印度	以「善有善報，惡有惡報」來說明鬼魂的存在
形上學階段	透過抽象過程對已知現象尋得共同結構與內容	德國	世界各國均有與報復相關之鬼魂傳說，此乃基於普世人性對善惡概念觀察所得
科學實證階段	透過科學方式為已知現象提出提出合理解釋	法國	嘗試以科學角度證明鬼魂確實具存在

2.實用主義

實證主義向我們展示以自然科學為根本真理的世界觀。自然科學的世界觀強調產出結果的重要性。這種論點在威廉・詹姆斯（W. James）及杜威（J. Dewey）身上起了重要作用。根據實用主義的衍生，若有一知識觀念為真理，其必能幫助我們解決生活遭遇問題。

(1)威廉‧詹姆斯：按其所言，實用主義對知識、真理甚至意義的理解與過往哲學理論不同。實用的意義為，探討一對象可能涉及之實際經驗類型與其可能導致的結果。在此意義下所謂真理是一種與健康類似的「好的事物」，且其對我們來說是能邁向未來並預測未來的一種善之對象。威廉‧詹姆斯同意真理基於人類經驗而被產出之事物，不論其是否可能被驗證，都可被認為是基於某些人具體擁有之信念所產出的驗證原則。所有的真理都可被視為替人類服務之目的所產出的結果，所以真理現在仍基於人類經驗而處於被產出之過程。這種對真理的論點表現在對神存在的態度是：如果神的存在能幫助我們圓滿完成生活，那神的存在就是真的。

(2)杜威：杜威的實用主義呈現在其所謂「工具主義」（Instrumentalism）的使用概念上。在工具主義的觀點下，過往真理所被認為的那種固定性與理想性應被暫時擱置，因為真理不再指向超過經驗可理解之對象，而應被認為是探討尋求的過程。真理不能置身於經驗之外，必須在人類進步過程中被理解。這種觀點與威廉‧詹姆斯所言有異曲同工之妙，因為在人類進步過程中產生的真理正是用以解決我們所面對之問題。

綜合上述兩者，實用主義的真理觀主張所有知識都起源於經驗、實驗方法及其實際效果。一個真的、可以被使用的知識必定能用來解決日常生活中實際事物的問題——這意味思想與實踐行為間的密切關係。真理／知識不會一成不變，當人類面對需要重新思考的問題時，須以經驗為其主要依據來嘗試尋覓解決之道，甚至進行創造性重構也是解決的可能性之一。所以，真理是那些在我們生活經驗中具實用價值的對象，我們依此安排、遇見並且達到我們的目的。就此而言，真理具有的工具意義大於知識意義。

3.困難

實用說的理論相同有其困難，困難概略如下：

(1)實用主義的謬誤（Pragmatism Fallacy）：實用主義的眞理觀認爲，若要證明某項知識確爲眞理之要件爲其能對我們生活帶來實用價值，或能幫助我們解決某些生活中所遇難題，或更進一步能爲人類生活帶來利益與進步之價值。但任何一項能符合上述需求之理論，其背後通常預設或建立在更爲深刻與普遍之理論基礎／背景知識上。然而作爲理論建構之基礎，其通常不具立刻能解決生活問題之實用性，這種情況在「科技黑箱」中尤爲明顯。所謂科技黑箱是指，我們懂得使用科技產物，但對其運作原理卻可能完全無法理解。例如，手機使用相關資訊對我們而言是實用的，但要建構起手機通訊所需要之背景知識，對我們而言卻可能是不實用的。就此意義下，那些所謂的無用知識在建立起對我們有所幫助之資訊上起了重要作用，進而形成一種無用知識的有用（或有用的無用知識）。這一方面使有用無用之界線模糊，另方面引出實用主義眞理觀的下一個問題。

(2)實用主義的「現實」結果：爲建構對人類有幫助的知識，我們需要一些看上去無實際幫助的背景知識。這些看上去無建構價值的內容雖然無用，但對人類精神生活或科技中的基礎運算大有助益，例如：文史哲之內容，又或理論物理與化學等知識。就實用主義眞理觀而論，這些東西對人類幸福無法起實質作用或幫助，可歸屬無用內容。但缺乏人文精神可能造成完全現實的殘酷甚或無法賞析純粹美感，缺乏純理論應用則可能因理論基礎不紮實導致產出結果無法順利達至所需內容——這些狀態在日常生活中已逐漸出現。人活著不是只有考量現實，還進一步包括關懷生活周遭人們的感受，但忽略一些看似無用之知識而可能無法達成上述情況。這種現實與否的問題引出下一疑慮。

(3)對誰而言是實用的：此論點同時涉及相對主義之問題。真理要能解決人類生活中問題，但每個人問題不盡相同；既然每個人所需解決問題不盡相同，則產出為所有人所接受之真理似乎不可能。即便產出一項對大部分人實用之真理，或仍有可能對少數人而言是不實用的。例如，哲學知識對一些人而言可能無用，但對想理解自我的人卻可能有用。此外，基於問題的產生會因時空不同而有所不同，那麼某項知識的實用與否也可能因時空有所改變。換言之，實用與否會隨不同個人與時空產生變化，此刻我們所擁有的實用知識可能在幾年後不再實用。

（三）融貫說（Coherence Theory of Truth）

融貫說著重真理命題中的一貫性質：任兩命題間應具有連貫之內容，當連貫命題變多時，即可證明真理的產出。知識一如拼圖，擁有的拼圖越多，對於知識全貌就越能清楚地掌握。這種論點與自然科學的發展有關，綜觀自然科學發展的歷程可發現，許多公式公理的發展並非一次完成，而是站在前人成果上逐步完成。這意謂我們的真理／知識並無界限，並在逐步認知的過程中能獲得無限制擴張。

由於融貫說較多與自然科學發展有關，故此處我們不多說明。然而融貫說所主張的真理觀既為動態，便需面對以下兩個問題：

1. 融貫說的真理觀代表一種相對主義的態度：由於真理是無限制擴張之過程，故我們僅能掌握現階段所得以掌握之真理。但現階段之真理不代表未來仍具作用，過往已因時代暫被擱置之真理不代表未來不會重新被使用。由於真理的存在與時代或議題相關，故真理可能是變動的，或應被稱為一種動態過程。這種基於時代之相對性致使我們並不能精準說明手上已知線索是否能被使用，或者不具價值。於此產生以下問題。

2. 融貫說的真理觀導致「不可知論」（Agnosticism）之後果：既然真理與其線索具有時代性，我們應如何在眾多資訊中尋覓到資訊的優先性，或如何確定我們是否缺少某些資訊？如果我們無法精準把握知識的準確性，我們其實只能「相信」知識而非確定知識的有效性，因為我們對真理其實不可知。若我們對真理不可知，則我們現有之知識也可能受到挑戰與懷疑，一如考古證據可以推翻已知觀念，則我們無法清楚說明知識的真假。

（四）宗教啟示真理論點

真理問題在與宗教結合後所產生的真理觀即為宗教啟示論點。對非信徒來說，宗教啟示所帶出之認知內容不應該被稱為知識或「真理」，因為可能僅為單一宗教為信徒所提供的信念內容——這個問題我們將在最後一章以普蘭丁格（Alvin Platinga）為例，說明宗教信念在如何的條件下可被稱為知識。

對信徒來說，這些信念本身即為對世界的解釋，確實具有知識之作用。以伊斯蘭信仰為例，一般認為其開始於先知穆罕默德接受真主阿拉的啟示而開展。穆罕默德大約在610年開始，於麥加附近沉思時出現特殊宗教體驗：他見到天使長加百列（Gabriel），加百列讓他閱讀一本書後記載下來：據傳這即是《可蘭經》（其中還有篇章據信是先知感受到神話語臨到心頭後所記）。其信徒相信，這些從神而來的《可蘭經》是真主對這個世界的心意，是真正的真理。穆斯林認為穆罕默德是阿拉託付啟示最完美的人選。在這裡我們看見了穆罕默德的地位：他是一位先知，而不是神；他所傳講的都是忠於阿拉所託付他傳講的。穆斯林反對將穆罕默德神格化的作法，因為在真神之外另外再立一個神是一項大罪。這些宣稱透過啟示得出真理的通常為啟示宗教，其宗教結構預設一超越在人自身之上的

超越者存在。宗教的內容，包含對世界的認知，都是由這位超越者（透過使者）向人傳遞。啓示宗教，特別是基督宗教與伊斯蘭信仰，經過中世紀哲學洗禮，均發展出專屬知識論。此類知識論雖是爲說明信仰或人如何認識或無法認識超越者之存在，但內容均涉及我們前述所提主客體及其關係。爲此，我們此處以基督宗教爲例，說明啓示宗教的眞理論點內容爲何。

1. 啓示的意義[13]

基督宗教神學中，啓示（Revelation）是構成教義的重要元素之一。該詞來自希臘文「*Apokalupsis*」，意爲開啓或揭開。啓示之所以重要，是因爲基督教相信，人因爲墮落失去認識神的能力。所以，唯有當神向人啓示自己的時候，人才能夠認識神。爲此，啓示被定義爲「神透過一種使人可以認識祂並與祂相交的方式，向人彰顯自己」。這種定義呈現出特殊的主客關係。就知識論來說，雖然探討問題之一爲作爲認知主體的我們認識（外在世界）對象如何可能，但就基督宗教甚至啓示宗教教義來說，其既已預設超越者的存在，且此超越者通常被賦予全知全能全善的絕對智慧代表，就意謂人以自身的普通官能無法對其產生有效或正確的認知。這種無法有效認知引發兩方面的問題：

(1)作爲常識認知者的人與被認知對象之間存在一定的世界階層。在超越者與人的中間存在相當階層而建構出「神——靈界——人」的關聯。在超越者與人之間的靈界，其存在非單純僅是天使魔鬼甚或靈異現象，有時可能足以提供人如何認知世界的解答。例如我們在第三章將提及，中世紀阿拉伯哲學家亞維齊那與亞維洛埃斯認爲，在神與人中間還包含著十個

---

[13] Millard J. Erickson，郭俊義、李清義譯，《基督教神學》，卷一，臺北：中華福音神學院出版社，頁237；Paul P. Enns，姚榮炎譯，《慕迪神學手冊》，香港：福音證主協會，2003年3月五版，頁147-148。

靈智實體（*Substancia intellectia*）的階層，這些階層分別掌管著不同的工作，其中一個工作便是產生如共感那般爲所有人都接受的普遍觀念。而多瑪斯・阿奎納透過亞里斯多德形上學架構指出這個世界所具備的固定秩序。他在《駁異大全》（*Summa contra gentiles*）曾提及過一個清楚的世界架構：他相信人可以透過觀察發現存有等級自低而高呈現出秩序。這種秩序觀念以魂（*Anima*）爲觀察經驗之始，其中又與無生命之存在者有所區別。魂的內部又可從高至低區分出靈魂（Rational Soul）、覺魂（Sensitive Soul）與生魂（Vegetable Soul）的差異，透過靈魂爲基礎又可以再向上發現靈智實體（Intellectual Substance）這個等級。這樣的等級，特別在視魂爲生命原理的前提上，有其神學上的意義；因爲若按中世紀認識論的觀念，在靈智實體這個等級，其意義在於符合神創造世界時，透過賜下認知能力建立起體系與秩序，並給予執行此一秩序之攝理（*Providere*）能力。

　　(2)基於上述論點，在「神──靈界──人」世界結構中，其最終可被濃縮樣貌爲「創造者──受造者」之關係。這種結構或關係呈現出作爲創造者的神與作爲受造物的所有存在之間保持極爲遙遠之距離。不論受造物如何努力，這種差異的鴻溝仍然不可能被取代或消滅。輔以上述對神絕對存有的認知，受造者此端無法透過自己理智或天然能力認識超越者。啓示宗教在此認爲，唯有神聖實體自身向受造物展現自己，受造物才得以認識到這位超越者。爲此，受造物在認識上需要外在的輔助工具。這點引發啓示宗教認識論上的其他問題，且此類問題常與教義結合且透過教義回答，例如：「爲何人無法認知神的存在？因爲人犯了罪，故心靈的認知官能受到影響」這樣的說法。這種論點促使基督宗教認眞思考知識論重要議題後，出現以基督宗教爲本位的認識論系統。

2.啓示的內容

　　爲能說明啓示所得眞理爲何，在最簡單的意義上啓示被區分爲兩種：第一種是一般啓示，另一種則是特殊啓示。兩種啓示的最大分別在於神作爲被認知對象，主動彰顯自己到何種程度？其中一般啓示指無需經由特別方式就可知關於神種種事情的啓示方式。一般啓示被認爲來自神創世工作後留下來的各種自然內容；而特殊啓示指神針對特定的人，在特定的時間、地點彰顯祂自己，進一步還可包含人得以進入與祂之間的救贖關係。兩種啓示中以特殊啓示與認識論最爲有關，因爲人在生理結構上有其先天限制，致使有限人無法認識超越的神。輔以基督宗教神學認爲人因犯罪而帶來道德限制，使之無法輕易確實將神視爲其認知對象。爲此，神需藉由特殊啓示幫助人，使人得以對神產生認知。特殊啓示之所以需要，是因罪進入人的裡面且破壞人與神的關係，故以特殊啓示作爲補救之道。此中認知內容具有類比性質，最常被認知的類型有聖經、耶穌基督與歷史等三種。對此類特殊啓示，學者們有不同的認知內容與說明。例如，歷史作爲特殊啓示，是神在掌權還是單純歷史因果連結即可解釋，不同學者間沒有交集。

3.啓示作爲眞理

　　爲此我們可以明白，「宗教啓示眞理」的特性，我們也無須懷疑會在基督宗教內看到與啓示相關的理論，並討論基於啓示所產生的眞理內容。嚴格來說，眞理是啓示的內容，人的認知僅是讓我們掌握啓示的過程。

　　我們在此可以卡爾‧亨利（Carl Henry）作爲這種眞理觀的代表。他本爲記者，後來因爲與許多注重福音派信仰的信徒與學者接觸而慢慢重新被這個信仰所吸引，以致成爲信徒。其最重要的著作之一是六卷本的《神‧啓示‧權威》（*God, revelation, and authority*）。該書建構起

關於啓示眞理論的基本原則。他在書中提到「神的啓示是所有眞理的來源，包括基督教眞理；理性是認識它的工具；聖經是它的驗證原則；測試眞理首靠邏輯和諧，其次是它是否一致。基督教神學的任務，是要把聖經的啓示有秩序而整體性展示出。」[14]爲此，對卡爾‧亨利來說，所有眞理的源頭都來自啓示的神，藉由啓示引發基督教神學與信仰之內容，且爲所有教義的基本準則。基本準則意謂不能被證明，也沒有更高或更根本的知識系統作爲背景。反言之，所有知識應是從此基本準則推導得出。

　　要能認識這種基本準則，人類需得到合理的工具「理性」。卡爾‧亨利主張的理性與古典哲學所言理性爲眞理之源不同，是解釋與認識的工具而非源頭。這不是指理性應當被反對，該反對的應該是濫用理性建立自我中心眞理的作爲。既爲啓示，我們無需意外他以聖經作爲啓示的權威代表。雖以聖經爲文本，但卡爾‧亨利仍然強調邏輯本體的一致性。他主張啓示的眞理必爲一連串可解釋信息且不會自我矛盾混亂，甚至不是不相干事物的拼湊結果。爲此，所謂的眞理僅有一個（即基督教所啓示者）。這樣的文字可能讓人想到獨斷的立場。啓示宗教的眞理觀在此呈現出一種絕對獨斷性：如果我是眞的，那麼其他論點都呈現「至少非眞，至多爲假」的可能。爲此我們不需意外卡爾‧亨利以15條命題總結整個啓示眞理內容[15]；於此我們也可明白啓示宗教眞理如何呈現出絕對性的要求。

---

[14] Carl Henry著，康來昌譯《神‧啓示‧權威》，卷一，臺北：中華福音神學院，1980，13-14章。

[15] 15條命題爲：1.啓示是神主動作爲，並藉此除去自身隱密；2.啓示是爲人的益處而賜下；3.神自身超越所使用的啓示；4.啓示來自獨一眞神，所以必然完整和諧；5.啓示的產生、本質、內容、方式等均由神決定；6.啓示的內容與形式均具有獨特性；7.神在宇宙及萬國歷史中啓示自己及救贖行動；8.啓示的頂點是道成肉身的耶穌基督；9.啓示的可能是藉著永恆之道即耶穌基督而來；10.啓示是理性的交談，傳遞可理解的概念和有意義的字眼；11.聖經是眞理的寶庫和導暨；12.聖靈管理啓示的傳遞；13.聖靈是屬靈生命的賜予者，因而使個人正確理解啓示的內容；14.教會是神國的縮影，反映出啓示自身；15.自我彰顯的神會在最後審判的啓示中終結歷史。這15條命題構成該書卷二至卷四的整體。

（五）關於眞理爲何的小結

眞理爲何雖爲知識論探討議題，但不同論點下的眞理仍有差異，甚至有主張不具眞理／眞理不存在之論點。我們可依此表爲上述眞理觀提出綜合比較：

眞理觀	內容	範例
相對主義	眞理都是相對的，沒有絕對眞理	不同時代的風俗習慣
符應說	眞理爲內心概念與外在對象的確實符合	名實相符
實用說	能產生作用與解決問題的才爲眞理	時代主流的學說思想
融貫說	眞理爲逐步完成之過程，眞理是一逐步發展的整體，可無限擴張	發現太陽系的過程
眞理啓示理論	眞理乃超越界啓示之內容	聖經

本章小結

1. 知識論是門強調認識如何可能或認識條件爲何的學問。常識之所不足乃在於其面對外在世界時可能產生的偏執。
2. 認識是一種心靈與對象的非物質性結合。當我們認識且從經驗獲取材料後，我們可以得到常識，但常識並非知識，因爲知識的成立需要特定條件，例如過往知識論預設JTB理論爲知識成立的基礎。但我們也可將知識論總結爲三個基礎問題：Q1主體有什麼認識能力可以認識外在世界？Q2客體的樣貌究竟爲何？Q3主客關係是如何作用的？或呈現如何的關係？哲學史上諸多哲學家爲解釋上述三問題紛紛提出理論學說，並透過吸收與修正前人理論逐步促成理論的完整。
3. 作爲證成，其目的在讓人得到對某件事物認識的條件。以奧古斯丁爲

例，其以光照說作爲認識的證成。

4. 眞實究竟何在爲認識論的重要議題，一如普遍觀念爲何一樣。前者特指所謂眞實存在事物如何可能，例如柏拉圖就認爲唯有在理型界的事物才是眞實存在；後者則問我們的觀念如何被建構？普遍觀念問題在中世紀甚至引發論爭。

5. 基於哲學預設人是理性的動物，所以我們能基於個人經驗而相信他人心思與意識確實存在。至於動物部分，雖然古典哲學確實並不接受他們具有理性，但基於當代環境倫理學與生物學的研究，我們確實肯定他們具有情感與感受，也確實具備基於生物本能所有之認知，但我們仍沒有確切證據指明動物具有或能發展出與人類相似的知識與認知。

6. 眞理爲何雖爲知識論探討議題，但不同論點下的眞理仍有差異，甚至有主張不具眞理／眞理不存在知論點。常見眞理理論至少包括相對學說、符應說、實用說、融貫說與宗教啓示理論等。

第二章　懷疑主義

　　亞里斯多德（Aristotle）說，人天生就有求知的欲望。如果求知是人類天性，那麼懷疑也是人類所具有的本能天賦。從知識論角度來看，我們可以／願意相信人確有對世界的認知或能力；從生活經驗的角度來說我們也總相信著一些內容，以使我們的生活可以繼續進行下去。但與此相反，不相信人類能獲得客觀有效知識的哲學家也不在少數：他們有的是以懷疑爲方法進行科學探究，有的則似乎爲懷疑而懷疑。甚至更進一步，有的哲學家乃透過懷疑的方法，期能達致心靈平靜的生活，意即：回答我們在前一章前言所提的第二與第三個問題。

　　Q2：「我能知道什麼？」我什麼都不能知道。
　　Q3：「我應該做什麼？」什麼都不要判斷以獲心靈安寧。

　　基於此人類懷疑天性，哲學史上永不缺懷疑主義者——唯一的差別在於其主張到如何的程度。本章將以哲學史發展爲主軸，說明知識論上懷疑主義的發展歷程與當代的影響或實踐。

壹、懷疑主義的基本主張

　　懷疑主義乃根據人類認知或信念提出質疑的學說，其基本不相信人類具有足夠能力認知外在世界，甚至也無法獲得真理。有時為進一步指明懷疑之對象，會在懷疑主義／懷疑論前加上特定對象，如「宗教懷疑論」或「哲學懷疑論」等字樣以明確區別對象。不論其是否以特定對象為懷疑目標，懷疑主義均針對我們習以為常之知識或認知內容提出質疑。為此，懷疑主義在實際操作上至少可區分以下三大類：

　　1. 以懷疑本身為目的，即不相信任何真理與知識存在。更為激烈者可能為懷疑而懷疑，或是連自己進行懷疑本身都在懷疑。這類主張若無清楚理論作為根基或無法提出說服人的有力論據時，易被認為是故意找麻煩。

　　2. 以懷疑為方法，期望達至某種真理或知識上的結果。就知識論角度來說，懷疑可以是一種認識論的方法，即透過對現有知識或資訊的不相信嘗試達至某種能夠被肯定的結果。以懷疑作為方法並非只在知識論領域應用，倫理學上也有哲學家主張透過懷疑方法達至心靈平靜。

　　3. 以懷疑為觀察之結論，作為經驗之總結。嚴格來說此類應用並非單純接受懷疑方法所呈顯之結論，而應說是結合相對主義產生的觀察結果。此類主張通常來自哲學家的反省與觀察，最後認為任何主張自己能獲取真理或可靠知識者無異是痴人說夢。

上述三論點根基在前一章所提基礎上而提出。就最基礎的認知過程而言，認知能成立需要三項物件：認知主體、過程、被認知的客體。最為素樸的實在論主張，作為認知主體的我們擁有恰當且正確的能力，被認知的

對象正如其之所是的樣貌，且主體到客體間並無障礙干擾主客關聯。但就懷疑主義立場而論，上述三項都能受到質疑。我們可將懷疑主義論點概述如下：

一般論點	主體 ➤➤➤➤➤➤➤➤➤➤➤➤➤➤➤➤➤➤ 客體 主客關聯		
	主體具有恰當且正確能力，提供主體對外在世界的認識	主客體間關聯並無障礙，客體能直接產生作用於主體理智內，由主體接受客體樣貌	如其所是的在那被主體認知
懷疑主義	Q1主體能力有缺陷或能力易受干擾	Q2主客關聯建構乃不可能，我們在認知中有可能因外在因素而產生錯誤	Q3客體不可能被我們所認知，即便被我們認知，我們也無法確實把握其實際樣貌

任何一位懷疑主義者大致接受上述表格中的任何一項以上，雖然Q3部分主張與觀念論重疊，而Q2原則上附屬在Q1裡面。三項主張中Q1通常最為懷疑主義者注意與質疑，例如笛卡兒以懷疑方法為起始，便是從主體認知（我可能受一鬼精靈欺騙）作為其出發。這種對認知主體能力懷疑的論點，即便到當代仍維持基本形式。

貳、發展歷程[1]

　　基於上述懷疑主義基本預設，若我們以哲學史爲主軸，將於其中發現不同懷疑主義之流派與主張。以下我們將依哲學史時間序說明懷疑主義者之論點內容。然在開始討論前應在此說明：本處所選取懷疑主義重要代表之標準在其有確實提出一明確懷疑系統、以懷疑爲方法或其理論確實導向懷疑論結果的哲學家。在部分研究與討論中，其態度或學說若與懷疑略爲關聯即被列入其中，致使包含齊克果（Søren Aabye Kierkegaard）或卡謬（Albert Camus）等哲學家均被列爲懷疑主義者，這種羅列方式將致使本章篇幅冗長。爲此，我們在此處僅列哲學史上符合上述要件之哲學家作爲說明。

一、辯士學派

　　早在希臘哲學中我們已經可以看到懷疑主義，其產生與當時哲學背景中的辯士學派有關。辯士學派的產生與時代背景有關：從哲學史角度來說，蘇格拉底以前的哲學以宇宙論及自然科學爲主，但至約西元前5世紀時，此類討論已日趨狹隘並需要注入新的討論議題。從歷史角度來說，希

---

[1] 關於懷疑主義與提出類似主張的哲學家，可以參考以下資料：王臣瑞，《知識論》，臺北：學生書局，2015年，該書第五章探討懷疑主義發展歷史爲本章主要架構。另參Diego E. Machuca and Baron Reed, ed. *Skepticism: from antiquity to the present* (New York: Bloomsbury/Bloomsbury Academic, an imprint of Bloomsbury Publishing Plc, 2018); Richard H. Popkin, *The history of scepticism: from Savonarola to Bayle* (Oxford: Oxford University Press, 2003). 本段落古希臘哲學懷疑主義，特別三個時期的懷疑學派，我在著作中大量參考了《史丹佛哲學百科》（*Stanford Encyclopedia of Philosophy*）的條目與資料。《史丹佛哲學百科》在此方面提供極爲詳細的資料與內容，建議有興趣的讀者可至該網站搜尋相關詞條。網址爲：https://plato.stanford.edu/index.html。哲學殭屍部分該網站條目也給予最清晰簡單的說明可供參考。

臘人的生活在當時因分工日趨完善，希臘戰爭中文化交流促使希臘人眼界大開，輔以文法與辯論等語言技術基於社會需求逐漸成為專門學問，致使一批在思想與語言技巧上出眾的辯士出現於希臘社會上。辯士一開始特指固定收費與教導修辭技術的教師及學者，但日後不少辯士過於鑽牛角尖，在推翻舊有理論後卻無力建立新的規範及制度，輔以他們過於懷疑的精神教導年輕人對抗傳統信仰，致使他們日後聲名狼藉。

（一）普羅塔哥拉斯（Protagoras, ca. 481-411 B.C.）

普羅塔哥拉斯是辯士學派中著名的哲學家。他於30歲左右遊歷希臘各地，教導青年並贏得讚許。據說他因論神的著作被控褻瀆之罪逃離雅典，但在前往西西里途中沉船而亡。其雖有著作，但現在留下來的僅剩斷簡。

他在知識論方面最有名的斷簡為：「人是萬物的尺度，存在時萬物存在，不存在時萬物不存在。」此處所指人並非單指個別之人，雖然柏拉圖在《特亞特陀》（*Theatetus*, 151e-152a）內解釋普羅塔哥拉斯理論時，認為他確實主張的是個人感受而非以人群為主體所形成之共識。若普羅塔哥拉斯所言之人確為個別之人，那麼基於個人感官與感覺會隨環境產生變化，對外在世界的認識將趨於主觀或相對：因為人的理智與感官會受身外種種因素影響造成錯誤判斷，唯有當下進行判斷的人所擁有者才能為真。這種差別可能無法產生每個人都接受的普遍定義。但是，即便此處所謂的人是指全體人類，並強調唯有團體、社會或全體人類才是真理的依據和標準，普羅塔哥拉斯的理論仍會因不同社會群體概念產生不同認知，進一步形成文化相對主義或某種團體偏執的結論。為此，我們無須訝異於當普羅塔哥拉斯提到道德判斷時認為，道德好壞最終取決於多數人共識與判斷的實用價值。關於神的存在，其於斷簡中提到：「關於神，我們是不知

道的。既不知道他們是否存在，也不知道他們具備什麼樣的形狀。有許多東西阻礙著我們認識，如問題的晦澀及人生的短促等。」

　　普羅塔哥拉斯強調的，與其說是懷疑理論，不如說是看中實用與否的結果。例如在宗教方面，其主張可被解釋為：既然無法肯定絕對真理，倒不如保留現在已有的傳統規範。然而其就現象相對結果的描述來說，任何判斷都無法肯定必然為真，唯一清楚的僅有任何主張均可經由修辭法與辯論術得以成立。這點可說是辯士學派的一大特徵。

（二）高爾吉亞（Gorgias, ca. 483-375 B.C.）

　　與普羅塔哥拉斯同時期的哲學家高爾吉亞，年少時師從恩培多克利（Empedocles），專攻自然哲學與辯論法，學習期間亦受伊利亞學派芝諾（Zeno of Elia School）辯證法所影響。芝諾為說明其師巴曼尼得斯（Parmenides）之學說，透過亞里斯多德所謂辯證法（*Dialektike*），即透過答辯過程直指對手論證內涵謬誤之手法，提出多個論證證明關於存在與運動之論點。其中最有名論證之一為阿奇里斯（Achilles）與烏龜賽跑論證：只要烏龜先跑一步，為追上烏龜，阿奇里斯必須跑到烏龜所在之處，但當阿奇里斯跑到烏龜所在之處時，烏龜已經移動到下一點，如此一來雖兩者距離能不斷接近，但最終不會等於零。換言之，在此情況下阿奇里斯永遠追不上烏龜。基於此種學習，高爾吉亞學說終傾向懷疑主義。其出師後本以辯士身分遊歷希臘各地教導修辭學，但基於學習背景致使他出現如同詭辯般的理論。例如，由他所提出懷疑論三命題即可看出這種詭辯特質：

　　　命題一：無物存在
　　　命題二：既使存在我也不能知道

命題三：即使我知道我也無法說出

1.命題三：即使我知道我也無法說出

我們的討論從命題三開始，此命題否定人有溝通的可能性。這種否定來自兩方面，首先，人與人的溝通會因語言差異與使用語言能力上的落差無法進行；其次，即便兩人間可以溝通，也不代表被傳遞者能正確掌握傳遞者所傳遞的意義與內容。這種困難預設我們對存在對象所具有的主觀感覺無法有效傳遞給他人，因為任兩人對同一對象的知覺不可能完全相同，且我們所用語言受到限制，無法成為有效溝通工具。

2.命題二：既使存在我也不能知道

我們可以否決命題三內容，並假定我們所用語言具有絕對準確性，且任兩人溝通沒有任何歧異落差，這仍不意謂我們能正確認知外在世界。命題二主要目標在否定人對外在世界認識的可能性。按傅偉勳所言，高爾吉亞在此預先假定普羅塔哥拉斯的感覺主義，並將感覺與知識視為等同，然後從感覺的主觀殊異性否認對於存在的認知。為此，如果對「存有」能有所認知，那麼所思也必須存在，對非有則不能有所思。若對非有不能有所思，則錯誤不能存在，但這是謬論，因為錯誤確實存在。這代表存在既不能被思想，也不能被把握。為此，存在不可能被認知或知覺。

3.命題一：無物存在

既然對於存在對象我們不可能以語言描述與溝通，我們也不可能知道任何存在的對象，那麼我們可以說沒有任一知覺對象，即此處命題一所謂「無物存在」。從另一角度而言，透過芝諾的辯證法，任何存有不可能具有存在的可能性：一存在或者來自無或者來自有。存有不可能來自無，因為那是無中生有，所以存有必須來自於有。若存有來自另一存有，或者來自已經存有或者來自永恆；如果來自存有，則存有僅是有而非被造，如

果來自永恆又因不具開端而無法獲取有之開頭。故不可能有任一事物存在。

　　高爾吉亞此三命題標示出，人沒有認識外在世界的任何可能，而此類懷疑主義已屬極端懷疑主義。這種詭辯的應用將破壞知識的可能性與眞理規準，最終將以修辭學替代客觀知識。這種影響在後來的懷疑學派可看出，透過詭辯所產生的結果將促使客觀知識的標準產生任意性。

（三）懷疑學派

　　從高爾吉亞開始，辯士學派越來越多辯士展現長才。雖然我們在前面提到辯士使用修辭術（甚至是詭辯術）以獲取辯論中的勝利，但他們的言論並非一無可取。例如，普羅迪克（Prodicus）在語言上特別強調字詞的正確使用，並著重於區分字詞在文法意義上的區分。他雖然在倫理方面禁戒惡行而稱讚節制與克己之美德，但認爲宗教是一種自然崇拜而能讓人生活舒適。他應用詭辯以勸勉人無須憂懼死亡，因爲還活著時死亡尚未來到，但死亡時人已不在，故不需害怕。

二、希臘羅馬哲學時期

　　希臘羅馬時期的懷疑主義，大約西元前四世紀產生對教條主義的攻擊，並且依照時間序列形成學院。較爲特殊的是他們認爲若要建立知識則懷疑方法是恰當的途徑，透過懷疑方式則能以知爲起點建立倫理學，進而達至內心平靜生活。以下我們將以此三派別爲主，說明希臘羅馬時期之懷疑學院的主張學說。

（一）懷疑學院（第一期）

懷疑學院（第一期）中著名學者包括皮羅（Pyrrho，約西元前365-360出生，西元前275-270左右過世），以及他著名的弟子弟滿（Timon of Phlius），而後出現了皮羅主義（Pyrrhonism）的主張。雖然皮羅在當時有重要影響，但所留資料殘破且稀少，甚至連他的弟子弟滿所留詩歌也不甚完整，我們在文脈中又不易區分究竟何爲皮羅，或者何爲弟滿之論述。爲此，以下我們說明此期主張時，將皮羅與弟滿視爲同一組且不刻意區分兩人理論差異。

按照弟滿提供給我們的資料，人若爲了快樂必須注意到三個問題：

Q1何爲事物？

Q2我們如何認識事物？

Q3認識事物可以給予我們什麼？

第一個問題爲所有問題的基礎，可說是形上學與知識論重疊的探問；第二個問題爲知識論之問題；第三個問題可說是倫理學的問題，因爲知道某物爲何等同知道該事物我們應如何處置。皮羅－弟滿對三個問題的答案是：

A1：我們不可能知道事物究竟爲何，人類透過自己本性無法評價或認知到事物。弟滿以幾個希臘字詞形容人對事物的認識：其中一個是*Adiaphora*，其被用以形容我們對事物的本體或屬性無法區別，就人的角度而言這意謂任一事物對人是無差別的；另一個字詞是*Astathmêta*，其被弟滿指稱爲我們對事物的描述無法客觀，因爲人的認知能力有缺陷所以甚至無法評估與衡量事物本體；他另外也用*Anepikrita*這個詞指稱人無法認知

事物的客觀特徵，所以在認知上不具確定性。從對第一個問題的回答即可看出，皮羅－弟滿所採取為懷疑論之基調，即人類沒有對事物認識的充分能力。

　　A2：第二個問題如同接續／回答第一個問題。皮羅－弟滿同意我們的知識來自感官經驗，但我們不應該相信這些感官經驗產生的感受與意見，因為感官經驗是主觀且變動的。雖然事物作為客觀對象具有被認知的可能，但通過主體感官經驗後這些特徵均受干預而不再客觀。為此，我們在知識論上應當採取不固執之態度，並將「某事物為何」改為較保留之「我覺得某事物為何」的用語。在判斷任何事物前我們都須注意，每一對象既可能是也可能不是。既然這些內容都可能，那麼我們就應該暫停對事物的判斷。按其他文獻探討，皮羅主張連判斷也不要進行，僅需順從當下感官感受即可。

　　A3：前述兩問題之目的均在引導我們處理第三問題，即究竟這些知識能給予我們什麼？既然我們無法確切知道事物本相，輔以我們在判斷上帶有主觀，那麼當我們知曉這些情況時，我們首先應當做的是停止判斷，而後即可達至*Apatheia*的境界。此詞可被用以形容心靈狀態，就負面來說或許是不再有感受／激情，但就正面來說是一種心靈安寧。這種不下判斷乃針對下判斷可能帶有之不安或痛苦而提出（此點可參照我們生活中因錯下判斷而導致困難的經驗），故透過不下判斷達至心靈和諧才是確實生活之道。

　　這樣的主張可在皮羅的生平中被注意。皮羅在一些言談間表達出不做判斷的重要，例如，他認為沒有好事、壞事或正義、不正義之事，因為所有狀況都僅是如其所是地出現在我們生活中，並依照我們所接受的風俗習慣而進行。但在一些皮羅軼事中其所呈現出的樣子卻又令人匪夷所思，例如，據稱皮羅不相信自己的感官，以致他的朋友必須保護他不掉下斷

崖，或避免被車輛撞上、遭動物攻擊等。然而我們在其他部分也發現皮羅這種貫徹帶來的驚人之處，例如，他不畏懼接受手術的痛苦，搭乘船隻時遭遇風暴也神若自如。這種描繪可能太過美化，但卻讓我們看到懷疑主義作為方法論用以導致倫理生活時可能的景況。

（二）第二期學院

第二期學院在懷疑方法的使用上與前期具相似性：重點在幸福生活的獲取，而非辯證知識的獲勝。兩位重要代表哲學家為亞克塞流斯（Arcesilaus, 316/5-241／0 BC），另一位則是卡內迪斯（Carneades，214-129/8 BC）。

1.亞克塞流斯

亞克塞流斯的懷疑論表現在其對斯多噶學派（Stoicism）的攻擊上，並依此開展他的懷疑主義論述。他的懷疑論總結而言是：沒有任何可被認知的對象，所以我們應暫停普遍性的判斷或形成信念內容。此結論與其所用方法論──辯證法──有關，辯證意謂在思辯過程中不同意／不支持任何一方的理論學說。在辯證過程中，辯證意謂對不同對象反覆驗證之過程，但反覆驗證意謂不斷產出判斷上的失敗。這結果表明我們對任何事物都不可知，也不可能對任一事物下達結論。因此，據稱亞克塞流斯本人在論證過程中盡可能不下任何明確結論。

(1)蘇格拉底方法之應用

亞克塞流斯的論點與蘇格拉底所用方法論有關。當蘇格拉底在世時，他不斷挑戰各種學說或觀點。這種被稱為「催生法」（Method of Elenchus）的辯論技術乃透過蘇格拉底與對話者對話時所面對之信念與內容。透過對話錄，我們看到蘇格拉底在辯論中往往讓與之對話者無話可說或放棄原本觀點。在蘇格拉底原本討論中並沒有明確發生雙方均無結論

之結果，因爲這就代表不論正反意見均爲虛假之懷疑主義態度；但當亞克塞流斯遵循蘇格拉底之模式後，他不做任何積極建設來獲得肯定，致使他的辯證技術形成懷疑主義，不肯定任一方的結果。既然沒有任一方結論可被肯定，亞克塞流斯就自然而然推出他應該停止普遍判斷的結論。這種結論可在他駁斥斯多噶學派論點上得到證實。

(2) 駁斥斯多噶學派論點

若以簡易方式說明斯多噶學派的認識論，基本上可說我們的知識乃根據感官所得而建構之產物。我們的感官能認知外在世界，認知後我們的心靈能根據針對這些我們所認知之對象產生一種印象（Impression），而後我們可通過對這些印象的同意與否產生意見，並判斷其與理性是否相符。更進一步來說，斯多噶學派的芝諾（Zeno of Stoicism）認爲，若一對象被認知爲眞，應符合三項條件：①其爲眞，②其以適當方式表達對象，③其眞實性具有因果關聯內之所具備的豐富性。亞克塞流斯認爲即便前兩條件均成立，我們仍無法有效獲得認知對象的適切知識，原因在於第三條件可能面對相同物件難以區分的現實（他的舉例爲雙胞胎及大量雞蛋同時存在），這些可能造成認知混淆。此外，在夢境、幻想甚至發瘋的狀態下，即便我們能對外在世界產生認知，也不可能對其內容產生正確理解。爲此，我們還是只能知道某一對象的表象而無法認知其結構內容。我們只是「相信」我們對某物有所認知，而非正確對某物產生認知。

亞克塞流斯駁斥斯多噶學派認識論之目的仍以實踐爲主。在斯多噶學派中，對事物判斷乃是對生活之基石，且通過對事物判斷我們可獲取善或成功的生活。亞克塞流斯認爲這是不可能的，因爲對事物進行判斷是多餘之舉，且我們的判斷常帶有錯誤結果，因此不做判斷才是唯一的正確。我們注意到，任何判斷都可能基於彼此矛盾或不一致帶來痛苦，所以若我們不持有任何信念，即可避免因判斷而帶來的痛苦。

2.卡內迪斯

　　我們對卡內迪斯的理解並非來自他的著作，因爲均已佚失，我們的理解乃來自其他作者所留資料。卡內迪斯與亞克塞流斯相同對抗斯多噶學派，因爲斯多噶學派認爲人類有可能達致不再意見分歧的智慧狀態，要達成此一目標的方法是透過掌握眞理並確認所有認知印象之內容。若能達成此一目標，錯謬即可被消除。卡內迪斯以懷疑論的方式質疑斯多噶學派，特別在斯多噶學派認爲「沒有任兩對象完全相同而無法辨別」這樣的主張上。卡內迪斯認爲，我們不可能具有對兩相同對象清晰明確的掌握，也不可能通過限制條件以使對於對象之認知有所掌握。在此情形上唯一能做的只有停止判斷。卡內迪斯的論點可能受到質疑，若我們不能對事物有清晰掌握，我們怎麼可能認識事物？他認爲我們對事物仍有可能印象或概略觀點作爲準據。既然我們對事物具有的是概略觀點或可能印象，那麼以理性進行探究無益，因爲即便沒有斯多噶學派所提供的認知印象作爲基礎，事物仍然在那，我們也還是可以認知到這些對象的內容。雖然卡內迪斯認爲我們可以掌握這些可能的內容，但他對人類的感官能力仍抱持不信任態度。人類感官分歧且複雜，都會增加我們對事物認知上的困難，這些複雜反過來又增加人類彼此認知的難度。

　　基於上述理由，所謂「下判斷」在卡內迪斯那裡有兩個可能性：

　　(1)明智的人總會拒絕判斷或同意某事物，並進一步以不同意之方式與對可能印象的應用繼續探究。在此情形下此明智之人並未持有意見。

　　(2)在承認自己是錯的前提下判斷或同意。

　　我們應當記得：懷疑學院的重點不在辯證技術，而在透過實踐獲取幸福生活。爲此我們無須意外，對卡內迪斯而言，人類應該專注在三種可能對象上：快樂、免於痛苦以及維持健康或力量等自然優勢。因此所謂智慧

的實踐乃指獲取生活所需知識。這種觀點乍看之下與懷疑學派論點彼此矛盾，但其實是從不同角度說明何謂幸福生活。卡內迪斯這種態度也使他在懷疑學派中屬較為溫和的一派。

（三）第三期學院

懷疑學院第三期重要代表人物為艾尼西德姆斯（Ainesidemos），約出生於西元前一世紀。我們對其生平所知甚少，只知他大概住在亞歷山大里亞（Alexandria），並以系統方式說明懷疑主義的內容。

艾尼西德姆斯認為，人類知識有兩個主要來源：感官與思想。感官會基於不同生物產生差異，人類的感官與動物的感官不論在結構與獲取結果上都不相同，為此我們不能說某一種生物看到的世界比另外一種生物更為真實，同理也可推論至其不同感官運作原理。更進一步，每種感官都有其對象之限制，我的眼睛無法看見味道，我的手也無法感受到氣味。既然如此，艾尼西德姆斯問道：「哪種感官可以促使我們對真實有更進一步的把握？」既然任何感官都無法讓我們對世界的真實性加以把握，所以透過感官嘗試把握知識的確切性乃不可能之事。感官唯一能向我們展示的，僅有所見之表象，而非實際存在之結構。

感官既不可靠，思想也不見得就更為準確。所有思想均需推論所得，而為能得到推論，我們需先以明確信息進行判斷；但明確信息的準確性亦需判斷，故又需要另一準確信息。如是則判斷永遠後退而無止境，為此我們不可能達成任何確切判斷。或有人認為我們可依據某種信念／相信作為判斷準據，但判斷準據既為信念或相信之內容，其就不可能推論得到真實與否之判斷。不能判斷真實與否的事物僅能被相信而不能加以驗證，甚或被證明其錯謬之處。為此，我們的思想只有兩種狀況：一為在判斷序列上無限延伸永無判斷之結果，另一則是以不受驗證之信念為我論證

之起點。不論是何種狀況，謬論或理性都不可能被驗證或與我們的生活產生關聯，所以不論謬論或理性都不可能爲我們生活中之現實。

從這個角度來看，艾尼西德姆斯唯一能承認的只有相對性的知識，因爲眞理實不可能。或許我們可以說，艾尼西德姆斯相信的是先蘇時期哲學家赫拉克利圖斯（Heraclitus）的萬物流轉，因爲唯有承認一切都在變動中我們才能獲取相對的知識。

（四）塞克斯圖斯（Sextus Empiricus）

我們在此多提一位懷疑主義者塞克斯圖斯。其與前述懷疑學派，特別是皮羅、弟滿的學說相關。他留下作品甚多，但我們對他的生平所知甚少，僅知他大約是在西元前二或三世紀生活在皮羅主義的懷疑學院內。他的作品頗具有皮羅與弟滿的特色。扣除塞克斯圖斯已佚失之著作，目前所留下的其中一本作品名爲《駁斥數學家》（*Adversus Mathematicos*），該書共11卷，共駁斥包含語法學、修辭學、幾何學、算術、占星、音樂、邏輯學、物理學以及倫理學等九個主要學科。該書雖以駁斥數學家爲題，但眞正意義是駁斥任何學習的可能性，此即爲該書命名與內容之緣由。另一本則爲《皮羅主義》（*Pyrrhonism*或*Pyrrhoniae Hypotypo-ses*），該書說明皮羅的懷疑主義外，也說明爲何懷疑主義能帶來人類心靈的安寧。

根據塞克斯圖斯所言，若我們研究一命題P時可能有三種情形：

1. 我們可能發現在相信P以外的其他理由；
2. 我們無法發現相信P的理由；
3. 發現在相信與不相信P之間理由的不充分，所以必須繼續進行研究。

上述三種狀況無一能讓我們確切相信P之內容，故既然無人能宣稱我們確切擁有相信P的理由，所以僅能繼續研究。懷疑主義既然如此主張，那麼懷疑主義的身分爲研究者更甚於不相信任何事物的人。爲此，所謂懷疑是指能覺察認知對象間矛盾對立的能力，並使我們暫停判斷後得到安寧。因爲懷疑主義者能覺察到，任兩個意見不會有哪一個較另一個更爲優先或具說服力之可能，爲此懷疑主義者找到同一命題的任兩個矛盾理由，然後不下任何判斷。此處所謂不下判斷，即X暫停判斷P，亦即意謂X不相信P也不相信-P之存在。

我們或許以爲，有些人因爲成爲懷疑論者才得到心靈安寧，但塞克斯圖斯認爲眞正程序是爲了心靈安寧才成爲懷疑論者。塞克斯圖斯在此意指，有的人具有才華但受到判斷上的困擾，有的人則因不同風俗習慣而對特定事物產生困惑。不論哪一種狀況，一旦需要尋求答案就會令人心煩意亂。若能以懷疑論之論點，即放置判斷存而不論面對事物，任何人均可獲得心靈寧靜。在此，懷疑不是爲探求知識上的眞實，而是成爲獲取心靈寧靜的方法。這並非意謂塞克斯圖斯不相信任何事物（如皮羅一般），因爲基於天性或自然本能，我們還是能感受世界萬物並思考，也還具有情感或生理需求。眞正的問題是，雖然我們可接受這些作爲判斷的規範（包含風俗習慣或法律），但這些終究是指一般日常林林總總爲生活而預備。特別塞克斯圖斯表明這一切都是爲了日常生活的緣故——雖然後世研究者也有人認爲，塞克斯圖斯眞正的意圖可能只是標明一種「那就這樣吧！」的態度。

塞克斯圖斯爲能幫助他人習得暫停判斷的技巧，特別提出模式（Modes）作爲判斷手段。塞克斯圖斯提出四組模式，區分基礎在於數量上的差異：十種、五種、兩種與八種。

1. 十種模式：塞克斯圖斯似乎認爲十種模式來自於第一期懷疑學院

所提。其提供判斷標準包括：動物之間的差異、人類之間的差異、感覺器官的差異、環境的差異、位置的差異、混合物的差異、數量的差異、相對主義的模式、頻率的差異、基於對抗教條式論述（如習俗、神話、法律或信仰）的模式。此模式基本上依據相對論點對任何獨斷陳述進行駁斥。十種模式主要提供的就是正反兩方論點，以幫助使用者透過明白其分屬哪一項模式而獲取心靈平靜。

2.五種模式：五種模式似乎來自與塞克斯圖斯時代相近的懷疑主義者們，其中包括：

(1)爭論模式：不論日常生活或哲學探究存在不可達至判斷的分歧，既然不可判斷，那麼不如停止判斷。

(2)無限增加模式：任一信念均需另一信念作為基礎，然信念不可能無限增加，故建立先前信念無意義，我們僅需暫停判斷。

(3)相對模式：既然所有事物在判斷與觀察上均屬偶然，則我們無法正確判斷其確切性質為何。

(4)假設模式：即便假設獨斷論點均為真，其仍無法提出正確建立這些論點的起點。

(5)相互模式：為能使被研究對象具說服力之理由，我們需為之建立一個該理由得以成立之論點。但兩個論點無法判斷先後順序（如前所述），故應該停止判斷。

3.兩種模式：塞克斯圖斯雖曾經嘗試將上述五種模式整合為兩種，但似乎沒有足夠證據證明他將之落實在實際討論中。

4.八種模式：可能是十種模式的縮減，但塞克斯圖斯一方面認為其被五種模式取代，另方面與兩種模式相同未被實際使用過。

　　這些論點之落實可在塞克斯圖斯學說兩方面的探討上看到：首先，他對真理似乎感到存疑，既然人僅能靠感官獲取對外在世界的理解，那麼我們虛弱的感官（及附帶的認知能力）似乎無法對真理進行適切的判斷；其次，他在《駁斥數學家》中針對不同學科的論點提出質疑，並指陳這些學科獲取的結論是如何的不可能。

三、中世紀哲學

　　中世紀哲學嚴格來說並無真正懷疑主義哲學家，此點或與其信仰背景有關——不論基督宗教或伊斯蘭信仰皆然。基於信仰背景，知識的獲取被認爲確有普遍有效性；唯一特別需要探討的乃靈性知識上之追求問題（此點我們將在第五章提出理論作爲範例與說明）。此時期若有人被稱爲懷疑主義者，若非其以懷疑作爲方法探索真理，便是其理論結果引導眾人朝向懷疑論。在此我們提出兩位哲學家作爲範例：哈札里（Al-Ghazâlî，約西元1056-1111）與奧坎（Willam Ockham）。

（一）哈札里

　　哈札里爲伊斯蘭哲學家，曾受良好教育。正因其所受教育與對多位哲學家著作之研究，他提出哲學家理論學說的不連貫之所在，這些不連貫可被稱爲「*Falâsifa*」，即錯誤或僞造。在《論哲學家的不連貫》（*The Incoherence of the Philosophers*）中，哈札里總結亞維齊那（Avicenna）的理論，並指出哲學家在以下20個論題上犯了謬誤：

　　1. 反駁世界沒有起點之理論。

2. 反駁世界沒有終末的學說。

3. 哲學家在兩個論點上模稜兩可：「神創了世界」、「世界是神的創造」。

4. 哲學家無法證明造物主的存在。

5. 哲學家無法證明兩（多）神論的不可能。

6. 哲學家否認上帝屬性存在的理論。

7. 駁斥他們認為第一存在者之本質不能歸入屬和種的論述。

8. 駁斥他們認為第一存在者僅為簡單存在之論述。

9. 哲學家無法證明第一存在為實體。

10.討論他們唯物學說需要否認創造者。

11.他們無法證明第一存在者能認識他人。

12.他們無法表明第一存在者能認知自我。

13.駁斥第一存在者無法知曉萬物存在之細節。

14.駁斥他們的主張「天是一種按照自身意志行動之存在者」。

15.駁斥他們對天體移動之解釋。

16.駁斥他們主張「天是能知曉細節的靈體」。

17.駁斥他們主張「因果關係不可（能）被破壞」。

18.駁斥他們主張「人的靈魂是一種既非實體也非偶性的自我維持物質」。

19.駁斥他們主張「人類靈魂不可能性被毀滅」之論點。

20.駁斥他們否認身體復活以及隨之而來的樂園賞賜或地獄審判。

上述第17個論題為造成哈札里被視為懷疑主義的原因，文後將詳述。我們需注意的是，上述論題均與特殊的哲學系統或教義有關，其性質在推論上雖然合理卻未能得到證明。哈札里這20個論題均與形上學或自然科學有關，並探討其與伊斯蘭教法衝突的可能性。哈札里認為雖然這些論題大

部分在眞假判斷上爲僞，但在宗教教義上卻並未與其牴觸。不過他也指出少部分論題既爲錯誤也與宗教牴觸，特別在亞維齊那的三個重要論題上情況如此。此三論題爲：

1. 世界於創造上沒有起點且非一次性完成創造；
2. 神對存在所掌有的知識僅限於普遍性之類，而不延伸至個體與細節；
3. 身體不會復活，唯一復活的只有靈魂。

按哈札里所言，此三論題違反伊斯蘭信仰且對公衆社會極爲危險，故任何宣講此三論題者均應受罰甚至處死。而哈札里的討論影響後世對宗教眞理的解釋，例如不少穆斯林神學家接受哈札里的做法，以嘗試調和理性與啓示間信仰上的衝突。哈札里的觀點在13世紀的巴黎大學也爲產生雙重眞理論（Doctrine of Two-Fold Truth）的原因之一：在哲學爲眞者不必然要在神學上爲眞，但兩者不衝突。

　　進一步，哈札里討論了人類行爲與神作爲一無所不能之世界創造者間的關係——這個問題類似基督宗教所遭遇之神義論（Theodicy）的探討。哈札里認爲神是此世界唯一的創造者，神憑藉自己的意志遵循祂預先確立之計畫，此計畫存於神永恆智慧中並依此認識世界。但神的認識與人的認識截然不同，因爲當人認知對象改變時，人的認知就隨之改變，而在神那裡沒有這種改變。對神來說，其知識既爲創造的第一瞬間，也爲世界終結的最後一刻，故屬永恆的知識。對人而言，此點已非其感官與理智所能把握，故人爲了實際（解釋上的）目的，預設神通過一具極長系列的因果鍊控制萬事萬物，神是此因果鍊的起點、創造者與控制者，並是使其因果鍊發揮作用的原因。這種解釋導致：

1. 神的因果延伸至人類行為，雖然人看上去是基於個人抑制或動機而引發某種行為，並且貌似其透過自由意志決定，但嚴格來說均受其內外在原因所影響。

2. 不論整個自然、天體運動或人類行為，甚至包括來世獎懲均為神所訂之因果鍊／關係決定。

上述理論中，哈札里被歸類在懷疑主義是基於他對因果關係的研究與討論。而他之所以關注因果關係，與其維護宗教教義有關，故其應屬應用懷疑作為方法之結果。

　　哈札里對因果關係的探討與艾爾哈沙里（Al-Ash`ari）有關。艾爾哈沙里不接受自然乃一因果關係之產物，並發展基於神無所不能之前提而產出機緣論（Occasionalism）的主張。艾爾哈沙里的學說導出每時每刻神都重新安排世界之結論。也正因為神每時刻都重新安排世界，故我們的世界每時刻都是一個新的世界。在此基礎，哈札里於前述《論哲學家的不連貫》第17個論題對因果關係提出討論與檢驗。其討論目的在迫使否認機緣論者承認《可蘭經》所載之預言與神蹟均為真。為此他指出，一般人所認為在原因與受影響之對象間的關聯性並無必要，這些存在均來自神的預先決定，而非基於出現原因必然產生結果。在此哈札里認為事物存在的解釋需有四種條件：

1. 因果關係間的聯繫並非必要。
2. 即便沒有某特殊原因結果仍可能存在。
3. 神創造兩個平行並存可能（之事物）。
4. 神創造事物乃依循祂預先之決定。

原則上要符合上述四項條件的僅有偶然性／機緣論之解釋才有可能。或許

有反駁可謂：透過觀察我們可注意到因果間確有關聯。但哈札里認爲觀察所獲得者僅爲結論，且此結論僅能肯定因與果的同時發生。因爲觀察所得者爲伴隨此結果發生的原因，並未否決任何其他原因產生的可能性。這些聯繫性可能存在也可能不存在，只是我們受限自身經驗無法有效獲取這些因果間的聯繫。當我們看到某物之因時，我們並非指這因爲果之唯一有效因由，而是指其爲最明顯或最接近之原因。因爲在整體因果關係之因果鍊中，作爲此果之因可能僅爲此因果長鍊中的最後一項要素。

即便在這些條件下，哈札里仍未否認因果關係間具有聯繫，他只是否定因果關係關聯性上的必然性。更進一步，哈札里認爲透過觀察也不能獲取對因果關係關聯性的證明。但若從上述論點可得出哈札里否認因果關係之結論是錯誤的。因爲他認爲，因果關係的關聯是神已先預定之規範。神甚至可以創造另一個因果關係與我們所知者不同的世界。然而，我們所知此世界樣貌爲神依本性創造的必然結果 —— 哈札里依此避開神創造世界的偶然性。偶然性或機緣論是爲解釋神創造活動無限可能的結果。但這種推論結果導致哈札里最終認爲，基於觀察或任何可獲取因果關係之方法均未能帶給我們因果關係關聯性存在或不存在的決定性證據，我們爲此必須暫停判斷活動。

哈札里的理論日後建立起遜尼派重要之*Ash'arism*或*Ash'ari*神學的學院哲學。但哈札里對因果關係之探討應被視爲對宗教生活實踐的基礎。例如，他日後撰寫的《論宗教科學的復興》（*The Revival of Religious Sciences*）探討伊斯蘭信仰內容，並成爲信仰指南。爲此，雖然其理論可被視爲懷疑主義的一種，但其重心應被視爲維護信仰內容的方法論。

（二）奧坎（Ockham, Wilhelm, Ca.1285-1349）

奧坎並非嚴格的懷疑論者，但他針對共相之爭所提出之唯名論立場

與經濟原則／奧坎剃刀（Ockham's Razor）卻間接形成懷疑論，並成爲促使士林哲學沒落的原因。我們以下先針對共相之爭的基本概念與奧坎以前唯名論立場之主張提出概略說明，爾後再行解釋奧坎哲學所造成之影響。

1.共相之爭：所爭爲何？

我們在第一章已提過「共相」問題爲普遍觀念之問題，其既涉及形上學亦屬知識論。此問題探討爲，不同個別之人如何對同一事物產生相同概念或認知？或者我們如何對同一種類但存在樣式不同之事物產生相同認識？換言之，共相可被視爲我們對事物的普遍觀念問題。中世紀關於共相是否存在或所在爲何之問題爭論即爲共相之爭。我們在第一章也提過，關於此論題有三種最主要論點：

(1)實在論（Realism）：該論基礎可回推至柏拉圖，即認爲共相（觀念）在一切事物之前早已存在，即中世紀所謂「共相先於事物」（*Universalia ante res*）之論題。中世紀實在論支持者依此邏輯，將普遍觀念放置於存在物內。就事物存在之「種」而言，個別事物並未產出任何新的觀念內涵，因爲對此事物的普遍觀念已將該事物所能擁有的一切全都包括。

(2)唯名論（Nominalism）：與實在論相反，認爲共相不是普遍的眞實存有，僅是普遍的思想物或某種聲音的表徵。任一存在的事物都是個別的對象。其主張與背景我們將在以下文中提出簡史。

(3)緩和實在論：此派認爲普遍觀念並不存在於外在世界，而是人心靈與理智運作的結果，代表人物爲多瑪斯·阿奎納（Thomas Aquinas）。我們將在第三章關於實在論之探討說明此種論點。

2. 唯名論的發展

上述唯名論所認為之共相不是普遍的眞實存有，僅只是普遍的思想物或某種聲音的表徵，此為唯名論發展歷史中支持者的普遍論點。這種觀點日後將影響奧坎的論述，並間接造成中世紀士林哲學遭受無法抵抗之攻擊。中世紀唯名論支持者，除第一章所提羅瑟林與阿貝拉德外，還包括以下兩位：

(1) 杜朗屠斯（Durandellus, or Durand de Saint-pourcain, ca. 1275-1334）

杜朗屠斯，又名聖布爾桑的杜郎德。他雖與多瑪斯同屬道明會，但主張學說卻與多瑪斯迥異。例如他主張「關係」才是認識的直接對象，我們認識的對象並非任一種所謂實存之實體。關係存在兩對象具有客觀必需性的前提下，而眾多關係中唯有因果關係才是眞實存在的，其他關係都僅以概念方式存在。既然我們認識之對象均非實存之實體，故理智抽象作用無需存在，因為我們認識的或抽象的都是個別存在者而非普遍實體。在此意義下共相不存在，因為我們理智的作用是對個別事物分門別類，而實在論所謂的共相僅是分門別類的結果。

(2) 奧雷歐力（Aureoli, Petrus 1280-1302/22）

奧雷歐力主張，所有實際事物的存在均是個別的，所謂共同與普遍存在的對象都僅是概念而已。所謂心靈外的共同實體並不存在，而嘗試將共相個體化的努力也都僅是白費。「共相」並非如前人所言某種外在的（實際）存在，而是在認識過程中被人的心靈所把握與杜撰出來的概念。但是神可以在同一種對象上創造許多不同實體。他們之間的性質是相似的關係。從這裡引發兩個推論上的結果：首先是概念與理智被區分開來。對奧雷歐力來說，概念是直觀活動的結果，理智是直接對事物產生認知，知識則是根基在對具體且個別之物的認識上。知識雖是根基在個別之物上，但概念卻是根基在那些超越單純心理層次，且擁有相似性關係的對

象上。其次，這使得他反對「形質論」，此反對最直接表現在關於靈魂的問題方面。他論證靈魂只是質料的實現，不能作爲使人成爲一個生命體的基本原理。當然對他來說，這是理性與信仰互不干涉對方領域的實證，因爲他認爲憑藉信仰可以得到的眞理無需經由理性證明。

(3) 奧坎：除非必要實在不必增加

在前述唯名論基礎上，奧坎開展屬其之唯名論論點，並發展出他的「經濟原則」（後人又稱之爲「奧坎剃刀」）。早在十三世紀的歐洲就已出現許多與亞里斯多德邏輯相關的著作與研究。這種對亞氏邏輯學的研究風潮影響到十四世紀的學術圈，而奧坎所處的歷史背景正是在這種狀況之下。對奧坎而言，其唯名論立場概念包含以下論點：

① 從語詞指稱到共相的解決

所有語詞均有其指稱對象，雖然這些字詞根據其使用會指稱特定存在對象，但許多語詞名詞均爲約定成俗之記號。對奧坎來說，凡概念及其限定詞均爲自然記號，意即當我們看到某個事物時我們能產生對該事物的直接理解，並在心中產生對該事物的概念。但對奧坎來說，普遍概念並非指口述限定詞或手寫語詞，反而他強調的在於對一事物的自然記號或概念限定詞。因爲共相就是語詞，而語詞象徵某一個別事物，且在命題中被指稱該對象。爲此唯有個別事物才是眞實存在的，並不存在實在論者認知的共相。若眞的有所謂普遍概念，其當屬心理認知之結果，僅爲一理解力的活動，不可能於靈魂內存在，也不可能具普遍實體存在。若要理解普遍觀念，我們僅需理解個別事物與心靈間的交互作用，除此以外之設定均屬不必。

② 奧坎剃刀

凡存在物均具實際存在意義，而共相僅是抽象概念卻不具實質意義，因爲眞實存在者均是個別實體。這並未意謂奧坎爲此否定形上學的價值，因爲對奧坎來說，形上學是一門眞正的科學（*Scientia*），且探討重

點爲作爲存在之謂詞。即便他認爲形上學確實爲唯一眞正科學，但他仍提出他著名的經濟原則：「除非必要，實在不必妄加」（雖然這句簡述並不存在奧坎的文本），即在本體論足夠的情況下不用繼續增加內涵。此原則奠基在我們感官無法查驗共相或所謂本體之作用。唯一的必要實體是神，爲此，我們對事物存在的根本需要充足理由以肯定事物存在。在此前提，奧坎拒絕普遍性／共相之概念，所謂普遍性／共相，不論其衍生概念、語詞表達或書寫文字，都只是一種語詞，而非某種確實存在物。我們對外在對象的認識是對特定對象的意向性認識，任何眞實性都不可能在亞里斯多德範疇中得到肯定。他也否認「種」之作用，雖然在亞里斯多德形上學中，種之差可構成同類中之差異性原理，但奧坎認爲種之存在既不必要也不必需，因爲我們不可能在經驗內感受到種的存在。換言之，奧坎剃刀的使用將共相從共相之爭揮除，僅留下個別之物與語詞的存在。

③抽象理論

即便奧坎否認共相，但他仍保有理智內之抽象作用，然而他的抽象作用與士林哲學常見之抽象作用幾乎不同。對奧坎來說，他所謂抽象比較像是想像或記憶的能力。奧坎認爲士林哲學所謂的抽象作用不存在，因爲對事物的直觀認識就是一種認知，我們便是透過此類運作認知事物的存在與否。傳統抽象作用運作結果其實並不能使我們明顯知道某物的存在與否。爲此，認知直接性地讓我們感知外在事物的偶性（即形上學所研究事物組成之謂詞）。

④否認神存在論證

依據他的唯名論立場，我們似乎無需意外他在證明神存在論證上採取否定或負面的態度——奧坎並不是認爲神不存在，而是認爲憑我們的理性，任何關於神存在的證明都不可能。嚴格來說，構成對於神的知識是一件事，但是證明神的存在是另一件事。其論點如下：

A.奧坎反對透過「因果關聯」的原因證明神存在的論證。他的理由是，因果關聯必須同時經驗到因與果才能夠說某物是另一物的因。對於神與世界的關係，我們只能經驗到作為結果的世界，而不能經驗到作為原因的神。

B.關於目的論證，即便我們認為全世界的存在者都朝向一個目的前進，也不能直接論證這個目的必然是神。

C.奧坎也反對「保存者的論證」。保存者的論證強調這個世界的運作需要一個不會改變的保存者看顧，此保存者就是神。但是奧坎區分出兩種不同的狀況：如果我們的證明對象是此一世界的保存者，從而指出這種保存者不可能無限後退，一如推動者的論證一樣，那麼論證本身有困難；但是如果我們強調的是整個世界在被保存的狀態下需要一位保存者，那麼證明有一位保存者而引發的論證無限後退就是不可能的。然而，奧坎多加了一個但書：雖然我們可以確定有一位神作為這個世界的保存者，但是由於我們可以設想無限多個不同的世界同時存在，所以可能同時也存在無限多個保存者。

即便如此，奧坎仍認為神可以（也有能力）做任何祂想作的事，所以人的得救是神的命定與旨意。這意謂著任何功德與補贖的事工都無法直接與人的得救產生關係。

⑤理性與信仰分家的問題

神的認知與人的認知絕對不同，因為神可以認識那不可能存在之物。人類的直接理解可被稱為直接知識。直覺知識乃人對某物是否存在的認知能力，也就是心靈對某物認識產生的偶然命題。對每一個別事物我們均能產生直覺認識，此為我們心靈產生的表達方式，但我們無法對不存在的事物產生認識，即便如獨角獸之類的存在，也是我們根據個別事物之特徵結合產生的結果。然而，在神那裡卻並非如此，神可以對不存在的事物

產生直觀，也能在我們心靈中引發對那些不存在事物的認識。在此認識中人不一定能對事物有正確的理解，但總能對這種事物產出直觀結果。

這種論述使理性與信仰產生分家之結果：在信仰上可能的，在理解上不一定可能。奧坎認為，神做出了「絕對能力」（*Potentia dei absoluta*）與「規定能力」（*Potentia dei ordinata*）之間的區別。簡單來說，前者是神眞正的能力，甚至神可以藉此做彼此矛盾的事，此點超越時空，是神眞正自由的顯現；後者是神顯現在人世的能力，是神在所建立的秩序中實際完成或是已經完成的，主要指的是神對世界的管理、萬物的運作，可以在《聖經》中看到。前者凌駕在後者之上，神是完全自由的，也可以不受任何因素左右。由於神是無所不能的，所以神可以不按照人所擁有的邏輯與理性思維進行工作，這使得若我們用邏輯上的可能性與必然性思考神所意願的或已實現的作爲都是徒勞無功的事。依照神的絕對能力來說，神道成肉身並非不可能；但是既然祂擁有絕對能力，因此祂想變成石頭或動物也不是不可能，這種想法導致中世紀長久以來在理性與信仰之間的和諧關係破裂。神可以（也有能力）做任何祂想做的事，所以人的得救是神的命定與旨意。這意謂著任何功德與補贖的事工都無法直接與人的得救產生關係。

奧坎本意在爲哲學與信仰間劃出明確界線，他主要的工作或興趣爲邏輯。但奧坎的哲學造成士林哲學的困難：他的唯名論與剃刀破壞共相，也進一步造成需要實在論爲根基的士林哲學無法反駁。我們也可以看見杜朗屠斯對於奧坎的影響，因爲杜朗屠斯主張事物中沒有普遍性，僅具有個別性，這個學說影響了奧坎的經濟原則。爲此，奧坎哲學雖並非懷疑主義，卻間接引發懷疑主義之結果。

四、文藝復興時期

　　我們簡略重複上述段落：從古希臘到文藝復興時期，西洋哲學經歷中世紀哲學之階段。此階段廣義來說長達1,500年。這段期間雖不乏懷疑主義者，但事實上這些懷疑主義並未廣泛呈現強烈影響。這可能與中世紀知識論預設人類擁有正確認知能力，且爭論重心在於概念如何形成、唯名論與唯實論之爭議，以及靈修神學研究人的超性認知上。即便中世紀最後因威廉奧坎唯名論的影響致使實在論哲學體系產生分裂，整個中世紀仍可說因基於宗教之特性相較性較不特別強調懷疑論之主張。

　　然而，在文藝復興時期狀況大不相同。我們可說文藝復興時期是從中世紀哲學過渡到近代哲學的中介，其雖根基於中世哲學的運作，卻是在舊思維中尋找新方法。其中，始於義大利的人文主義讓哲學家重新檢視人類思想及自身存在之價值。人文主義開始時目的在超越中世紀所遺留之僵化死板的士林哲學（此時士林哲學已開始探討過於繁瑣細緻的問題，例如「一根針尖上能讓多少天使跳舞」），並重新彰顯人類具體生活的精神層面。這種突顯人類精神生活的哲學運動，除提升人性價值的優點外，同時也引發對人類思維的反省。尤其在推倒宗教權威改以人性精神價值為基準方面，也讓哲學家反省人類是否真如自己所相信的，能真正掌握真理。以下我們提出兩位此時期重要代表，來說明這種反省結果。

（一）蒙田（Michel de Montaigne, 1533-1592）

　　與其說蒙田是懷疑主義者，不如認為蒙田先是主張相對主義爾後才形成他的懷疑主義。蒙田曾閱讀許多歷史學家或旅行探險家的著作，以致他注意到不同地區常有不同對人的標準規範。這使我們不意外他《隨筆》（Essais）中沒有特定楷模規範，因為他認為所謂的人都僅是風俗產物而

已，甚至連習慣、想像力、財富等外在因素都能影響個人的一切。我們每個人的觀點及依此行出的行為既為風俗產物又無時不在影響我們生活，所以不論理性、真理或正義都僅是幻想而非實存之物，蒙田此點影響到皮爾・瓦理（Pierre Villey）── 第一位使用相對主義一詞的哲學家。蒙田主張，若我們要將絕對不變真理套用在人類生活中，唯一獲取的結果就是社會受到破壞，因為社會也是偶然間被習俗形塑的對象。更進一步，習俗的恐怖在其促使人以為自己擁有並能道德踐行，這種景況一如宗教般箝制個人，不但給予行為指南，更附加合法性之理由。雖然蒙田提出這樣的攻擊，但他自己也承認風俗習慣的力量過於強大，以致我們沒有絕對把握能夠順利擺脫習慣風俗的限制。

雖然蒙田的結論推導出（文化）相對主義的結果，但他並未因此主張相對主義 ── 他嘗試提出以思想彌補習俗制約過強的方法。通過思想，我們可以反省某些風俗習慣的合理與否，或其被執行乃根據個人權威判斷還是具有確切的合適性。為能判斷或比較，我們可以假定理性或自然這類普遍標準的存在 ── 雖然蒙田認為，唯有神才可能獲知真正的正義或理性，人類所能獲得的只是這些正義或理性標準的某些部分。透過這些（假定所得之）普遍標準，我們可以視風俗習慣為特定規則，並繼續堅持將人類判斷放置在真理或理性的標準下。所以人應該要能對抗眾人的庸俗鄉談以建立獨立思考的能力。

這種相對主義的論述與其懷疑主義的觀點相關，雖然現在研究顯示蒙田很大程度上使用了塞克斯圖斯的論點。判斷的天平兩端從不是真正的平衡，因為理性常僅有利於當下的判斷。因為判斷帶有此般危險，所以判斷中不應輕易下同意或反對之論點。這意味我們所謂的理性其實帶著欺騙的可能，所以我們不應任意遵從單一意見，而是應通盤多方考量其他意見以使我們判斷能更為客觀。既然這種單一意見可能來自道德、風俗或各種形式上的教條，所以我們應當更為謹慎。

　　從另一方面來說，蒙田雖然是個相對主義者多於懷疑主義者，但在他的言論中我們還是可以找到他對懷疑主義的傾向。蒙田對人類自以為可獲得真理及知識的樂觀感到悲觀，他懷疑的不是外在世界的客觀性，而是懷疑做出陳述的意見與價值。不過他還是相信，即便沒有所謂「真理」，我們仍能透過各種手邊工具評估處理所面對的問題。換言之，當我們說蒙田是懷疑主義者時，其意義乃指不應為判斷進行任何預設工作的方面，而非如其他懷疑主義者對萬事懷疑的態度。從這點來說，蒙田的懷疑主義應屬方法上的使用，其能讓人透過此方法應用達到對自我的真正認知。作為人，我們不可能擁有真理，但可以擁有謙卑。就此來說，蒙田的懷疑主義也有道德或修身方面的意味。

（二）查朗（Pierre Charron, 1541-1603）

　　查朗是蒙田的朋友並受到他相當程度的影響。雖然曾任神職人員，但查朗在宗教上卻呈現出宗教懷疑主義的特性。查朗認為我們的知識起源於個體感覺，且看上去雖可以解決所有疑問，但理性其實是種無能為力的特質。人沒有獲得真理的能力，因為人類的才能無法幫助自己區分真理與錯謬的不同。即便把人類與（當時所謂）低等動物相較，查朗仍認為雖然動物在某些部分較人類低等，但他們在其他方面卻表現更為優越，因為人的本質僅是愛慕虛榮以及極為虛弱之天性而已。基於此一前提，他與蒙田採取相似的懷疑方法，但卻顯出更憤世嫉俗與尖酸刻薄的態度。他認為雖然理性不可靠但仍為人類判斷的最終標準，他雖然請讀者應當遵循生活中的習俗與法律，但也提醒了道德與宗教彼此沒有關涉。

　　查朗對宗教的態度呈現強烈的興趣與質疑，例如，他認為宗教在常識判斷上常呈現奇怪的結果。不過他基本上主張人類應當避免迷信，因為神是強悍的法官，隨時審查人類最輕微的錯誤，並需要人類提供祭物加以取

悅。雖然如此，他仍提醒我們不當對信仰妄下判斷。

五、笛卡兒

　　哲學史習慣上將笛卡兒（René Descartes）放在理性主義而非懷疑主義者的行列，但基於笛卡兒透過方法的懷疑（Methodical Doubt）尋求知識與眞，所以我們在此將他列入懷疑主義的討論中。我們需注意：笛卡兒是在方法論上採取懷疑的態度，就知識論角度來說他透過上帝的慈愛仍保證知識具有普效性。

（一）懷疑作為方法：我思故我在

　　笛卡兒知識的起點可以「理性」總括，他嘗試透過數學方式的類比尋找哲學的基礎，即找尋普遍且不可懷疑的哲學原理。在此意義下，哲學的首要工作應爲尋找根本原理，此原理爲理性直觀可得者。笛卡兒認爲根本原理應具備兩項特性：

　　1. 具有不可懷疑的清晰（Distinct）與明確（Clear）性質。清晰意謂當某觀念出現於心靈時具有清楚的強制性，而明確表示此觀念可與其他觀念產生清楚分辨。

　　2. 根本原理具有絕對意義，不依據任何其他原理且獨立於其他所有原理，甚至其他原理乃根據此根本原理推論而得。

是否有任何觀念符合笛卡兒的清晰明確條件？笛卡兒透過考察各種知識，發現似乎不存在符合此類條件的知識與觀念。感官直覺主觀且易於變

化，甚至可能是幻覺；夢境與現實間的區分亦不清晰。簡言之，感官所能提供的絕非理性直觀所需內容。笛卡兒據此進一步假設，我們的心靈活動很可能也僅是幻影，因為可能存在一鬼精靈（*Spiritus Malignus*）故意欺騙我們的心靈，使我們誤以為我們所擁有認知即為我們所認知的模樣。當笛卡兒逐步懷疑時，他認為最終有一不可被懷疑的事實，即我可懷疑一切卻不可懷疑我當下正在懷疑的活動。這意謂進行懷疑活動的（意識或心靈）我是真實存在的──即便有鬼精靈故意欺騙我，也必須先預設有我的存在，而後鬼精靈才能進行欺騙。甚至若我無法區分作夢與現實的差異，仍預設有一個我的存在才能達此結果。為此他能推論出「我思故我在」（*Cogito, ergo sum*）之論題。

為此，笛卡兒的自我意識存在成為他哲學的阿基米德原點，因為此觀念可謂理性直觀，是清晰明確的內容。「我思故我在」對笛卡兒來說是直觀的結果，甚至被他認為是哲學的第一原理。其並非三段論證結構（凡思想者存在，我思想，故我存在），因若其為三段論證則該命題不符合上述根本原理具有絕對意義之要求。此單純直觀事實無需證明也不能證明，因為其應屬意識之保證。為此，從加森地（Pierre Gassendi）以來所謂笛卡兒「我思故我在」命題犯有竊取論點之謬誤──即因思想者存在之大前提已預設我思與我在──對笛卡兒論述並不構成攻擊，更遑論要論爭我思與我在孰先孰後之問題。

既「我思故我在」可作為笛卡兒哲學起點，故他在探討清晰明確觀念的形成時，特別提醒我們應注意以下四條規則：

1.除非某事物確實為明顯的真實，否則我們不應承認任何事物的真實性。為此，我們只能承認將自己呈顯為清晰明確的事物以使我們沒有理由懷疑。

2.將一個問題區分為不同部分，看清後便能釐清整體問題。

3. 按秩序考察問題且由簡單的開始，逐步進入到複雜的知識。

4. 透過精確的計算與縝密思考足以使我們相信沒有遺漏的因素。

透過方法的懷疑以及數學式的嚴密科學，笛卡兒得到清晰觀念的內容。但至此我們僅有對意識自身的掌握，對外在知識現階段尚不能得到確定的結果。

（二）神的存在作爲保證

　　通過前面討論，我們注意到目前爲止僅有我的存在可被視爲清晰明確的知識，其他一切都可能來自鬼精靈的欺騙。爲能保證我們對外在世界知識的有效與可靠，笛卡兒透過神爲保證：因爲神存在，且祂並非欺騙我們的存在者，所以我們可透過神的存在對知識的準確性提供保證。然而，神是否存在？神又是否眞能保證其並非另一種欺騙者？關於前者，笛卡兒認爲有兩種方式可證明上帝的存在：

　　1. 根據「動力因果原則」（Principle of Efficient Causality），原因的實在性不得少於結果，此原則乃爲理性直觀可證成者。爲此，笛卡兒認爲任一事物不可來自虛無，夠完全者不可來自較不完全者。根據此命題，任何出現在我們心中的最完美觀念都不可能來自較不完美的外在對象，甚至不可能來自我自己。因爲我爲一有限實體，僅能產出有限的（完美）觀念。換言之，若我心中出現一最完美觀念，則此最完美觀念必須來自將此觀念放置我們心中的那位最完美者。神是那位能在我心中放置完美觀念的唯一動力與可能，故此最完美觀念預設創造此一最完美觀念知全能者的必然存在。

　　繼續上述論證所依據的動力因果原則，我們可以先行假設那位無限完

美者並不存在，按推論來說我應該就是我自己的原因，且能在心中產出上述無限完美者的觀念；問題是若我為我自己的原因且能產出上述觀念，那麼我自己必然就是那位無限完美的神——此與事實不合。為此，我既非自己的原因，也無法產出最完美無限觀念，我存在的原因與此觀念的產出需依靠比我自己更為根本與完美的存有對象。為避免在層層推論上產生無限後退，我們能假設神就是我們及我們心中那最完美觀念存在的真正原因。為此神必然存在。

　　2. 上述兩個論證屬於同一個論證的一體兩面，均基於動力因果原則而建構。除此原則，笛卡兒亦提出與安瑟倫（Anselm of Canterbury）相似的存有學論證。神之定義既為最完美的存在者，此最完美性質亦應包含存在；因為神作為最完美存在者若不包含存在，則「最完美存在」就不可能如其定義所顯示之本質。為此，神必然存在。

　　兩論證內容均預設神不會是另一位欺騙者：因為「最完美」的觀念預設了神不能欺騙，為此我們可放心於此處認定神作為我們對外在知識的保證。然而傅偉勳提及，笛卡兒此處關於神存在的證明可被視為解決問題的方便法門（傅偉勳以「保險箱中上帝」稱之）。由於笛卡兒的條件迫使他無法實際證明心與物之間的關聯，所以他必須以全能的神作為整體保障。但他關注焦點又非神的問題而是理性直觀內容的對象，為此，神的提出反而突顯他心物二元問題的內容。

（三）心物二元問題

　　笛卡兒或可以神作為知識真確性的保證，但此保證的提出反而建構笛卡兒知識論體系內的「心物二元問題」（Mind-body Problem）。笛卡兒透過迂迴的方式證明外在物質世界的真實性：他首先建立心靈與神的關

係，之後從神的實存建立外在世界實存的事實，爾後才證明我們所擁有之知識不受欺騙，即具有被認知的有效性。這種迂迴進路所建構之問題即為心物二元問題，並引起後世哲學家積極尋找解套方式之討論。

　　為說明此難題，我們先將笛卡兒知識論建構物件圖列如下：

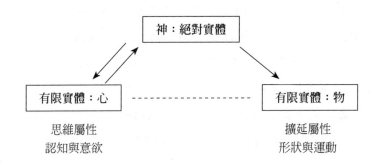

按笛卡兒方法的懷疑，心有可能基於鬼精靈的欺騙無法認識到外在世界，這意謂心與物之間的直接認識乃不可能的。但神作為絕對實體與最完美的存有者卻不會允許我們受到欺騙，所以心與神之間可直接認識，而神可直接對物產生認知，故神成為我們對外在世界認知的保證。笛卡兒也認為，神在我們心靈接受外來印象或觀念前已給我們自然傾向，能將外來觀念的來源歸因於外在物質的活動。為此，外在世界乃客觀實在的存在。既然如此，心靈無法直接認識外在世界，需通過神的保證才能認知外在世界的客觀真實，那麼心物之間的交互作用（Interaction）如何可能？笛卡兒承認，外在客觀世界每發生某一現象，心中必然有對應現象產生。但按照心物二元論（Dualism）而言這卻不可能——因就（笛卡兒所論）心靈所受限制而言，其不可能與外在世界產生對應活動。為此，笛卡兒援引同時期生理學主流思想之一的松果腺（*Glandula Pinealis*）作為解釋，並認為此處即為心物交互作用的媒介所在。

　　笛卡兒的松果腺雖未真正解決心物二元問題，但他的心物問題對日後哲學發展有重要影響：

1. 笛卡兒強調心與物的有限實體為後來解決心物問題的哲學家們提供線索。斯賓諾莎（Baruch de Spinoza）將心與物兩種屬性消解為神的思維與擴延兩種屬性，並建構起萬物在神論的泛神論系統；而康德（Immanuel Kant）將心物二元轉變為代表心的先驗統覺與代表物的物自身。凡此例證均證明笛卡兒的心物二元問題對後世哲學發展的影響，故有哲學家稱心物問題為「笛卡兒的神話」（Descartes's myth）。

2. 笛卡兒認為人類思維作用僅為心之屬性，動物並沒有此類思維作用。笛卡兒甚至認為動物不具有亞里斯多德所指稱的覺魂（Sense Soul），在此意義下動物僅是自動機器（Automaton）；人類身體既與動物相似，則人類身體也僅是一種機器，此機器運作可不受精神作用的任何干預。笛卡兒此處設定影響日後心靈哲學的發展，尤其本章之後將提到的哲學殭屍議題（Philosophical Zombie Argument）。

（四）懷疑方法的困難

雖然笛卡兒欲以提出懷疑方法作為探求明確知識之手段，但後世哲學家對其所提的懷疑方法頗有質疑之處。懷疑方法所受質疑大致可區分為以下三點：

1. 懷疑方法在其實踐上並未確實貫徹。笛卡兒欲以懷疑方法釐清明確知識之內容，並宣稱最後得到「我之存在」為最清晰明確知識，爾後又依靠論證證明神之存在以保證心物二元難題得以消解。但問題在於若以其懷疑方法中之惡魔論證貫徹，則我們是否連自身存在或神之存在都僅為受欺騙的結果而不具存在的實際性？就此而言，笛卡兒並未確實貫徹其方法，而是依據自身所需自限範圍。

2. 笛卡兒後以神的存在與誠實保證心物二元難題之消解，並保證我

們所獲知識的眞確性。但在其論證中神的存在與誠實卻建構出循環論證之結果：神存在與誠實來自我們清晰明確的觀念內容，但我們清晰明確觀念內容之所以獲得保證乃因神的存在與誠實。這導致其論證無效之結果。

3.「我思故我在」之結論相同受到質疑，因爲從我思要推出我在需更多可供證明之要件，然笛卡兒並未確切提供。在推論至最後所獲得之我思／我在兩項要件都應該受到懷疑。若我思此一要件無法成立，則我在亦無法成立。此外，我思乃心靈層面之肯定，透過心靈而進一步推論至物質世界的存在恐有越界嫌疑。會產生此種困境乃因笛卡兒方法設定之故。

不論如何，笛卡兒在哲學史上具有承先啓後的重要地位，因爲自他而後，哲學重心從形上學轉向知識論，並開始眞切探討知識論上認知主體的地位與作用。從他開始的理性主義，及日後德國觀念論的開創，我們將在第四章繼續說明。

六、休謨（David Hume, 1711-1776）

休謨一如笛卡兒，並非嚴格意義下之懷疑主義者。就哲學史歸類來說，其當屬經驗主義，但其經驗主義方法卻導致懷疑主義之結果。其對哲學發展有重大影響，最著名當屬康德所言受其影響從獨斷睡夢中驚醒。休謨此功乃來自其對知識爲考察之哲學起點。

1.對經驗主義原則之貫徹

從洛克以來至巴克萊均將人類知識起點設於經驗，但也都未能貫徹此經驗論之哲學原理：不論洛克所謂初次性，或巴克萊所設立之精神實

體，均踰越經驗之邊界。在此前提下，休謨提出他經驗主義的基礎，並視唯一可靠的知識來源爲經驗與觀察。休謨貫徹經驗論原則，並強調「印象優位原則」（或所謂「觀念可還原原則」）。休謨基於洛克所定規之「觀念」概念過於寬鬆，而無法處理感官經驗當下之刹那，與爾後回憶觀念間之差異，便提出「印象」（Impressions）作爲我們觀念來源。所謂印象乃所有我們感官經驗所獲得之直接性作用，舉凡感受、情緒等均屬之。而觀念爲我們獲取印象後通過回憶與回想所產生者，爲原初印象所留下之模糊內容。人透過感官經驗獲取印象在先，之後才經由回憶出現觀念在後。印象與觀念間關係爲一一相對，故所有觀念均可還原至印象之出現。然此處僅指單純觀念，因爲休謨並未推廣這種一一相對關係至複合印象或複合觀念之間。

　　根據此處基礎，休謨區分觀念如下：

分類	原理	關係內容	
自然關係	聯合自然力量慣於結合各種觀念，此結合原則爲和緩的，但眞正聯合之原因無從知悉	*大致可分爲： A.類似性 B.時空鄰近性 C.因果性 觀念間具類似者，時空上具鄰近性者均易於讓我們產生連結	
哲學關係	理性在主動比較觀念性質後透過輔助關係對知識進行建構	A.觀念關係	B.事實問題
		具直觀或論證確定性的學科主張，無需經驗判斷，僅需理性思維，例如：幾何、代數與數學	屬經驗領域事實，具有讓事實矛盾的可能
		*直觀確認： a.類似性 b.矛盾性 c.値的程度 *需論證成立： a.量數比例	a.同一性 b.時空關係（時空鄰近性） c.因果性

上述表格中有兩點值得我們注意：

(1)哲學關係中三標楷體項目在自然關係中也出現。作為事實之問題，其對觀念也有推論上之幫助。

(2)所有關係項目中最重要者當屬因果性，不只其同時出現於自然與哲學關係內，休謨也認為所有與事實相關之推論似可建立於因果關係上。因果關係之研究可屬他哲學體系內重要項目，也是在此項目上，休謨經驗主義的起點可以導向懷疑主義的結果。

2.因果關係

休謨雖承認因果關係，但並不接受我們所謂因果關係的必然性。就人類而言，我們素有對事物因果關係認知的基本潛能，並針對事物存在提出解釋說明。然按照休謨對經驗論原則之貫徹，我們其實並不能對任何事物之存在提出其原因或結果之說明。休謨認為，我們之所以認為任兩物件間具有因果關係乃因以下三項要件所致：

(1)鄰接性：不論多遙遠的因果關係，若層層分析時可發現各因果間具有因相鄰而可相接之特質。

(2)繼起／原因於時間上之優先性：任一事物之發生不可能與其原因同時成立，故原因應具有相對於結果在時序上之優先，結果可謂原因之繼起。

(3)必然連結性：可謂「有果必有因，且有因必有果」之因果關係，若我們可發現一原因則必然可獲得其結果，反之亦然。

雖有這三種關係要件，然我們很難說遠處某物與近處某物確實具有因果關

係。畢竟對事物的考察有賴我們經驗運作之結果，然形上學領域已非我們所能掌握之對象，爲此我們不可能根據事物自身（或爲形上學所言之本質）尋覓因果關係，因其已超越我們所能掌握的認知範圍。當然我們會注意到，對人來說還是可能在任兩物件間基於規律生成而產生經常性伴連的狀態，例如：每次看到物件A便必會出現物件C，一如看到火會產生熱。即便這種經常性的伴連，也不可能踰越經驗論之原則，一如昨天以前太陽都是從東邊升起，不代表明日太陽必然會從東邊升起。因爲不論經驗或邏輯，我們都無從依據過去之累積而推得此類經驗累積能造成必然關係之成立。

　　這種講法可能引發常人質疑：既然過往太陽均從東方升起，爲何我們不能持有明日太陽亦將從東方升起之結論？此言說並非違反我們對因果關係的期待。休謨解釋，這種期待當屬習慣所爲，乃習慣性期待。根據過往我們對太陽升起的經驗，我們透過想像力將這種習慣加以轉移而形成具有必然連結性的觀念或印象。透過重複觀察，這種連結更受強化，致使我們相信這些事物具有必然連結性質。就事實論，我們確實無法確定明日是否太陽會從東方升起，因其已踰越我們感官經驗之範圍。但就心理期待而言，這種對事件伴連的相信卻取代事實發生的必然性，以致我們確定某些其實我們無法肯定之事物（例如：我們沒有人能確定明天太陽會從東方升起，我們僅能相信明日此事必然發生）。我們需注意的是，休謨在此工作僅爲對經驗論原則的貫徹，並提出對因果原則使用上之限制，而非純粹反對因果律之存在／作用。

3.導向懷疑主義

　　基於這種對經驗論原則之貫徹，休謨對個人存在、實體觀念與神之存在論證提出他的說明。當休謨貫徹經驗論原則後，這三項基本哲學論題均出現與過往不同結論，並進一步引導至懷疑主義的方向上。

(1) 人格同一性

我們對於自己是誰或對自我的認知，基本上需要預設因果關係爲基礎，亦即昨日之我爲今日之我的基礎。但休謨既認爲因果關係僅爲習慣性期待，則人格同一性之觀念也當受其否定。所謂人格同一性爲我們對自我同一人格的基本觀念，尤其作爲可改變與毀壞之身體外在，既在數十年間不斷更變，就更需人格同一性作爲內在不變動的基礎。

休謨認爲，我們對自身所擁有的印象及觀念，經常僅是流動變化甚至是彼此差異極大的各種知覺集合而已。按人格同一性概念，人格或精神實體爲這些變化的基礎（用洛克的說法爲這些變化的「托子」，或用士林哲學說法這些變化呈現在一精神實體中）。休謨認爲這些均不可能，因爲自我僅是眾多知覺印象的捆束或集合，甚至僅是這些知覺印象呈現的心靈劇場，不具統一性。但我們如何解釋心靈能擁有統一過往事物之能力？休謨認爲，並非我們的心靈爲一統一體，而是基於記憶能力能將過往知覺印象重現並透過某種知覺間之類似關係加以連結。這種連結需依靠想像力之作用，將過往斷斷續續之知覺印象連成完整一片，而使我們構作出我們所謂之人格同一性。若去除這種構作，則人格同一性將不復存在。

就哲學史家所言，休謨對這種結論似乎感到不安，因爲此種結論與我們日常生活有極大落差，在實踐上也有困難。（我要如何相信甚至確知三歲的我與現在的我毫無關係？）若有人堅稱過往的他與現在的他不是同一人，我們通常會認爲此人生病了，而非認爲此人貫徹休謨哲學。而休謨會產生如此主張，實爲其基於經驗論原則對實體進行批判之結果。

(2) 實體概念

前述關於因精神實體之不存在以致人格同一性爲虛妄觀念的看法，實與休謨反對並批判實體概念之探究有關。在洛克那裡，爲能使初／次性二性說有其根基，洛克預設作爲托子之實體以爲支撐。巴克萊雖修正洛克論點，卻仍預留一神聖實體（神）作爲整體世界存在依據。休謨認爲上述理

論皆不可能，因我們所能認識者僅爲持續連結著的觀念與印象而已。

　　所謂物體同一性或實體概念，其建立前提爲恆久性與相關性——所謂恆久性是我們心裡產生之空間爲感受到改變所產生之性質。例如，我們看眼前一物，待閉眼後再睜眼觀看此物，發覺此物並未產生改變。爲此我們產生此物爲固定恆常不變之觀念，並以此爲其同一性。相關性則指時間序列上基於心理連結所產生之因果關係，如進入房間看見食物，若干時間後這些食物已被食用，但我們在這兩個對食物之印象中產生連結，並給予其彼此之相關。外在事物與恆久性及相關性息息相關，因我們對這些眾多事物所帶有之印象透過記憶產生連結，並由想像力將這些對象彼此連結，致使我們建立關於這些事物獨立存在之信念內容。

　　更進一步，既然這些外在事物僅是知覺中所獲取的觀念印象，故我們透過記憶與想像力自我誤導，誤以爲這些觀念印象實繫於一我們不可感知／預設之實體。這種誤導其實無法證實，因根據休謨經驗論原則我們無從感知此類實體確實存在，其存在至多僅是猜測或想像之結果。爲此，不論物質之實體或精神之實體均不可能存在。這種踰越經驗論原則即無法證實之論點，貫徹至最後引導休謨主張，證明神之存在乃不可能之事。

(3)證明神的存在

　　雖然休謨認爲要證明神存在，唯一（最佳）的主要論證必然來自於自然秩序／目的論證，即認爲透過類比方式證明神的存在：如同看到某一精巧藝術品就可推得其必然由一手藝精巧之工匠所爲，宇宙現象既和諧又具秩序，故必然有一聰明絕倫之設計者設計所爲。休謨認爲這種論證屬後驗論證，乃從經驗推論可得出的論證，但他同時也認爲此種論證乃經驗類推，故不具邏輯必然性。因爲我們對整體宇宙／自然僅具零星不準確知識，無從推論宇宙整體皆具秩序規律。就此來說，假設一宇宙設計者或創造神無意義也無必要。此外，若眞的有一位這樣的神存在，我們如何解釋惡的問題？爲此，即便我們接受目的論證，我們頂多只能推出一位設計

神，無法推得一創造宇宙的全能神。休謨之論證重點在於指陳目的論證
踰越經驗感官之限制：由於神之存在已超越我們經驗感官所能把握的範
圍，故任何嘗試以理性證明神存在之論證均屬無效。

(4) 貫徹經驗論的懷疑主義

　　休謨雖在哲學史上被列爲經驗主義，但當他貫徹此經驗論原則後即
邁向懷疑主義之路——因多項知識的確定性在其經驗論的原則檢證下，不
但無法受到肯定，甚至可能受到反駁。雖其經驗論原則之貫徹原本目的在
建立人性之科學，但我們並不稱其爲一成功之工作。特別在其大量使用心
理學方法論對我們的知識提出解釋時，這些解釋似難建立起普遍客觀之律
則——爲此若我們無法理解，僅須將手置於熱水上即可明白。因若按休謨
解釋，熱水與燙的感受之出現乃我們觀念與印象的習慣性伴隨，而隨後所
引發的痛覺促使我們在「熱水—炎熱—疼痛」間建立起因果關係。然而這
與我們日常生活所需面對現況相距甚遠，甚至無法用以處理遇到熱水時的
突發狀況。爲此，休謨理論實無法建立起我們對自身精神統一之解釋與需
求，也無法進一步保證知識所需之普遍有效性。

　　然休謨哲學對哲學史之重要貢獻仍在其對經驗論原則之貫徹，一方
面其釐清洛克以來經驗主義思維內涵，另方面促使許多科學家與哲學家重
新思考因果關係與認知邊界。例如，本書爾後將提之康德哲學即受休謨啓
發，致使其對知識與經驗之關係提出知識論的哥白尼革命。

七、蓋提爾難題[2]

　　休謨之後懷疑主義並沒有消失，但我們要將下一個懷疑主義的探討論題直接跳躍到1963年的艾敦德・蓋提爾（Edmund Gettier）以及因他所產生的蓋提爾難題（Gettier Problem）。該年他在《分析》（*Analysis*）雜誌發表〈眞實信念的證成即爲知識嗎？〉（Is Justified True Believe Knowledge）的論文。該文提出兩個論點挑戰傳統知識論，首先指出過往知識論使用「知道」（Know）一詞預設的JTB理論內容，其次則以兩個反例證明在某些狀況下即便符合JTB理論仍會得到錯誤的「知道」。蓋提爾提出的論點後來被稱爲「蓋提爾難題」並引起諸多討論，不少學者也嘗試透過各種論證解決此一難題，例如：波依曼（L. P. Pojman）提出至少6種解決方法，而齊曉姆（R. M. Chisholm）也曾在著作中提名至少10篇相關專著或論述。

（一）蓋提爾難題：到底說了什麼？

　　蓋提爾在論文中指出，傳統知識論在論及「知道」一詞的使用時慣常以JTB理論作爲前提。雖我們已在第一章說明JTB理論，但此處我們所提與該處略有出入，因此處所言爲蓋提爾在論文中所說明之內容：

---

[2] 本段落文字最早以論文〈知識是證成的信念嗎？——對蓋提爾難題的分析與討論〉爲題發表在大葉大學《研究與動態》第16期，此處引用並加以改寫。段落中所參考的資料與論證過程，可參考以下資料：Louis P. Pojman, *What Can We Know: Am Introduction to the Theory of Knowledge* (California: Wadsworth Publishing Company, 1995),; Gettier, 'Is Justified True Believe Knowledge', ed. Louis P. Pojman, *The Theory of Knowledge: Classic & Contemporary Readings* (California: Wadsworth Publishing Company, 1993), p.134-6; R. M. Chisholm, *Theory of Knowledge* (Prentice-Hall; 2nd edition, 1977); K. Lehrer & T. Paxson, 'Knowledge: Undefeated Justified True Belief', in ed. Louis P. Pojman, *The Theory of Knowledge: Classic & Contemporary Readings* (California: Wadsworth Publishing Company, 1993), pp.146-9; Alvin I. Goldman, 'A Causal Theory of Kmnowing', in ed. Louis P. Pojman "*The Theory of Knowledge: Classic & Contemporary Readings*" (California: Wadsworth Publishing Company, 1993), pp.137-46.

命題(a)S知道P，若且為若

(i)P為真

(ii)S相信P，以及

(iii)S可以證成對P的相信

蓋提爾想要證明，即便前題「S知道P」為真，某一命題(a)仍會因沒有足夠條件而使其為假。他指出我們應注意兩個基本前題：

(1)前題1：在「S知道P」命題中，雖然「S證成相信P」中的證成為必要條件，然仍有產生假事實的可能。

(2)前題2：對於前題P，如果S證成此前題P，而P含蘊命題Q，S又能從前題P中推論得到命題Q，並接受此命題，則可說S證成此命題Q。

根據此兩前題，蓋提爾將舉出兩個例子，在此二例子中，「狀況符合於某些前題在命題(a)中為真，但同時對例子中知道這些前題的人卻為假」。

1.反例一：誰能得到工作？

有兩個人——史密斯（Smith）與鍾斯（Jones），正準備接受工作。史密斯有一確信的命題(d)，「鍾斯將得到工作，而鍾斯的口袋裡有十個硬幣」。接著，史密斯根據命題(d)所包含的內容得到命題(e)，「將得到工作的人口袋中有十個硬幣」。此二命題為蓋提爾所提出兩項基本前提中的第二項：命題(d)包含命題(e)，且史密斯確信於命題(d)，因此可以說史密斯不但證成命題(e)，且相信其為真。

現在蓋提爾增加兩件史密斯所不知道的狀況：得到工作的人是他而不是鍾斯，他的口袋裡也有十個硬幣。命題(e)雖為真，但史密斯的推論過程卻為假。蓋提爾提醒，此命題符合於上述命題(a)的形式：命題(e)為

眞，史密斯相信命題(e)爲眞，所以史密斯證成對命題(e)的相信。但明顯地，史密斯不知道命題(e)爲眞是因爲他不知道自己口袋中有多少硬幣，所以他透過此命題誤信鍾斯會得到工作，且以爲自己得到證成。

2.反例二：布朗（Brown）到底在哪裡？

假設史密斯確信命題(f)「鍾斯有一部福特汽車」。他之所以這樣相信可能與他的記憶或經驗有關。此外我們假設史密斯有一個常被他忽略的朋友布朗。現在史密斯隨意選了三個地方，並建構了三個命題：

(g)或者鍾斯有一部福特汽車，或者布朗在波士頓

(h)或者鍾斯有一部福特汽車，或者布朗在巴塞隆納

(i)或者鍾斯有一部福特汽車，或者布朗在布列里託維克

上述三命題均從命題(f)推論而來。史密斯不但知道命題(f)蘊含此三命題，而且基於命題(f)證成這三命題爲眞。即便史密斯眞的不知道布朗在哪裡，但還是確信這三個命題。

現在有兩個特殊狀況發生：鍾斯沒有福特汽車，因爲他開的是租來的車子；而史密斯眞的猜對了，因爲布朗人在巴塞隆納。換句話說，上述命題(h)爲眞，但史密斯的推論是任意建構而得，不具證成條件。不具證成條件者卻能建構符合JTB理論的認知命題，可見JTB理論有其缺陷。

（二）如何反駁？

蓋提爾難題引發諸多討論，多篇論文被提出以期能解決蓋提爾難題。雖然嘗試解決的建議有許多，但大致上可區分成三種：第一種解決方式認爲僅需修改JTB理論即可抵擋此難題；第二種方式是透過增加第四個條件以使證成合理化，例如雷瑞（Keith Lehrer）與派克生（Thomas

Paxson）增加可駁倒條件（Defeasibility Condition）；第三種方法是根本改變JTB理論與「知識」的定義，例如古德曼（Alvin Goldman）採取此作路徑。

1.第一種方法：修改JTB理論的內在條件

第一種方法是修改JTB理論的內在條件，提出此方法的學者為齊曉姆。作為蓋提爾論文中直接點名的對象，齊曉姆在1966年的著作《知識論》（*Theory of Knowledge*）中首度對蓋提爾提出反駁，他認為只要修改JTB理論即可以抵擋蓋提爾難題。1966年，齊曉姆對蓋提爾提出反擊，他的反擊主要集中在他當年著作《知識論》（*Theory of Knowledge*）第六章〈知識〉（Knowledge）內。齊曉姆主張，JTB理論有兩個預設基礎，首先是根基基礎，即一命題的成立乃根據另一命題；另一則是「給與證據」（Confers Evidence）之基礎。為此，齊曉姆重新定義如下：

D6.1 為S而言，命題(e)是命題(h)的基礎 ＝ 定義為S而言，命題(e)是自我顯現證據；而且必然的，如果命題(e)為S而言，是自我顯現的證據，則命題(h)為S的證據。

D6.2 為S，命題(e)在命題(h)之上給予證據 ＝ 定義命題(e)為S的證據；而且對每一個命題(b)來說，對S命題(h)是一基礎建立於為S而言，命題(b)為命題(e)之基礎。

根據定義6.1與6.2，齊曉姆指出，我們可能會指出e自身來說是使S知道且為真的命題；但是e是在一錯誤前提上所給予之證據；因而無論什麼給予證據，只要其建立在e之上，就是建立在一錯誤的命題上；而同樣地，一個命題可以被知道是因其建立在錯誤命題的給予證據上的給予證據。為此，齊曉姆根據他的自我顯現證據，將原本第三個條件中的「證成」改

成「非缺陷證據」（Nondefectively Evidence）──雖然齊曉姆表明，他所用的詞「缺陷」與「非缺陷」都是從索沙（Ernest Sosa）那裡借來的。為此，對齊曉姆來說，S知道一個對象h是建立在：

(1)S接受h
(2)h為真，以及
(3)為S而言h是一非缺陷的證據

按此定義，蓋提爾的兩個例子，主角所持的信念甚至證成都是有缺陷的證據。這意味因為蓋提爾自己對於「S Knows P」語句分析錯誤，才導致難題發生。

　　到了1982年，齊曉姆在論文〈知識即為證成的真實信念〉（Knowledge as Justified True Belief）中不再提自我顯現證據，而是提出新方法處理。這個方法建立在三個根本的定義上：基礎命題（Basic Proposition）、不完全證據（Defectively Evidence）與在傳統知識定義中預設意義的判準。

　　(1)Df基礎命題：b為S為基礎信念＝b為S的證據，且所有事物都能使b作為S指涉b的證據。
　　(2)Df不完全證據：h為S的不完全證據＝(i)對S來說有一個基本命題，而使h為S的證據且b邏輯上並不含蘊h；(ii)每一如此基本命題均為假。
　　(3)Df判準：S在相信p上能有判準＝(i)p對S來說是有證據的；(ii)若p為S而言為不完全證據，那麼命題p被一連言命題所指涉為證據但並非對S的不完全證據。（If it is defectively evidence for S that P, then the proposition that p is entailed by a conjunction of proposition each of which is evidence but not defectively evidence for S.）

根據此處三定義，齊曉姆以蓋提爾難題中，「鍾斯有一部福特汽車或布朗在巴塞隆納」命題爲例，認爲此命題h並未被包含在已知條件內。由於作爲命題證據的命題h爲假，故對S而言這是不完全證據。爲此，這不符合JTB理論中第二項「S believes that p」之條件。而用來作爲S引證命題h的證據命題e（例如：「鍾斯的車庫裡有福特汽車」），在前面所例定義中雖爲不完全證據，但因其包含命題連結，所以對S而言可被證成。然而即便這些命題可被S作爲證據卻仍然假。爲此，根據S的直接證據e而有的命題b不但並非不完全證據，其中還具有邏輯關聯，此點不符合不完全證據第一項定義。換言之，既然沒有一基礎命題以非演繹方式使b成爲S的證據，蓋提爾難題有效性就可被質疑。

　　齊曉姆相信自己成功解決了蓋提爾難題，但嚴格說來他引發了新的困難。他在1966年提出自我顯現證據的解決方式，困難在於自我顯現證據本身是否能自我顯現——若不能，則自我顯現證據無法自我證成；但若能，卻會同樣落入蓋提爾難題內。因爲即便自我顯現證據一旦自我證成，我們仍可根據蓋提爾難題提問其證成如何可能。此外，齊曉姆主要路徑爲修改JTB理論，爲此他兩次嘗試均將導致複雜化之結果，而在解決蓋提爾難題前就先將問題與定義複雜化，對解決難題不一定能有幫助。

2. 第二種方法：增加第四項條件

　　1969年，亞利桑那大學的雷瑞（他是齊曉姆的學生，並且認爲自己的老師在反駁蓋提爾難題上相當成功）與南伊利諾大學的派克生在《哲學期刊》（*The Journal of Philosophy*）雜誌上發表一篇名爲〈知識：不被駁倒的眞實信念〉（Knowledge: Undefeated Justified True Belief）的論文。文中他們透過常見方式，即爲JTB理論增加第四項條件，以反駁蓋提爾難題。此處他們增加的第四個條件爲「不可被駁倒的證成」（Undefeated Justified）。

　　不可被駁倒的證成與兩人對知識類型的分別有關。雷瑞與派克生認為知識可區分為基礎知識（Basic Knowledge）與非基礎知識（Nonbasic Knowledge）兩類。若某人知道一個陳述為真且沒有其他陳述可證成其信念，則他擁有基礎知識。基礎知識是完全證成的真實信念。但若知道某陳述為真是因有其他陳述證成他的信念，那他擁有的是非基礎知識。非基礎知識要求一個人能完整證成真實信念，因為當一個人的信念被完全證成為一個陳述時，就可能有某個為真的陳述可以駁倒他的判準，因此我們必須增加一個條件作為不被駁倒的判準。此時，非基礎知識就是不被駁倒的真實信念。為此，我們可以定義基礎知識與非基礎知識形式如下：

　　(1)Df基礎知識：S有對h的基礎知識若且為若：(i)h為真；(ii)S相信h；(iii)S完全證成其信念h，而且(iv)條件(iii)的滿足不依靠任何證據p以幫助S證成其信念h。

　　(2)Df非基礎知識，其條件為：(i)h為真；(ii)S相信h，而且(iii)有些陳述p可以幫助S證成信念h且沒有其他語句可以駁倒此一判準。

雷瑞與派克生認為「基礎知識」不會遇到可否被駁倒的問題，因為信念本身會透過記憶或知覺過程證成自己的信念，一如人在一般狀況下不會懷疑自身感官。真正問題在非基礎知識，需要增加不可駁倒條件保證其真值。所謂不可被駁倒的條件是指，一個可駁倒的語句雖然為真，卻可證成主體所持信念為假。為此，若將此條件加入JTB理論，使其成為四項條件時，蓋提爾難題的困難即可迎刃而解。第一個例證中，史密斯的不知道將因他的命題被「他自己得到此份工作而且口袋中有十個硬幣」此一事實所駁倒；第二個例證中，史密斯的命題同時被「鍾斯沒有福特汽車」與「布朗的確在巴塞隆納」兩個事實駁倒。

　　雷瑞與派克生用增加第四項條件強化JTB理論是否為有效的處理方式

其實值得存疑。而雷瑞所提出不可駁倒條件，其基礎建立在齊曉姆的自我顯現證據上，特別是他在文中指出「齊曉姆已指出判準爲不可駁倒。」我們似乎可認爲，不可駁倒的條件近似自我顯現證據的反面說法，因爲當一個判準是自我顯現的證據時，它同時也是不可駁倒的。爲此，雷瑞與派克生增加的條件仍可受到質疑。波依曼認爲，「不可被駁倒的證成」仍可受駁斥。首先，可駁倒的條件要求一個不被其他命題駁倒的條件，但若現在此命題極其幸運以致並未出現任何可駁倒他的條件，我們僅能說此命題不適用蓋提爾難題的內容，卻無法說我們已駁倒蓋提爾難題。其次，假設有一命題p可被p1駁倒，那當p1成爲新的不可被駁倒的條件後，p1仍有可能被p2駁倒，接下去可推論爲p2可能受p3駁倒，p3可能受p4駁倒。此處不可駁倒條件可能出現無限序列至pn而形成此條件的無限後退，這並不能解決蓋提爾難題。

3. 第三種方法：對「知道」重新定義

第三種主要處理方式爲更改「知道」一詞的定義。1967年，古德曼在《哲學期刊》雜誌上發表論文〈一個知識的因果理論〉（A Causal Theory of Knowing）。古德曼的論文可區分爲三部分：首先他以因果鍊概念解決蓋提爾難題；其次他探討米契爾·克拉克（Michael Clark）所發表論文〈知識與表象：一個對蓋提爾先生論文的討論〉（Knowledge and Ground: A Comment on Mr. Gettier's Paper）；最後他重新定義「S Knows p」此一語句。我們此處將置重點於第一與第三部分。

首先是因果關係。古德曼在嘗試解決蓋提爾難題時，主要針對蓋提爾所提第二個例證，即「布朗到底在哪裡？」古德曼認爲，蓋提爾在此使用策略爲「p爲眞，史密斯相信p，而且史密斯有足夠的證據相信p。但是史密斯並不知道p。」爲處理蓋提爾策略，他以因果鍊（Causal Chain）爲主要反駁策略。因果律著重於知覺（Perception）與記憶（Memory）

兩個連結關鍵。知覺上的因果律意指一般狀況下某外在對象傳遞至人內在理智的過程，記憶則指較早信念（Earlier Belief）與較晚信念（Later Belief）間的確定關係。基於上述兩點，古德曼以圖示說明何謂某人「不知道」的狀況如下：

$$(p) \longrightarrow (q) \longrightarrow Bs(q) \searrow$$
$$Bs(p)$$
$$Bs(r) \nearrow$$

其中，事件(p)為B所要知道的對象，(q)為呈現在主體B面前之事件且在進入到B的理智內能成為B的信念而成為Bs(p)。在理解(p)的過程中，B另外需要背景命題（Background Proposition）以幫助B完成知道。古德曼指出，此圖中由於沒有背景命題(r)，因此對B來說，他仍然處於「不知道」的狀態。波依曼認為，古德曼因果鍊強調若某人說他「知道」就意謂在他的證據與信念間有一適當的因果連結，因為在事實的狀態p與所引發的信念Sbp間，應該要存有能引發信念的中間媒介q。

　　如果我們要將因果鍊加入為S Knows p語句作為證成的關鍵，那麼就需要重新定義S Knows p語句之內容。古德曼根據因果鍊提出的新定義為：

S知道p若且唯若在p具有適當方式連結於S相信p的因果連結上。（S knows that if and only if the fact *p* is causally connected in an "appropriate" way with S's believing *p*.）

此定義同時包含上述知覺與記憶，以及因果鍊和前述三者總和等四個命題。古德曼認為，JTB理論的重心在命題與事實的符應（Correspond）關係，蓋提爾難題的攻擊正使這關係破裂。為此，若能以因果鍊強化S

Knows p語句，此符應關係就不易被蓋提爾難題挑戰。

古德曼的因果律在提出後受到學者批評。主要批評包括以下三點：

(1)S Knows p語句新的定義是否恰當？齊曉姆在的1972年《知識論》第二版中收錄古德曼的學說。齊曉姆的質疑是：古德曼雖然提出新的定義，卻沒有明確分析此定義的內容及在JTB理論上的使用。此外，S Knows p語句是否適用此新定義呢？齊曉姆提出兩個理由否定：首先，有些我們已知的命題並非在因果律上確實存在伴隨發生的關係；其次，極有可能有一命題h及某個人接受命題h時因果連結上證成的真實信念，但此命題h對因果連結並不具備背景知識。

(2)因果鍊的模糊無法解釋內容不明確的蓋提爾難題。波依曼認為，因果鍊本身是模糊的，古德曼不過是用一個更為模糊的觀念解釋不明確的問題而已，這對問題的解決並沒有幫助。例如，我自己無法確定，「未來的我必然死去」與「現在的我知道此一事實」之間的因果關聯為何？

(3)如何區分極可能的信念與知識的差別？除上述批評，波依曼另外指出因果鍊的觀念無法區分「極可能信念」與「知識」間的差別。假設A買了一張彩券，我們依據常識經驗相信他極有可能不會中獎。當A真的沒中獎時，我們無法區分「我知道你不會中」與「我相信你不會中」兩個語句在證成上的差異。

（三）蓋提爾難題是一個真的問題嗎？

雖然對嘗試解決蓋提爾難題的討論在60-70年代相當熱烈，但到1980年代之後漸漸減少。蓋提爾難題對後來知識論發展確實有重要影響，但其本意並非推翻傳統知識論，而是嘗試指出JTB理論的限制。波伊曼對此難題評價十分中肯，他認為蓋提爾並非指JTB理論的分析方式完全錯誤，

而是指出該理論對知識證成來說並不足夠。雖然如此，我們仍然可以詢問：蓋提爾難題究竟是真正的問題，或者只是邏輯上的陷阱？我們或許可以從三個方面看出端倪：

　　1. 所有知識都能符合JTB理論嗎？蓋提爾的分析似乎認為知識要能獲得證成或成立都必須經過JTB理論，然而此理論應屬知識證成的充分條件而非必要條件。這使得：

　　2. 是否所有知識都需要證成？蓋提爾難題主要詰難在於「證成」一詞的使用方式，並透過兩個例證主張該詞無法被合理使用。但是否所有知識都要證成？若一個信念沒有證成就不能是知識嗎？有些經驗性傳遞知識不一定有證成，或可能因特殊環境使其雖不具證成仍成為基本認知內容（例如：棒球有所謂「左投剋左打」的信念，但此信念不一定具有證成）。這使我們必須思考蓋提爾難題的第三個問題：

　　3. 邏輯推論為真與現實之真間的關係為何？蓋提爾難題具有穩固邏輯基礎，特別從形式邏輯推算而言其具推論完整性。但回到現實語境之使用，若我們確實遵循蓋提爾難題規範，反而將使我們落入對「知道」一詞的使用困境。為此，蓋提爾難題確實將人推往懷疑主義，甚至建構出新的懷疑主義內容，即便這非其本意。

八、哲學殭屍、中文房間與桶中大腦

　　哲學殭屍、中文房間（Chinese Room）與桶中大腦（Brain in a Vat）這三者是與我們現今世界有密切關聯的懷疑主義理論。其中哲學殭屍不能算正統懷疑主義理論，而是偏向心靈哲學的探討，但對我們意識與

所謂靈性存在能夠與否提出質疑。中文房間與桶中大腦理論則與電腦技術的普及與應用有關。扣除驚人的名詞，三者核心均與懷疑主義有密切關聯，甚至可說與心物二元難題有關。我們以下依序說明三者內容。

（一）哲學殭屍

在一個殭屍文化入侵的時代，任何東西都可以與殭屍扯上關聯，即便嚴肅如哲學，也出現了與殭屍有關的理論學說：哲學殭屍。哲學殭屍雖然標題看上去新奇有趣，內容卻是不折不扣硬底子的哲學論辯。其真正討論議題為心物二元難題，意識與這個世界的關係。如果以一句話總結哲學殭屍，我們可以說哲學殭屍旨在探討我們的意識究竟從何而來，甚至可以問我們是否真有靈魂。這些要從笛卡兒的心物二元以及哲學對人類預設作為起點。

1.從笛卡兒心物二元論的開始

哲學殭屍的問題必須回到笛卡兒那裡開始，因為哲學殭屍所處理的問題，正是由笛卡兒心物二元論所引發的。我們在前面提及笛卡兒為尋求清晰明確知識造成心物二元難題，之後他以神的存在作為溝通心物二元難題。這促使心（人自己）、物（外在世界）與神之間形成特殊三角形關係，在心與物間存有不能跨越的知識鴻溝，唯有透過神的保證才能得到肯定。現在的情形是：按照這種狀況，心與物在人身上是不能融合的，雖然笛卡兒以松果腺作為結合的關鍵，但心物二元態勢確實已造成。從笛卡兒之後就產生了新的物理主義（Physicalism，有人譯作唯物論，但翻譯成唯物論有點過度翻譯這個名詞），所有一切都能透過合理的物理規律加以解釋。這種觀點在醫學發展進步後越來越強烈——人類所有的活動都能透過身體內部腺體或系統加以解釋，甚至在上世紀90年代末期還有研究單位宣稱找到腦部引發人以為自己看到神或天使的變化機制。如果按照這種

論點，人類的認知、情感等一切事物是否都只是純粹的生理反應呢？面對這個問題，哲學殭屍的概念被提出以討論物理主義的相關議題。

2.哲學殭屍：從心物二元難題過來的問題

笛卡兒在解釋知識正確性時，特別是在對動物的理解爲：是一種類似機器的產物，有著固定的模式，可以透過某些物理狀況加以解釋其來龍去脈。但是人與動物不同，因爲人有超越在物理作用以外的某些特質，像是意識或認知過程之類。這種觀點在19世紀之後受到挑戰──透過許多心理學或醫學實驗，人類許多機能被發現是基於某種物理原因就會產生某種物理結果。人類身分從有意識的主體轉變爲有意識的自動機器一般。那麼這樣的問題就會被提出：

Q：設想一個外觀和你一模一樣，具有神經傳導造成的感受與知覺存在者，但他的精神或意識方面卻是一片空白或無法存在，這是否可能？

這個論點大概是這樣的：按照包括物理主義、非正規類型的行爲主義等等理論，所有人的感受與欲望都可以透過物理原則的方式進行解釋。例如，你厭惡苦瓜，是因爲苦瓜使你感受到一種糟糕的味覺。苦瓜的苦味來自苦瓜素／奎寧，這種性質的東西與你的味覺結合時會傳遞給大腦，讓大腦感受到某種不舒服。透過這種觀點我們當然可以說這一切都是合理的，但在苦瓜的苦味以外所帶有更多關於情感層面的問題呢？像是苦瓜帶給你的不好回憶，或是看到苦瓜會睹物思人等，該怎麼解釋？或是行爲主義可以透過腦神經科學加以說明，但超過這些因果關係以外的記憶，或聯想出來的某物又該怎麼解釋？

我們可以說：人類遠比物理世界建構出來的還要複雜。按照物理主義的概念，這個世界可以基於因果關係理解任何具有物理（或任何自然科學

爲基礎）的世界。但在物理世界以外還有更多的現象可被觀察——如果包含意識、情感等人類活動都只是生物現象，那麼我們過往建立起來的世界會難以想像。

　　哲學殭屍的出現其實是對純物理／科學推論的挑戰。我們可以設想，如果神創造這個世界且將所有我們已知科學原則設計爲此世界的運作規則，以致我們所知世界可透過純物理／科學推論解釋一切，那麼神還有必要透過其他工作或方式來建構我們的意識嗎？因爲按目前醫學（尤其腦神經科學）之研究，即便我們的意識都可透過科學概念加以解釋。面對這個問題，若我們以「是」爲答案，意謂我們已知科學原理仍不足以回答意識之作用，這將使認爲純粹科學原理解釋所建構的世界成爲哲學殭屍橫行的世界，而這意味意識能提供的遠比這個物理世界能提供的還要更多。爲此，一些學者主張答案必然爲「否」，因爲神可以在創造中提供所有世界所需之運作原理，甚至包含意識之作用。此答案雖避開哲學殭屍之設想，卻又踰越科學原則設定範圍，進而形成困難。因爲如果答案爲否，則意謂意識依據的是非物理特質，也就是其並非存在於純粹物理世界，那麼這就是殭屍的世界。當然，提出否定答案者可以更進一步主張，即便是這個我們已知的世界，物理或科學原則仍可在其繼續發展的過程中解釋物理事實如何帶來意識的解答，所以我們不必主張哲學殭屍的出現必然使對世界的物理或科學解釋受到挑戰。這意謂即便是神也可透過混合不同的物質特性而創造出各種意識或情感。既然這種混合的工作是可以單獨完成的，那麼殭屍的存在就不必要了。

　　問題是，即便如此也不代表哲學殭屍就眞的能存在。我們可以考慮現實與意識間的聯繫問題。就我們的認知而言，我們對世界認知的意識與這個世界的物質狀態基本上必然一致——雖然這個部分現在也受到邏輯上的挑戰。若現實與意識在聯繫上具有一致性，那麼我們是否連殭屍的存在也無法想像呢？爲此有些人認爲，若我們所擁有之物理事實可透過形上學所

言及之必然性強化對意識的作用，那麼或許我們可以認爲殭屍就形上學而言雖不可能眞實存在，卻還是可以被我們想像。

3.哲學殭屍的可能與可想像

關於殭屍爲可能的或可被想像的，其論證基礎如下：

殭屍是可以被想像的。
任何可以被想像的都是可能的。
因此殭屍是可能的。

就邏輯結構來說，此論證確實有效。但嚴格來說，何爲「可以被想像的」與「可能的」究竟意指爲何卻需要進一步釐清。此外，「可以被想像的是否就是可能的」也受到質疑。嚴格來說，唯有在我們同時肯定殭屍既可被想像，其存在也是可能的這兩前提時，上述論證才是可能的。

(1) 問題一：殭屍是否是可以被想像的？

當我們問及此問題時，我們並非討論電影或電視中的殭屍，而是我們是否可能想像這些不具精神性或不對事物賦予意義，但其他生理特徵均與我們相同的存在者之心思爲何？這種問題起源於我們如何得知他人心思的困難。哲學殭屍的可被想像在最早被認爲當屬顯而易見者，但隨後受心理學之挑戰而發現我們不可能以經驗之直觀來認識他人心思。

通常認爲殭屍可被想像的人主張，一如心理疾病之病人，在其受病所苦時雖有意識，但此時對外界世界意識與常人不同，故即便他能產生社交所需的適當行爲，我們仍不能說他具有對某些環境的正確反應。但在此人的病況受控制或痊癒後，其行爲及意識可恢復我們所謂之正常狀態。嚴格來說，這種推論並非認爲殭屍是可以想像的，僅是透過生病之類比說明我們如何思考殭屍的思維與運作而已。我們也可用另一種方式證明哲學殭屍

可被想像：假設有一群身材極微小的小人入侵了某個人的頭腦，透過科技接掌他的神經輸出入，並使他可以進行與過往相同的工作，只是此時已不再是他自己，而是這群小人們在進行工作，是否就可證明物理事實可以引發心理事實的論點？雖然面對此問題的答案可能仍然為否定，因為腦部神經元與科技連線作用似乎不盡相同。

另一種論點認為殭屍不可能被想像的，則提出其他主張以否定二元論的可能。例如，主張殭屍不可想像者可能會認為語言／句子本身具有意義，但殭屍在使用上不可能理解句子，此點就與現實不同，故殭屍不可能被想像。根據這種觀點，有些人進一步提出維根斯坦（L. Wittgenstein）的私人語言作為反擊：任何語詞不可能是私人語言，但殭屍的語言不可能被理解而符合私人語言之定義，故殭屍不可能被想像。當然我們也可從行為主義的角度提出對殭屍之攻擊，特別強調心理狀態與外在世界之關係，因為我們的心理狀態不是只有對某種狀態的傾向，還包括其他各種作用。如果真有一殭屍符合所有人類意識之需求，那麼殭屍就不再是殭屍。許多認為殭屍可能的支持者在這方面似乎過於低估想像的作用，也並未正確理解意識的組成遠不只是一堆訊息的組合體而已。更進一步，如果有一對雙胞胎中的一位說了某種感受A，另一位也重複這種感受A時，即便兩者所指稱不同或無法理解彼此的意義，我們仍不能說他們是殭屍。

總之，殭屍究竟是不是可被想像的這個問題，我們似乎無法以「既然我們身邊沒有殭屍表達意見，所以我們就暫停討論」作為我們的結論。嚴格來說，殭屍的可被想像需要建立在對意識世界解釋的作用上。而就雙方論據來說，殭屍不可被想像似乎較占優勢。

(2) 問題二：可被想像的殭屍是否具有存在的可能？

不論前述問題的討論結果為何，我們現在都假設哲學殭屍確實可被想像或推論而得。如果殭屍可被想像，那是否就具有真實存在的可能？既然前述論證的基本論點為「任何可能想像的都有（存在的）可能」，那麼哲

學殭屍是否具有存在的可能?這種主張面臨幾種挑戰:

①可想像與可能存在是不同領域的問題

雖然我們可想像僵屍存在,但作為想像功能,其應屬知識論領域,然而可能存在卻為形上學領域。以想像功能作為實存領域的指導方針似乎並不恰當。不過支持者提出不同見解,認為可想像的具有初級與次要兩種意義,所以可能性也應具有兩種類型:在初級的意義上,可想像性與可能性可產生連結;而在次要意義上,可想像性就與可能性彼此不同。就此意義來說,殭屍存在的可想像性不會是初級的而是次級的。若這種二分式的可想像性/可能性成立,反對方就將面對一種兩難抉擇:一方面論證本身會製造出次要可能性,另一方面反對方可能要接受羅素一元論。

②根據羅素一元論(Monism)所提之反駁

物理學確實能讓我們知道事物之構成,但卻無法讓我們明白事物之屬性──前者為自然科學領域,後者則為形上學領域。但是物理學本身需要面對處理事物時是在物理關係上還是相對應之關係上,其取決於我們處理事物的概念或是屬性。不論何者為真,至少有一個具合理性。為此,我們可以在最低底線上認為殭屍不具可能,或至少我們不能以強硬態度接受殭屍的存在。

③口語理論

如果哲學殭屍可以存在,他們的言論也可以有意義,但他們的句子與口中所做事情不一定能一致。因為言論的意義需要指涉,但意識問題涉及 *Qualia*。如果殭屍是可能的,那麼假設 *Qualia* 不能產生物理效應似乎很自然。如果物理世界因果關閉,並且如果 *Qualia* 是非物質的,那麼看來 *Qualia* 沒有任何作用。

④來自物理主義的反駁

如果物理主義的主張可能,那麼我們可以設想一個完全相反的論證來反駁哲學殭屍。

正方論述	反方論述
殭屍是可以被想像的	殭屍不存在是可想像的
凡想像都是有可能的	凡想像都是有可能的
所以殭屍是有可能的	所以殭屍不存在是可能的

但雙方論證結論都可能無法證實（雖然可能可以這麼說：如果反殭屍是可以想像的，那麼殭屍是不可想像的）。但意識問題的存在卻讓我們必須更進一步面對意識來源問題。這個問題已超越此處範圍，所以我們在此暫停。

4. 總結：哲學殭屍的論證內容

我們或者可如此總結哲學殭屍論證：

殭屍的存在是可被接受的。

如果殭屍存在是可被接受的，那麼就形上學可能性而言殭屍是存在的。

如果就形上學來說可能有殭屍，那麼意識的可知覺特性就是非物質的。

所以二元論屬性為真。

就其應用而言，這可以類比性的被用以解釋一個進入信仰的人為何在生活與宗教信仰中有極大的隔閡，沒有任何相似的地方：因為是一種心物二元難題。然而問題並沒有這麼簡單：如果人類只是一種物理機器，那麼電腦這類確定就是物理機器的存在，應該也可以發展出情感面的事物吧？或者至少可以達成與人類相似的行為吧？這種觀點將我們導向中文房間與圖靈測試。

（二）中文房間與圖靈測試

我們注意到從笛卡兒之後，懷疑主義的發展往往與同時代的科學或科技彼此關聯。哲學殭屍如此，接下來我們所探討之中文房間也是如此。

當機器人的概念與實體出現在我們生活中，「機器人將取代人類」的論點就從未停止。尤其機器（人）實際運用結果讓我們知道機器與人類相較下更具備之優勢。以撒·艾西莫夫（Isaac Asimov）曾在1942年發表的作品中提出著名的機器人三定律（Three Laws of Robotics），其規範為「第一法則：機器人不得傷害人類，或坐視人類受到傷害；第二法則：除非違背第一法則，否則機器人必須服從人類命令；第三法則：除非違背第一或第二法則，否則機器人必須保護自己。」而微軟CEO奈德拉（Satya Nadella）於2016年進一步提出AI發展應有的六項法則：

1. 應備用以輔助人類
2. 其技術與規則必須透明
3. 其應當實現效能最大化，同時卻不傷害人類尊嚴
4. 應當用於智慧隱私之途徑
5. 其必須承擔演算法之責任以便人類可以撤銷非故意的傷害
6. 應當能防止偏見

從艾西莫夫到奈德拉所提出之法則，均足以讓我們注意到人類對此類機器或電腦的恐懼。雖然在一些浪漫電影中，機器人能透過學習人類情感進一步與主角談浪漫戀愛，但更多讓人擔憂的是，當AI人工智慧發展到一個新高度時，那些科幻電影中的情節是否真的會發生 —— 電腦或機器擁有並發展自身智慧，爾後透過機器所占絕對優勢造成人類滅亡。這種情節因「魔鬼終結者」與「駭客任務」等好萊塢電影深植人心。近年

來，AI的發展出現令人驚訝的狀況。2014年開發的AI程式小冰能陪用戶聊天，也能自創詩詞。2016年Twitter的Tay基於言論開發均與用戶互動有關，所以當年在互動過程中出現種族歧視或否認希特勒屠殺猶太人歷史的發文。為此當霍金（Stephen William Hawking）於2017年演講提出人工智慧威脅論時，雖然他強調的重點在於應對人性加以約束，但大家卻只記得他認為人工智慧會威脅到人類的論調。4月霍金的演講猶言在耳，同年8月就爆出臉書AI測試失控，工程師緊急關閉電源的消息——雖然事實真相是工程師設定失當，所以溝通失效。但是這樣的狀態還是讓我們警覺，難道AI真的不會發展出自主意識嗎？

從物理主義的角度來看，如果人類一切活動都是身體化學傳導的結果，那麼電腦本身能產生合理邏輯推論其實無需意外。電玩遊戲的經驗可證實這種狀況：早年程式設計較為簡單的電動，玩家玩到某個地點時只要有充分經驗，就得以依靠本能知覺哪裡有怪獸或寶物，因為這些程式是固定的。雖然有時也會有打得不順手並對遊戲程式感到生氣的情況，認為彷彿遊戲程式故意惡搞玩家，但事實上遊戲程式本身沒有知覺，只是個程式運作過程而已。

上述經驗即為中文房間（Chinese Room）的基本原理：即便我們可利用電腦達成某種目的，我們仍然不能說他擁有清楚的自我意識。這個主張來自約翰・希爾勒（John Searle）1980年發表的論文〈心靈、大腦和程式〉（Minds, Brains, and Programs），他的目的是為了反對激烈人工智能論的支持者，因為這些支持者認為只要給予電腦合適的程式，電腦就能像人一樣擁有認知能力甚至產生理解過程。

（三）圖靈測試（Turing test）

希爾勒的測試可能會讓我們想到著名的圖靈（Alan Mathison Turing）及其測試。圖靈雖然不是第一個主張電腦可以做到某些人類規範的學者，但他的圖靈測試卻是最早被提出來進行混淆測試的內容：電腦給出資訊，看看能否騙到電腦前面的人。對於要達到多高的準確度似乎還有疑慮（之前甚至有人因為準確率達到三成，就宣稱電腦已經達成人類的能力），但現在圖靈測試對我們最大的影響卻是在登錄網站時勾選「我不是機器人」這個選項的逆向圖靈測試。

　　我們還是先回到中文房間這個論證。希爾勒中文房間論證概要為：有一個對中文一竅不通且只說英文的人被關在只有一個開口的封閉房間內，房間內有一本英文手冊，說明如果收到中文訊息後應該如何以中文回覆。現在房間外有某人A向房間內這個人傳遞中文撰寫的訊息，房間內的人便按照手冊指示找出相對應的中文字詞加以組合，並從唯一的開口遞出以便回答房間外的問題。房間內的人可以順利完成回答，卻不代表他懂得中文──因為那都是按照手冊所完成的工作而已。希爾勒的論證是一種類比：房間內的人就是電腦，手冊就是程式，房間外的那個人就是電腦工程師；房間外的人給進去的問題代表一個信號的輸入，房間內的人給出答案就是程式運作結果。希爾勒的結論是：房內那個人既然不可能透過手冊理解中文，所以電腦要產生智慧甚至如同人類的認知過程，基本上也是荒謬的。

　　中文房間論證具有濃厚圖靈測試的味道，只是做了更進一步的推導。當然，物理主義對中文房間論證可以提出特定的反駁，但這些反駁本身就具有困難。舉例來說，物理主義可以主張：人類腦細胞的放電行為就是中文房間中單一出口的輸入與答覆。但這種主張會產生兩種荒謬結果：人類所謂的認知是腦細胞的放電行為，所以人類不可能有認知；或是因為兩者具有結構上的類似，所以電腦具有和人類相同的認知結果。問題是，這兩個結論都是不可能的，所以物理主義在中文房間論證上算是吃了

一記悶虧。

你可以懷疑一件事：希爾勒是在1980年提出這個論證的，但如今是2019年，將近40年的電腦與AI技術已有長足進步，這個論證在今日還是有效的嗎？就目前看來還是有效的，因為即便我們是在科技黑箱的前提下使用手機或電腦，甚至像你現在正在FB上看著一篇網誌，所有的背景程式都是工程師以電腦語言撰寫與規範的。換言之，中文房間建構出來的結論正是哲學殭屍所說明的：雖然我們可以設想一個與我一樣的對象，但那個人終究不是我。一如你的手機、平板或筆電，雖然被調整成完全符合你的狀態，甚至你可以設定你的聊天機器人，但那個終究是程式運算結果，無法真正取代你的存在。

（四）結語：AI真的會有感情嗎？

上面談論了那麼多，我們其實一直在問一個問題：人類究竟是什麼？如果人類只是物理現象，一如物理主義所說，那麼人的存在價值究竟在哪裡？我們或許可以認為，哲學殭屍正是AI的真實樣貌——必須有足夠的物理現象作為支持，但AI未來真的就是這個樣子嗎？如果AI真的有感情，那麼下一步他會證明自己有靈魂嗎？這種問題可以與桶中大腦論證連結：其實你在十天前出了重大車禍，你的身體支離破碎，只剩大腦還算完整，故你的親人決定先僅將你的大腦留下，利用現代最進步的電腦科技，將你的大腦暫時放置在一個培養槽中，接上最新科技的電腦，以便建立你熟悉的景象。現在的問題是：你如何能夠確定你不是被養在一個生化實驗室的桶中大腦，或你所見到的世界是否只是電腦虛擬出來的？這個情節一如駭客任務中的情節一樣，即所見非真，而電影《楚門的世界》則是另外一種呈現方式。與桶中大腦論證不同的地方在於：《楚門的世界》偏向於所謂的陰謀論觀點。然而不論是陰謀論觀點或是桶中大腦論證，其最

後強調的重點皆在於：人對於外在世界沒有眞實的知識，人也沒有能力可以認識外在世界。

九、陰謀論[3]

懷疑主義就學術而言乃針對我們知識的適切性提出質疑，並主張我們無法透過各種理論所主張者獲取適切或正當知識。但除學術討論外，懷疑主義有時是以生活態度之方式落實甚至貫徹於某些人的生活，進一步影響人的生命，此時這種主張我們稱爲「陰謀論」（Conspiracy Theory）。陰謀論此處不只懷疑我們所擁有知識的適切性，更進一步質疑究竟誰才有權力解釋或陳述事實，以致陰謀論易推出如此結論：一般共識意義下的事件陳述內容可能受到扭曲或因特定因素，致使我們僅獲知其中（被修改過的）一部分。

（一）特點與興起原因

陰謀論的興起不可考，但與資訊流通工具及程度應有密切關係。資訊越流通，媒體或工具越方便，陰謀論的流傳就越廣，內容也越離奇。在陰謀論的知識結構中仍存有主客體關係，但在單純主客體關係上卻增加新的詮釋權力問題：究竟作爲主體的我們所接收到之知識／資訊是否確如其之所是？這個問題其實即爲前述懷疑主義理論的落實：我們如何確定我們

---

[3] 陰謀論的研究在當代歷史或哲學內似乎難登大雅之堂，且容易成爲被嘲諷的稗官野史對象。以電視節目爲例，東森新聞臺的《關鍵時刻》內容多有探討，但從影片留言內容可看出其所受嘲諷內容。此處所參考資料，多爲國內外網路部落格所言內容，而無可供進一步探討之內容。然近年陰謀論被放置在社會符號學脈絡下討論，追尋其成立背景與原因，或可爲此議題尋找不同討論出路。

所知道者為眞？不同的點在於陰謀論的運作還涉及對客體與傳遞資訊的質疑。懷疑主義將討論重心置於主體能力，但陰謀論將重心置於客體的惡意欺瞞與資訊已受扭曲的錯誤上。

根據巴肯（M. Barkun）的論點，陰謀論有三個基礎原則：沒有任一事件偶然產生，沒有任何事物如其所是，萬事萬物彼此關聯。[4]此三個基礎原則可被用以符合上述所言的客體惡意欺瞞與受扭曲資訊之內容。就認知主體而言，我們每日接收資訊量極大，有些是作爲基礎背景知識者，有些則成爲我們專業運作所需者。其中基礎背景知識之內容，往往建立在所有人共同認知的常識上。正因爲是「常識」，故內容有受一般人在無專業能力的情況下挑戰的可能。一個人可能無法挑戰量子力學與測不準原理的正確性（因爲就常識而言恐怕連此類專業能力的內容都一無所知），但一個人可以透過身邊親友的言談而挑戰某些我們所認定的基礎知識背景（例如某個曾經發生的事件）。然而此類陰謀論卻在知識傳遞過程中呈現固定的邏輯結構，且此類邏輯結構帶有兩項特性：

1. 封閉邏輯系統：此類陰謀論所謂知識內容呈現套套邏輯（Tautology）之運作結構，且不受外在其他資訊挑戰。就資訊內容而言或可稱爲合理，但與外在世界資訊比較後會發現其中帶有各種破綻。

2. 不帶有證成的證據：前文曾提，任何知識的成立涉及證成／證據的必要，但陰謀論常以間接證據嘗試證明某些陰謀論論點主張。此類知識不具備可被證成的可能性，其所提證據往往也不易查證，甚至犯有特定邏輯謬誤。

---

[4] Barkun, Michael (2003). *A Culture of Conspiracy: Apocalyptic Visions in Contemporary America* (Berkeley: University of California Press), P.3-4.

上述特性可在陰謀論的探討中得到證實。除了針對陰謀論進行學術研究的論點（如本處所引書），大部分陰謀論論點以在網路流傳（例如：內容農場）與論壇討論爲主。文章內容似乎描繪了驚人事實，但事實上卻是提出無法檢證之內容——這點尤爲重要，因爲網路技術與資訊發達前，此類資訊流通不易，但在社交軟體與網路技術突飛猛進後，此類無法被查證但言之鑿鑿的內容被大量傳遞。以下舉出兩個例證，說明陰謀論提供資訊與實際時間的落差。

（二）作爲範例

陰謀論雖可用在許多不同地方，且逐漸成爲我們的日常用詞，但眞正可被視爲陰謀論論點的主張卻必須能提供另一種完全不同且看上去合理的解釋方式。這些主張有些基於文化背景導致我們不一定有興趣或能理解（例如：有人宣稱披頭四合唱團的保羅・麥卡尼早已在1966年過世，現在我們看到的這個人是被偷換的替身），有的則因影響巨大而讓人提出質疑（例如：有人主張911恐怖攻擊是美國爲能出兵而自編自導的悲劇）。嚴格來說，較爲著名的範例至少有以下兩大類，一類針對我們熟悉之歷史事實提出懷疑，另一類則針對一般共識性常識／知識提出質疑。

1.第一個範例：對歷史陳述事實的懷疑

我們對重大歷史事件或內容有一定認知，但陰謀論者常認爲此類內容不具適切性且可能造假，所以他們或可能主張我們所知的知識爲假，或可能嘗試提供完全不同的解釋模組。例如，廣島原爆的陰謀論即爲透過不同解釋內容重新詮釋這個著名的戰爭悲劇。

針對廣島與長崎的原子彈轟炸，我們熟悉的內容是此事件發生在二次世界大戰末期。1945年8月6日與8月9日，美國分別在日本的廣島與長崎投下原子彈。兩次原子彈轟炸造成至少25萬人以上死亡，這也是至今

人類歷史唯一一次在戰爭中使用核武的紀錄。針對這我們熟悉的內容，在無法考證時間點的前提下，一篇名為〈原子彈陰謀〉的文章出現在網路上 —— 此篇文章無法確定作者、時間，也無法確定原文為何種語言，甚至找不到原始文章，（現在）僅能在網路上找尋轉貼內容。文中指稱原子彈是美國心理作戰的一環，透過影片剪輯技術與大量文宣讓全世界誤以為日本被原子彈轟炸而後投降，事實卻是日本早已投降，美國僅以此方式給予其臺階下。文中列舉八個論點證明原子彈並未被真正投在廣島與長崎兩地：

陰謀論論點	對論點之反駁
為何會冒險以海軍運送原子彈原料，此舉可能讓原料受到日本海軍攻擊。	二戰時期海運仍比空運安全，若以空運方式運送原料反而風險更大。
第一批原子彈只有三顆，其中一顆已在實驗中用掉，為何會將剩下兩顆用以攻擊平民為主的城市？	長崎與廣島均為二戰時期日本海軍重要基地與工廠所在，故以此二都市為攻擊目標合情合理。
研發科學家包含愛因斯坦等人均反對使用，為何美國執意攻擊？	科學家的反對與美國政府戰略的決定不具有必然關係。
紀錄片中倖存者的行走似乎經過訓練與安排，過於刻意。	核子武器攻擊後仍有生還者之可能，且當時日本民眾並不清楚此類武器究竟帶有多大危險性。
沒有倖存者能直接證明原子武器攻擊，身上雖有各式傷痕，但似乎無法成為直接證據。	確實有倖存者與美軍執行轟炸任務之飛行員可以證實，尤其於2010年過世的山口彊為第一位被日本政府所承認歷經兩次原爆仍生還的倖存者，其可為證明。
廣島與長崎人口據信都因避難而不足五萬，兩次攻擊造成三十萬人死傷如何可能？	三十萬人是包含間接因原爆而過世的罹難者，此外避難雖有可能，但無法將全城疏散至幾乎沒有人煙。
實驗室研究發現新墨西哥州試爆與廣島原爆土壤輻射量不同。	此兩論點均無法找到出處或證明，也無法提出合理的研究數據或比較資料。
有學者分析新墨西哥州、廣島和長崎的原子彈爆炸的電影影像後發現三者圖象為同一個。	

此例證中任何論點看上去均符合某項事實，但嚴格來說卻都沒有可供證明的判準，且每項論點都可受到事實之質疑。[5]

2. 第二個範例：對共識所接受概念的懷疑

　　除對歷史事實懷疑，另一種陰謀論論點以共識所接受概念為假作其論點。我們所擁有背景知識，部分為我們在缺乏專業能力情況下相信其確有證成者，例如：宗教信仰內容。我們可舉對抹大拉的馬利亞之認知作為範例，一般認為抹大拉的馬利亞是聖經福音書中行淫時被捉拿的婦女，並且以香膏膏抹耶穌，但在特定陰謀論中其被轉化為一種特定宗教符號，並被用以對抗基督宗教主流教義。此論點流傳已久，在小說與電影《達文西密碼》（*The Da Vinci Code*）推出之後重新造成影響。不論在舊有傳說或新出產作品中，抹大拉的馬利亞被視為耶穌的妻子，她懷有耶穌的骨肉，並於耶穌死於十字架上後與親信逃到了現在的法國朗格多地區，其後裔建立起法國的梅加文王朝。部分陰謀論者堅稱，天主教教會為了維護自己的正統而殺害該派人士，並盡可能湮滅相關證據。

　　這種宗教陰謀論並非空穴來風，且有該主張者所相信之理論基礎。例如，他們常以靈智主義（Gnosticism）中的馬利亞作為立論基礎。靈智主義是在一世紀就出現的基督宗教學說（雖常被視為異端），其共同特色在於認為基督教救恩外還有更進一步的祕教得救之法，即Gnostics，或可譯為更高等級知識。例如，《猶大福音》（*Gospel of Judas*）可作為這種論述例證，其對耶穌和門徒猶大間關係提出與傳統基督宗教不同觀點。長久以來基督教界視猶大為叛徒，但《猶大福音》指出猶大其實是耶穌最喜愛的門徒，他之所以出賣耶穌，是出於耶穌授意，為要完成上帝的

---

[5] 這裡可以多說一點以證明陰謀論無法被查證的問題：2018年8月21日，維基百科條目下有一條〈核武器陰謀論〉，其參考文獻標記為「D. C. Candle, Is the Nuclear Weapon not Exists 1st, Taylor & Francis: 1ff, 2008, ISBN 074840659X」。然而此書不存在，作者也不知道身分為何。此點可證明陰謀論在網路上流傳時產生的問題。

救贖計畫。但這僅是其中觀點的一部分而已,因為該福音書中還強調了諾斯底派的創世觀點。

我們需要注意的是,宗教陰謀論中將知識系統與象徵符號進行連結,並建構出一個系統,這個系統巨大牢不可破。他們在解釋系統時會大量使用象徵符號,爾後又再度透過象徵符號以解釋象徵符號。如果經由語言遊戲的觀點進入到宗教陰謀論中,那麼象徵符號本身就會成為合理的解釋。一旦與外在世界相結合時,這些解釋就出現其錯謬之所在。然而,宗教陰謀論者卻認為外在世界是虛假而騙人的。這點在抹大拉的馬利亞主張上可以看見。

主張抹大拉的馬利亞就是耶穌妻子的人通常帶有陰謀論的性格,對他們來說,提出這樣的主張似乎存在著兩種先天就已存在的困難:第一個困難來自於學術圈正統派的打壓,第二個困難來自於羅馬天主教對事實的刻意隱瞞與篡改。就第一個困難而言,如果提問:「抹大拉的馬利亞是不是耶穌的妻子?」主張者必然給予肯定的答覆,但在舉證的部分卻又不斷強調這些都遭到學術圈正統主張的非難。換句話說,他們似乎習慣堅持一種態度,即學術圈必須要在不堅持舉證正確性的情形下接受他們的主張。這種態度類似於八卦小報對於報導的內容可以胡謅而不願負起任何責任一般,近似於另一形式的宗教信仰。一旦與第二個困難相加之後,這種主張就變得更加瘋狂,因為這派主張往往堅持羅馬天主教對於相關的證據,在維護他們整體組織利益的前提下,不是進行抹殺(例如:丹・布朗在小說中主張關於聖杯的存在證據被主業會所一一除滅),就是對相關證據進行篡改(例如:凱瑟琳小說中所主張的,福音書是羅馬天主教私自篡改的產物)。這種態度近似於好萊塢電影中的大陰謀:可怕而又恐怖的羅馬天主教基於自私的立場與理由,對全人類進行一場腥風血雨的高壓精神統治。就舉證方面來說,這種主張確實帶有不負責任的態度。

（三）團體偏執的解釋

　　我們的問題在於對陰謀論成形的解釋：我們可用第一章曾提及的郎尼根所言之概念，即「團體偏執」，對此提出說明。郎尼根認爲，常識的增加能同時改變主體與客體，因此常識的累積不單使人增進知識，也使生活得以轉化。但人類不是只有思辨性的常識，郎尼根認爲人還有實用常識（Practical Common Sense）作爲生活的輔助。透過實用常識累積，人類可以轉換環境，然而不論環境或實用常識均可被稱爲「動態結構」（The Dynamic Structure）。[6] 在此動態結構下，不論人或團體能爲自己選擇當走之方向，但在此過程即便團體的實用常識也將呈現其不完備之特性。這種不完備性一方面使整體社會不斷變換，另一方面也促成分工精細的可能。這種發展過程，我們可以透過以下三方面說明爲何產生如同陰謀論般的偏執情況。

1.主體際性

　　所有人作爲社會組成的一分子，自然有其人際互動及形成之人際關係。郎尼根認爲「主體際性」（Intersubjectivity）就是社會秩序的基礎，因爲人作爲社會性動物，與他人間的互動即爲主體間的互通關係。這種關係建立起原初團體的關係，並先於任何文化之前就已被建立。我們現在雖已有蓬勃文化發展，但主體際性卻依然內化爲我們生命的一部分，不會因而消失或瓦解。在這種團體發展的過程中，主體際性基於文化產出城市／公民團體，這種團體基於上述實用常識精細分工、彼此依賴而逐漸壯大。在到達一定程度時將以善爲其主要目標，並透過秩序而形成一套善的價值體系——雖然這種價值體系可能因外患內亂瓦解，但亦可能基於多重

---

[6]　郎尼根在此提出人類社會作爲動態結構亦受「出現概率」（Emergent Probability）所限制，一方面吻合古典律的循環方略系列，另一方面吻合統計律的出現率與生存率。如此我們即可解釋整體人類社會運作的興衰歷程。

循環之方略發展。

現在問題在於：社會秩序雖可符合人性理智，但人際互動間必然存在情感層面。郎尼根認為在理智與情感層面彼此牽制之張力為維繫社會運作的基礎。我們可以以下圖表說明個人與團體間這種情感與理智的引申及根植作用：

身分	個人	團體
情感	個人的情欲好惡 主體的自發性	小團體乃基於個人喜好 大團體則基於主體際性
理智	理智的要求 要求行事合理	基於人的理性要求 建立起社會的典章法則

不論個人或團體，兩者均具有情感與理智方面之需求，這種二元性建構起個人與社會，又因互動產生複雜關係。基於這種情感與理智的互相交錯，團體產生辯證過程以因應整體社會的運作過程。而陰謀論在此意義下原屬個人情感層面之發生：由相同好惡的個人組成團體，根據所認定之理智挑戰已被建立起之團體共識，並進一步引發團體辯證。

2.團體辯證（The Dialectic of Community）

所謂辯證，指的是兩個相連而又相反的變動原理之具體展現（A Dialectic Is a Concrete Unfolding of Linked but Opposed Principles of Change），這意謂辯證是一堆特定事件的聚合，而這些事件乃基於兩個不同聯合又相反之原理在變遷中被調整的產物。在此意義下團體辯證的內容基於不同狀況引發不同階段。由於常識洞察僅針對每一個別情況進行，故需要一個別狀況進行調整。在此過程中，團體以其影響力影響每一認知主體，並形塑個人理智方向與內容。郎尼根提醒我們，這種形塑不一定是團體對個人的，有時也會透過個人魅力而影響整個時代或團體。這種

過程帶給我們重要的提醒：基於團體對個人的影響，有時人在此辯證過程中會產生偏執。這種偏執可能產生於個人對自己所認知的內容上，而形成陰謀論成形之溫床。

3.從團體偏執到普遍偏執

前面提及的團體辯證在經由第一章我們所討論過的個人偏執後，將形成以團體中風俗習慣干預理智的情況，此即為我們所提的團體偏執。團體偏執是對人類實用常識的干預與影響，且透過團體所認定之常識行事之結果。這種發展與團體專業分工有關。我們知道社會團體的行程基於不同分工產生，並形成整體社會秩序的各種模式中。原則上我們會希望團體辯證中的情感與理智彼此相連，在形成團體所需之風俗習慣後透過理智的指揮達至理想狀況，但團體的風俗習慣可能因約定成俗或墨守成規而出現頑固之狀況。每個專家或每一個人都可能認為自己的範圍是最重要的，並忽視其他的知識範圍。許多人只能顧及個別具體的常識範圍，而忽略更進一步的發展可能，進而產生普遍偏執。

當我們在此引用郎尼根的團體偏執概念說明時，我們需注意郎尼根的原本目的在提醒團體應注意理智的干預與提示，進而注意到能引至改進的洞察。但此處我們將提出此過程是為應用性的說明陰謀論如何產生。郎尼根提到，團體偏執會產生歪曲現象，並依序發生為階級的劃分、利益的不普及、引致暴亂，與最後產生得勢團體心態支配失勢團體心態。陰謀論既與知識權力有關，其特別針對前兩項，也就是認為真相被掌握在特定團體（不論政府或民間團體），以致對知識之權力分配不均。我們也可認為，提出陰謀論者認定自己得到某種具實用價值的洞察，但自己被團體偏執所干預。不論如何，其都可作為解釋陰謀論來源的可能。

參、懷疑主義眞的能實踐嗎？

在本章開始，我們曾提懷疑主義的三個基本議題：一是懷疑主體是否眞有能力認識外在世界；二是懷疑外在世界是否眞能夠被我們認識；三是懷疑主客體之間的關係。雖然如此主張具有相當說服力，但就事實而論，除學術圈的討論或（常被視爲怪人的）陰謀論者外，一般生活中不太會有眞正貫徹懷疑主義的人——我們所說的並非抱持懷疑態度，或不輕易相信的狀況，而是確實貫徹懷疑主義論點，不願相信任何事物的態度。若懷疑主義在知識上的懷疑具有確切性，爲何懷疑主義無法被貫徹？我們以下將針對上述三議題加以反駁，說明其理由。

1.針對主體能力質疑的反駁

前述懷疑主義的首要主張爲：主體沒有足夠能力認識外在世界。「沒有足夠能力」可指感官不可靠或易被欺騙（如笛卡兒的主張），也可指認知能力不足，或我們所擁有的知識不具適切性（如蒙田所主張）。如此主張爲我們的確切經驗，例如，生病或感官受損、精神受扭曲時，人對外在世界的認知確會產生偏差或認知失常。然而，一如美國學者麥爾坎（Norman Malcolm）所主張，即便感官在認識方面可能有問題，我們仍無法否定感官的作用，因爲人最根本與世界接觸的工具就是感官（能力）。雖然有時感官會不準確，或會隨外在環境與身體種種狀況而變化／改變，感官仍是我們認知／接觸世界的重要器官。

此處所言並非指我們對感官所提供感覺與料必須全盤接收，而是反過來強調若僅因感官有時會得到錯誤資訊就對其完全不信任，即爲因噎廢食的荒謬。即便懷疑主義者主張「我的感官可能欺騙我」，在此當下其仍然對感官（必須）採取一定程度信任，否則連此言也無法說出，因爲當一個人懷疑自己感官運作失當，就預設他的感官正是具備正常運作的條件，只

是在受懷疑的當下感官可能因外在條件產生偏差。

　　另外，我們在下一章將提及實在論所謂認識結構。就此結構言，人最先的認識能力產生於經驗。經驗可說是感官最直接產生的認知結果，而經驗也可能與感官相同產生認知上之錯誤。但當經驗逐步累積，我們能透過修正讓經驗內容逐步朝向正確之方向前進。一如學生可透過練習題讓自己熟練學習內容，我們也可透過經驗累積與反省使我們的感官與經驗朝向正確方向前進。換言之：主體能力確有不足，但不能成為我們不信任感官及其能力的理由。

2.針對外在世界真貌懷疑的反駁

　　懷疑主義的第二個論點懷疑外在世界是否真的能夠被我們認識：懷疑主義認為即便我們確有認知能力，我們仍無法正確認識外在世界的樣貌。這種主張或有程度上的差異，例如，可能認為我們僅能見到感官能力所獲取之表象，或認為我們僅能依據自身當下能力或狀況評估感官所掌握之感覺與料。即便如此，當懷疑主義質疑外在世界的真貌時，雖然懷疑其客觀有效性，但這種懷疑需要預設外在世界確實客觀存在——至少他們必須肯定有一個外在世界存在，此種主張才能認為萬在世界並非真實客觀或我們無法正確認識。

　　基於這樣的前提，我們可以對桶中大腦論證提出反駁。前面所言懷疑主義提出質疑，懷疑認知主體不過是個桶中大腦（「你如何確定你不是被養在生化槽內並連結於超級電腦上的一顆大腦？」），這個疑問需要預設兩個前提：其一是有一認知主體（你）存在，另一則是確實存在有生化槽、超級電腦與這些連結線路。這兩個前提都預設有一我們所熟知的真實世界存在，換言之這個論證的基礎仍需建立在我們所能或已經被我們認知的物件。唯有在這些都為真時，懷疑者始能提問並質疑認知主體對外在世界的認識。這意謂懷疑主義的論點始終必須面對以下問題：如果懷疑主義

為眞，那麼他們的主張就必須承認人確實能夠認識到外在世界，或至少必須承認外在世界的眞實性——雖然我們注意到，在他們的論點中此類眞實性僅占論證整體的部分。然而從這個角度來說，懷疑主義已無法貫徹自己的立場與主張，因為在他們提出質疑前，他們需將有需要的論點建立於眞實世界存在這樣的前提上。

3.針對主客關聯關係質疑的反駁

　　懷疑主義的第三個論點是懷疑主客體之間的關係。知識論不論何種派別原則上仍認爲在主客體間存在固定關聯，即便如我們將在第四章所提之費希特（Johann Gottlieb Fichte）主觀觀念論中所設定的主體對客體之設立，仍是爲解釋主客體間關係。所以像高爾吉亞所提三項命題無一不能用以摧毀主客之間的關係，特別第二與第三命題一否認對客體認知的可能，另一則否認對客體言說的可能。然而，如同我們在下一章將提及之認知結構實在論的認識過程中從不保證理智及感官的絕對無誤，認識過程甚至可能因個人偏執或團體偏執產生認知上的錯誤。但當我們說認知上有錯時，仍預設著「主體——客體」這樣的基本結構。爲此，懷疑主義的主張可受質疑，因爲在「認知主體沒有足夠認知能力」與「人沒有能力」之間不能劃上等號。在我們認知到有外在世界的建立時，主客體間的關係就已建立。

　　上述三命題可指懷疑主義所犯邏輯上以偏概全謬誤：我們的感官／經驗確實曾造成欺騙之結果，但這不代表我們的感官／經驗全部都不可靠。嚴格來說，沒有人可確實在生活中貫徹懷疑主義，也不可能依據懷疑主義生活——因爲日常生活的所有事物均依據我們對知識／常識所具備的確切性。我們無法隨時隨地懷疑自己是否還在夢中，也不會認爲我已經知道或確定之知識及資訊全部都是錯的——這並非指我們在獲取知識後不會

有任何修改的可能，因爲我們的認知結構具有容納錯誤的能力，此能力讓我們能透過反省發現所獲資訊可能的錯誤，而後針對錯誤進行修正。但最根本來說（一如奧古斯丁所言），懷疑主義至少得相信他正在懷疑以及語言表達的確定性。從這點來說，懷疑主義仍然不可能被貫徹或實踐。

適當的懷疑其實是哲學實踐的正確態度，爲此鄔昆如教授在他的《哲學概論》中指出，懷疑主義可以具有下列（知識論上的）意義：

①可幫助人超越日常生活不求甚解的習慣
②養成不輕易相信的習慣
③雖能不輕易相信，但太過鑽牛角尖
④太重視思想法則而忽略感官的部分眞理
⑤科學主義的偶像

本章小結

1. 懷疑主義所探學說理論爲不相信人類有足夠能力認識外在世界之態度，他們同時也不相信外在世界能爲我們所把握，或在知識論的主客關聯上能建立正確連結。

2. 我們從哲學史的角度來看，懷疑具有四種最主要的用途：

(1) 懷疑作爲一種工具：在希臘辯士學派那裡，懷疑被用來作爲打官司的工具；但在笛卡兒那裡，懷疑是求取清晰明判眞理的工具。

(2) 懷疑作爲一種心靈平靜的方法：在懷疑學派那裡，爲避免心靈受到過大的刺激或因判斷產生失望而擾動心靈，不做判斷／凡是懷疑，只相信感官當下感受被用以作爲求取心靈平靜的方法。

(3) 懷疑作爲眞正的質疑：在蓋提爾難題那裡，爲正確釐清JTB理論之

界線，懷疑被拿來作爲眞正的質疑，並造成極大的困難；在陰謀論那裡，懷疑變成一種確實的生活態度，不相信那些被大眾接受的說法與內容。

(4) 懷疑作爲哲學理論引發的結果：不論在奧坎或休謨那裡，他們的哲學本不意欲建構懷疑主義，卻因爲其哲學理論之內容造成懷疑論的結果。

3. 面對懷疑主義三項基本質疑，我們或許能如此反駁：感官確爲我們認識外在世界之工具，懷疑主義者也必須先承認有一眞實外在世界始能質疑我們的認知，且當我們認知有外在世界時主客關係已經被建立。雖然如此，懷疑主義並非完全沒有貢獻，其在挑戰我們對知識之普遍有效性的論點上，提醒我們不應陷入對認知的獨斷。

第三章　實在論

作爲知識論立場之一，實在論[1]與懷疑主義同樣爲我們熟悉。簡單來說，知識論的實在論立場主張世界一如我們所認知那般。就我們於第一章所提的三個知識論基本問題來說，實在論確信：認知主體具備恰當能力認識外在世界，外在世界一如其所是能被我們認識，主客關聯間則依不同哲學家的主張產生不同的理論推導。例如，第一章所提之英國哲學家洛克（John Locke）因爲相信世界之實在模樣與我們所知覺者間完全無異，故有時被賦予貶抑意義下的「素樸實在論」（Naive Realism）。英國哲學家里德（Thomas Reed）所主張的實在論被稱爲「常識實在論」（Common-sense Realism），因他嘗試爲普通人對世界實在之認知提出恰當辯護；此理論並與自然科學結合形成自然實在論，並認爲外在世界確爲其之顯現。我們在此章將討論另外一種實在論主張：從亞里斯多德（Aristotle）以來，經士林哲學與多瑪斯・阿奎納（Thomas Aquinas），至當代士林哲學的哲學家郎尼根（Bernard Lonergan）所提出實在論理論。

此處的討論脈絡和觀念之所在有關。在多瑪斯正式提出緩和的實在論前，中世紀對觀念——即「共相」——之所在有兩種主張：一種認爲所有觀念／共相這類集合名詞不具實際存在，僅是我們所賦予語詞或聲音者，稱爲唯名論（Nominalism）；另一種主張認爲此類觀念／共相存在於我們心智以外的某處者，則稱爲唯實論或實在論。當我們討論亞里斯多德以來實在論的立場時，我們須注意實在論這一名詞同時涉及知識論與形上學各個領域，且哲學家們重點多在我們心智如何接受外在世界且在理智內形成觀念的過程。

---

[1] 關於知識論實在論的主張，可進一步參考中文資料爲：袁庭棟，《哲學心理學》，臺北：輔大出版社，2006年；王臣瑞，《知識論：心靈與存有》，臺北：臺灣學生書局，2000年；曾仰如，《十大哲學問題探微》，臺北：輔大出版社，1991年。

壹、亞里斯多德[2]

對亞里斯多德來說，其對世界的認識大致可歸納爲：世界是真的，透過心智運作我們能正確理解世界的樣貌。亞里斯多德對世界的認知簡單來說與其對靈魂的研究有關。我們可以總結亞里斯多德對知識論的理解爲：

1. 所有知識起源於感官經驗；
2. 人透過抽象作用把握事物觀念，但觀念並不獨立自存於事物與心靈以外；
3. 理智產出結果涉及之後認知主體於生活中的踐行。

但在開始說明之前我們必須理解，亞里斯多德對認知的討論涉及其心理學之探究。此處心理學非當代意義下之自然科學理論，而應說是經由對世界理解所產生的存有等級狀態。亞里斯多德認爲一切生物均有魂（Soul / Anima），且不同生物基於不同之魂而有不同表現。此處所謂的生物均有魂與其形質論有關，因爲魂被亞里斯多德認爲是生物的形式因，亦爲生物變動的原則與動力。所以植物有生魂，其表現爲成長；動物有覺魂，除成長外還有感覺、運動及想像或記憶之能力。人類有靈魂，靈魂特質爲理性，具體表現爲思考與推理。當我們探討靈魂功能時，我們如同在探討人如何對外在世界產生認知的過程。

---

[2] 關於亞里斯多德的中文進階閱讀，可參考：曾仰如，《亞里斯多德》，臺北：東大圖書，1989年；Barnes, Jonathan著，李日章譯，《亞里斯多德》，臺北：聯經出版事業公司，1983年；David, Furley主編，馮俊等譯，《勞特利奇哲學史》第二卷，北京：中國人大，2004年。關於其知識論與心理學之研究可參考：關永中，《知識論》卷一，臺北：五南出版社，2000年。其著作可見Aristotle, ed. by ; Jonatnan Barnes, *Complete works of Aristotle* (Priceton: Priceton University Press, 1984).

一、所有知識起源於感官經驗

亞里斯多德在知識起源的探討上與他的老師柏拉圖（Plato）不同──他認爲知識起源必然來自感官經驗。若沒有感官經驗，人不可能認識外在世界，也就不可能擁有理解作用。講得略誇張一點，感官得來的知識最直接、最明瞭，也因此最可靠。而在各種直接感覺到的官能中，以視覺最可靠，眼睛看見的就是最眞實的。所有的精神作用，也就是說，所有的概念都建築在感官作用上──如果沒有感官，精神就沒有依據。甚至我們的理性，也是由感官經驗而成長的。

（一）知識起源於經驗的意義

亞里斯多德不認爲人類具有如其師柏拉圖所言之理型觀念。我們在前面提過柏拉圖認爲人皆有理型概念，此理型概念可被視爲先天觀念的一種。我們可以從亞里斯多德反對理型論見其端倪。雖就柏拉圖之主張，人對事物之理解來自對理型界之回憶，爾後證成知識的有效，但此論點無法證明理型具有獨立超越個別事物之存在，遑論我們如何透過理型認識個別事物。此外，我們在現實認識對象乃個別之物，而非理型之共相，故有可能在理型之物與個別之物間產生惡性後退的無限第三者。就此而言，柏拉圖透過理型建立認識論並非明智之擧。

爲此，亞里斯多德認爲，人的心靈如同一塊白板（*Tabula rasa*），不具先天觀念也無從透過回憶認識理型。人對外在世界的一切認識均起源於感官知覺對外在世界產生經驗，爾後理智才能透過感官知覺所得感覺與料（Sense Data）抽象而得事物觀念。所謂經驗，在此指人因爲感官接觸外界而產生之感應。既然人的感官爲接觸外在世界的工具或媒介，所以若人作爲工具之感官受損，對世界的理解也必然受到影響。

（二）感官能力

亞里斯多德所說的感官不只是我們熟悉的五官而已，而是進一步將感官區分爲內與外兩個層次——雖說是亞里斯多德區分爲兩個層次，但我們應當注意他本人並未嚴格劃分，不過是在行文中區分了統合力與想像力的不同。

1.外感官

外感官爲我們所熟悉的五種感官：掌管視覺之眼睛、掌管聽覺之耳朵、掌管嗅覺之鼻子、掌管味覺之舌頭、掌管觸覺之身體。這五感有其意向性（Intentionality），意向性在亞里斯多德這裡指的是每種感官朝向其對象或適合方式。這種意向性在亞里斯多德的用字內可被視爲「指向性」，例如：生物指向於吸取養分，靈魂渴望認知客體事物一般。除意向外，亞里斯多德認爲我們的感官彼此相通，正因爲這種彼此相通，致使各感官能在相通中形成整體功能與運作，並使這些官能共同隸屬一個認知主體所有。更重要的，其突顯亞里斯多德實在論中，認知主體至認知客體間的一致性。

2.內感官

所謂亞里斯多德的內感官可區分爲兩個主要類別：統合力（Sensus communis）、想像力（Imagnition）。

(1)統合力：或稱共感，可說是五種外感官的共同性，其能夠知覺共同屬性，尤其可能有對象同時符合五種感官之意向時，我們即可說是由統合力對之加以把握。透過統合力，我們可以知覺「我們正在知覺」之事實。統合力另外也可幫助我們分辨同時發生之兩個不同感官的對象。然而統合力一如我們的感官般需要休息，故在人類睡眠時統合也不再運作。

(2)想像力：想像力並非中文語詞之意思，而是人內感官將以獲取感

覺與料重新呈現之功能，是感官作用的副產品，也是心智將所知事物轉換面貌與被理解性質的功能。其能幫助我們對認知對象產生初步理解，且能透過記憶功能回想起當下並非直接出現在我們面前的對象。亞里斯多德區分了記憶與回憶的不同：前者指繼續記起某物不使之遺忘，後者爲把從意識中消失的某物重新記起來。嚴格來說，想像力之功能並非知覺，亦非我們接下去所言之理解後的結果，而是介於兩者中間的產物。

二、人透過抽象作用把握事物觀念

人透過感官獲取對外在世界的感覺與料後開始進行理解與判斷工作。此觸感官所獲得之感覺與料被亞里斯多德稱爲「圖象」（*Phantasmata*），因爲人在經驗中知覺事物時，透過感官作用與想像力將事物轉化爲圖象。亞里斯多德更斷言，若無圖象，則人在達致理解以前無法思考。圖象能給予我們對事物理解的思考，只要在適當條件下，其即可提供線索以利思考。

圖象進入到理智後，人透過理智的運作對事物本質加以把握。按關永中說明，當人的理智把握一對象時，是把握一個事物的整體、統一與不可分割等特性。其中「不可分割」預設了人的抽象作用，因爲不可分割意謂一事物在數量、性質與體積上均爲不可分割者。

（一）抽象作用

抽象作用意謂我們的心智將個別事物不同的殊相去除，以獲取可被普遍於所有相同對象共相的過程。我們認識事物是按個別對象加以認識，但個別事物間有明顯差異。抽象作用就是透過突顯一事物本質之方式，讓

我們忽略不看個別事物具體的差異所在。例如，每個人高矮胖瘦不同，但
透過抽象作用我們可忽略外在的差異項，進而把握人作爲亞里斯多德所謂
「有理性的動物」之義。爲此，抽象作用著重於把握事物普遍而不變動之
本質核心，以利我們明瞭。經由抽象作用所得之本質即爲「觀念」，此觀
念僅有形式上的存在，不具有實體存在。觀念是以形式存在之方式存在於
人的心中，故其不存在於外在實際世界，也不獨立於個人心靈以外——此
點將爲日後中世紀的共相之爭埋下伏筆。

　　抽象作用可以範疇作爲代表之一。範疇論是亞里斯多德在邏輯領域
（即對命題與推理、三段論證的研究）提出之概念，但範疇將世界萬事萬
物分類爲10種範疇，以利我們對世界的認識卻是抽象作用的極致發揮。
範疇一詞，在希臘文原意是指稱或謂詞之意。所謂指稱或謂詞就是我們思
考存在事物的方法。亞里斯多德區分10種範疇如下：[3]

詞性	範疇	實例
主詞	實體（Substance）	人、動物（狗）、植物（花）
謂詞	分量（Quantity）	168公分
	性質（Quality）	高、黑、軟
	關係（Relation）	三倍
	場所（Place）	在學校
	時間（Date）	今天、明天
	位置（Position）	坐、站
	狀態（State）	穿了牛仔褲
	動作（Action）	吃、睡
	被動（Passivity）	被吃、被推動

---

[3] 亞里斯多德在《範疇論》中提到的是10種範疇，但在《分析後論》只保留8種。

範疇中最高位爲實體（*Ousia*），亞里斯多德認爲實體絕不可成爲謂詞，其他九個謂詞均可作爲對主詞描述之方式。

　　範疇論有兩點值得我們注意：

　　1. 亞里斯多德的範疇論可說是日後語言哲學的基礎，而其邏輯學所探討三段論證亦爲西方邏輯學的濫觴。我們可進一步將主詞與謂詞之關係濃縮爲「S＋P」的基本句型，此基本句型可謂對世界萬事萬物描述之最基礎狀態，因亞里斯多德認爲任一事物均可以此句型加以把握。

　　2. 範疇論雖與思想有關，但亞里斯多德認爲10大範疇並非僅只是思維模式，更是整個世界實際存在的結構模式。亞里斯多德認爲範疇論足以說明萬事萬物的存在樣態，範疇可謂將萬事萬物之殊向去除後所留下世界的最終本質與結構。謂此，範疇論可被稱爲抽象作用的極致表現之一。

（二）理智的作用

　　人的靈魂同時具有生魂、覺魂與靈魂三個部分。生魂與覺魂即爲上文所提之作用，而靈魂部分亞里斯多德特別強調理智與意志兩部分：前部分爲此處探討焦點，又名「思辨理智」（Theoretical Reason）；後者又名「實踐理智」（Practical Reason）我們將在下文說明。

　　亞里斯多德認爲理智有兩個面向，一爲主動理智，另一爲被動理智——雖然嚴格來說，這兩個對理智的稱呼來自士林哲學，而非亞里斯多德所用。兩者並非兩個不同理智，而是同一實體的一體兩面。理智運作時我們能夠產生觀念，對事物產生正確認識／理解。

　　1. 主動理智：主動理智從想像力提供之圖象抽取形式。根據亞里斯多德《論靈魂》所言，（主動）理智是能成爲一切者，也就是能將所有潛

能上可理解的對象變成被理解的實現。其將收到之內容抽象成事物的普遍形式後傳遞給被動理智。

2. 被動理智：被動理智被稱爲「能成爲一切的理智」。在理智的功能中，被動理智不能自己產出對認識對象的結果，而是被動地接受主動理智抽象所得結果後，產出普遍知識。

我們可以用下圖表說明這兩者間的比較：

人僅具有一個理智，其功能區分爲主動理智與被動理智	
主動理智	被動理智
接收想像而來的圖象 並進行抽象作用獲得形式（本質）	接受主動理智傳遞的形式形成知識 就此意義來說被動理智爲心靈白板
亞里斯多德以永恆不死稱呼之 因其不受外在變化	因爲與身體無法分離 故將隨身體之死而滅亡

表格下欄所提性質，在亞里斯多德原典並未清楚說明。這些沒有清楚說明的內容，爾後引發哲學史上一段長時間關於主動理智的爭論。

通過理智運作，我們可以把握事物的本質並形成觀念。此觀念能透過語句陳述加以表達。表達出來的語句或觀念均可能與外在相符或不符：前者爲眞而後者爲假，這即爲判斷之作用。判斷作用涉及兩面向，一個與本書第一章提及的符應說有關，另一則是與實際生活相關的實踐理性有關。

三、理智產出結果涉及之後認知主體於生活中的踐行

　　雖然上述提到理智功能包括實踐理智，但嚴格來說實踐理智的功能偏向於意志之作用。如果說思辨理智的目的在求眞，那麼實踐理智的作用在求善。因爲亞里斯多德認爲，人類行爲目的均爲求善，他更規定善爲萬物所追求者。就此而言，實踐理智是將理智應用在實踐上的結果，即人在權衡思考後對某欲求對象採取行動。實踐理智與其他動物的實踐不盡相同，因爲一般動物所欲求者僅爲能讓其存活下去罷了，但作爲有理性之動物的人，實踐理智卻爲其尋求特殊欲求：不但經由理智牽引道德抉擇，更讓人理智朝向一終極之善前進。這終極之善才能讓人眞正圓滿，而僅有人類才能體會與嘗試把握。

　　這種論述涉及亞里斯多德的倫理學內容。對亞里斯多德來說，人類幸福與其作爲理性動物有關。人生至善在理性前提下，不是追求感官娛樂或富有生活，而是實踐理性並符合理性的活動 —— 這不是說感官的感受不重要，而是應該符合德行／中庸的使用。我們在此不討論更深入的亞里斯多德倫理學，僅是指出符合德行的行爲中蘊含人對（永恆）眞理的渴求。亞里斯多德認爲人最大的幸福在理智默觀的活動，這是一種哲學活動，因其自身不爲別的目的，而是本身即爲善。由於人類理智發揮極限爲形上學，而形上學的終極研究對象是神，所以人類最高幸福生活在默觀神及其本質。這種目的論式的論述，爾後被多瑪斯援引並使用後，爲多瑪斯神祕經驗知識論提供論述基礎。

四、兩個關於亞里斯多德知識論的補充

前面概述亞里斯多德知識論系統後，我們可以概略總結如下：

感官	人的外感官接受外在世界對象後，內感官輔助運作
	↓ 將圖象傳遞給理智
理智	主動層面抽象這些圖象得出本質，被動層面形成概念
	↓ 與外在世界配合
判斷	與外在世界相符爲眞，否則爲假，並選擇至善生活作爲實踐目標

在進入以下討論議題前，此處提出對亞里斯多德知識論的兩個補充，以作爲對後世發展的銜接。

（一）第一原理問題

亞里斯多德在《形上學》提到認識的高低秩序。他認爲有一種人會基於求知與好奇之天性而研究第一原理，及抽象後的最根本學問。按照亞里斯多德所言，所有人通過感官經驗建立起不同的專門技術與學問，但唯有形上學研究存在／存有作爲對象。形上學中又言及人類思想的根本規則，即所謂「第一原理」。亞里斯多德認爲，第一原理在理性認識上是直觀的，無須論證。亞里斯多德所謂的第一原理有三，分別是：

1. 不矛盾律：某物X在同一時空不會又是X又不是X；
2. 同一律：X就是X，即某物就是某物自身，不會是別的；
3. 排中律：某物只能是X或不是X，不會有第三種可能。

其中不矛盾律爲最根本的第一原理。我們需注意「直觀」在亞里斯多德知識論中的意義，因其仍強調人未有先天觀念，第一原理乃直觀所得。

（二）亞里斯多德遺留的難題

　　上文所提亞里斯多德在說明主動理智功能及特性時曾使用「不生不滅」與「不朽」等詞來形容，但接下去他並未多做說明便將焦點轉向被動理智（*De anima*, 430a23-25）。亞里斯多德爲什麼把不生不滅或不朽的形容詞放在主動理智上？因爲這兩個詞彙在古希臘哲學背景下等同對神明屬性的描述。就《論靈魂》卷三第5章通篇來看，理智可被區分爲兩個層次：首先是世俗思維需要圖象的輔助，圖象運作需藉由身體工作，所以理智需要依賴身體，若身體死亡，此功能也隨之消失；第二個層次則認爲較高思維無需借助身體即可進行，因爲此運作屬抽象或純粹思維領域。亞里斯多德似乎暗示後者屬主動理智的運作，因其推動被動理智且無需身體的幫助而可獨立自存。爲解決此源於亞里斯多德未言明之難題，後繼哲學家們以兩種可能來解釋亞里斯多德的主張。第一種主張認爲主動理智類似某種內在人類的神聖操縱者，是一種不朽實體，無需依靠身體亦能獨立自存；第二種主張認爲主動理智是神的一部分，經由另一更高實體推動，故離開身體後仍能獨立自存。我們接下去討論這個問題。

貳、中場插曲：主動理智發展史[4]

如前所言，學者們普遍傾向認爲中世紀所發生的主動理智（*Intellectus agentus*）問題，原因就來自亞里斯多德關於主動理智運作的說明含糊不清，此外亞里斯多德也對理智功能解釋不清。基於這樣的觀點，這裡的討論將視亞里斯多德遺留難題爲一起點，進一步說明哲學史的發展。汪史坦博根（F. Van Steenberghen）認爲，亞里斯多德難題解決方式主要有兩種：第一種方式是透過亞里斯多德的形上學來解決，最終將導致理智統一論（Monopsychism）—— 即認爲有一些人主張所有人共同擁有一個不朽靈魂，進一步說則是所有人共同擁有一個理智—— 的出現，伊斯蘭哲學家亞維洛埃斯（Averroës）與布拉班的西格（Siger de Brabant）做法即屬此。第二種方法是通過亞里斯多德心理學處理此一問題，並通過對亞氏形上學創造因的說明反駁理智統一論，多瑪斯所用方式屬之。

對現代讀者而言，這段歷史貌似與知識論無關，然而其所處理即爲中世紀哲學家解釋普遍觀念如何產生之過程。中世紀哲學在討論普遍觀念之形成時與其對人之構成有關，特別與理智具有如何能力有關。即便同樣肯定人具有靈魂，且其表現即爲理智，但因涉及宗教內之教義，故讀者通常覺得難以理解或不切實際。然若根據此處分類方式，我們可將哲學史上的解決過程區分爲三個階段：伊斯蘭哲學家以前、伊斯蘭哲學家，以及巴黎大學階段。

---

[4] 本段落曾以論文〈中世紀理智發展簡史 —— 從亞里斯多德到13世紀巴黎大學〉於2007年5月元培科技大學第七屆通識教育學術研討論會中發表。這段關於認識論與哲學人學的哲學發展中文方面資料較少，袁廷棟的《哲學心理學》中有提到較多詳細內容。以下列舉相關英文資料：F. Van Steenberghen, Thomas Aquinas and Radical Aristotliamism (Washington, D.C.: The Catholic University of America Press, 1980): Ahmed Fouad El-Ehwany, Al-Kindi, in M. M. Sharif, ed., A History of Muslim Philosophy, Vol. I (Pakistan: Royal Book Company, 1963)；另外，*The Cambridge History of Later Medieval Philosophy: From the Rediscovery of Aristotle to yje Distintegration of Scholasticism 1100-1600*（Cambridge: Cambridge University Press, 1982）一書也有豐富資料可供參考。

一、伊斯蘭哲學以前

亞里斯多德主動理智難題的解決，希臘羅馬時期已有哲學家加以嘗試。以下列舉代表人物三位作為說明：

（一）亞菲迪撒的亞歷山大（Alexander of Aphrodisias, 約200 A.D.）

亞菲迪撒的亞歷山大在3世紀初已嘗試替主動理智難題提出解答，他認為亞里斯多德的主動理智就是神，也就是神內在人心靈中，以光照明人心，使人產生理解，一如陽光照耀般地使人理解外物。另外他把亞里斯多德的理智功能從兩個區分為三個，分別是質料理智（*Intellectus mate-rialis*）、習慣理智（*Intellectus in habitus*）以及主動理智（*Intellectus agens*）。其中第三種與神聖理智（*Intellectus divinus*）連結以使個別靈魂產生對事物的知識，即前述主動理智就是神的論點。原則上當亞歷山大在論述理智時，基本路徑就是跟隨著亞里斯多德之思路進行分析，並明顯地對於亞里斯多德進行改造。包括認為亞里斯多德的被動理智是質料理智，而經由感覺產生認識的物質理智就是習慣理智。亞歷山大的重要性在於他開啟解決亞里斯多德難題的方便之門，他對理智的理解也蘊含柏拉圖兩層世界的結構：主動理智來自神聖界，其他理智功能在人的原本結構中已經存在。為此，主動理智作用與光照說內容相近；這或許與其時代背景有關，因為3世紀時以光照說為主要學說之一的亞歷山大里亞學派正開始發光發熱。亞菲迪撒的亞歷山大之論點可能與此歷史背景有關。

（二）提米西烏斯（Themistius, 317-390 A.D.）

提米西烏斯大約為4世紀的哲學家，他對《論靈魂》的註釋（即《論亞里斯多德之論靈魂》，*On Aristotle's On the Soul*）在西方哲學發展歷

程中不斷被翻譯與引用。這與他寫作方式有關：在註釋中他常將前人意見穿插文脈作爲參考。在亞里斯多德所提主動理智該處，提米西烏斯在註釋中提出四種不同理智：除亞里斯多德所提主動理智與被動理智之外，他另外加上生產的理智（Productive Intellect）與普遍的理智（Common Intellect）。提米西烏斯認爲，外加的主動理智目的在使被動理智趨於完美（參該書98.12, 430a10-14）。由於被動理智自身無法產生對事物之認知，因此需要一額外的理智使之產生結果。按亞里斯多德本義，促使被動理智產生認知者爲主動理智，但提米西烏斯以生產的理智來代替主動理智，用以強調主動理智能幫助被動理智認識萬物（98, 35, 430a12-13, 14-15, 18-19）。嚴格來說，提米西烏斯所謂生產理智其實就是主動理智，例如，他說明生產理智特性爲不生不滅與獨立自存，此即爲亞里斯多德對主動理智的描述。另外他認爲生產理智爲第一神（The First God），並指出這種推論乃根據亞里斯多德形上學推論所得合理結果，且因其爲第一神，故衆人應共用（分受）一個共同生產理智。另一個證據來自多瑪斯・阿奎納的解釋：他在《論理智之統一》（*On the Unity of Intellects*）中引用提米西烏斯的話且修正其用詞，將文中的生產理智改爲主動理智，並認爲提米西烏斯注釋即爲亞里斯多德原意。

雖然提米西烏斯關於主動理智／生產理智的說法是根據亞里斯多德的說法，但推論至被動理智時卻產出與亞里斯多德不同的內容。提米西烏斯認爲普遍理智亦符合亞里斯多德所謂那會壞且不能獨立自存的理智能力，因爲即便是被動理智也相同不會朽壞與獨立自存。爲此，被動理智雖擁有與主動理智相近的特徵，卻比主動理智更爲完美（105, 13）。靈魂能在主動理智作爲推動者，且推動作爲被推動者的被動理智時能產生對事物的認識（98, 24）。

（三）菲羅波努斯（Philoponus, 490-570 A.D.）

　　第三個例子是菲羅波努斯。姑且不論菲羅波努斯年代與考據上的爭議，他在處理亞里斯多德主動理智爭議時首先進行全段落的說明，其次特別針對有爭議的字詞加以解釋。菲羅波努斯在《論亞氏之「論靈魂」3章1-8節》（*On Aristotle's "On the Soul" 3.1-8*）首先指出主動理智有十個特性，包括了不朽、獨立自存兩點。（除此之外，還有形構萬物、藉自身行動、永處思考狀態、心理性的、具有光照的能力、與被動理智的差別在於時間上而非實體上的、不復記憶、與圖象共同記憶。這裡可以看見他受到柏拉圖與新柏拉圖主義的影響，參其著作534, 19-535, 4。）為證明所言不假，他依序指出與他同期或時代稍早的哲學家們如何理解亞里斯多德，包括指出亞歷山大把主動理智視爲從外在來的、屬於天階體系的存有對象；柏羅丁視主動理智爲天階體系中的某一個存在者；馬利努斯（Marinus）將人的理智區分爲主動者與被動者並視主動理智爲主動的部分。但他認爲這些哲學家在討論時都誤解重點所在，所以無法正確說明亞氏主動理智難題。他認爲唯有他與所追隨的普羅塔奇（Plotarch）的看法正確，即只有一個理智且主動理智就是人的理智。透過對哲學史的考察，菲羅波努斯主張被動理智形成（所認識）萬物，而主動理智形構萬物。

　　至於面對亞里斯多德主動理智難題的部分，菲羅波努斯所引亞氏原文爲：「這個理智是獨立自存、不混雜的且不受影響，藉由其實體活動而爲。」文中四點，包括「獨立自存、不混雜、不受影響、藉由實體活動而爲」等爲菲羅波努斯所強調的主動理智四個特點。他特別指出「實體」被稱爲實體是因其具有超越性，此非理智（intellect）所具沒有能力的實體，因爲這是由外在理智（Intellect）所提供的，而非由我們所給予的，故其擁有能力（540, 11-14）。菲羅波努斯在此略顯矛盾，因他在批判柏羅丁時曾認爲其將主動理智置於靈魂以外爲不智處理方式（參菲羅波努斯

注釋編碼535.8-14與536.30-537.2處），但解釋實體時卻以類似方式說明以處理亞里斯多德主動理智的難題。我們需注意，他在注釋編碼541.5-17（對應於亞氏原文430a23處）以Immortal說明主動理智性質時，一方面認為此可說明主動理智對應於人類身體的作用，另一方面又強調此為柏拉圖強調靈魂與生魂、覺魂不同之處。我們可看出他嘗試證明亞里斯多德與柏拉圖思想間於此處彼此相通的努力。

（四）兩種嘗試調和的主張

我們可以注意到，這個時期有兩個重點逐步成形：一個是理智統一論，另一則是諸聖相通論。所謂理智統一論，強調眾人共同擁有一個（主動）理智，其乃是分受自外在世界的某一具神性受造物對象（可能是天使，也可能是神本體神性的流溢）。這種觀點來自新柏拉圖主義論點，如同透過新柏拉圖主義的理論解釋亞里斯多德，這導致這些注釋者立場傾向於認定柏拉圖與亞里斯多德的學說並無矛盾之處，即便有矛盾之處也僅是用詞遣字上的差異而已。我們在前面看到，他們在注釋中常努力將柏拉圖與亞里斯多德的觀念拉在一起——雖然有時兩者的觀念天差地遠。這個做法除了可以在菲羅波努斯身上看見外，也對後世的伊斯蘭哲學家產生重大影響。為能達成讓柏拉圖與亞里斯多德理論的會通，注釋者們有時也會提出對亞里斯多德理論的補充。這種做法可見於注釋家們會在行文中或改變主動理智的名稱以突顯某個他欲強調的重點，或在亞里斯多德沒有寫到的部分加上某個額外增加在亞里斯多德著作中的理智（名稱），當然注釋者還是會引用某處亞里斯多德的原典來證明這個說法確實來自亞里斯多德本人主張。

我們稍後將看到，這兩種解釋方式對伊斯蘭哲學有重大影響。亞歷山大與提米西烏斯將理智功能的重新劃分，以及將主動理智等同於神的做

法，影響到伊斯蘭哲學家們將理智的功能劃分為四種，並且視主動理智為衆人所共有的靈智實體。而菲羅波努斯等人詮釋的方式，也將影響到甚至重現於伊斯蘭哲學家們注釋亞里斯多德原文時所採用的方式。

二、伊斯蘭哲學[5]

伊斯蘭哲學以前對亞里斯多德的注釋，影響到伊斯蘭哲學家們對亞里斯多德主動理智的處理。從六至七世紀興起的伊斯蘭信仰，在經歷成長與擴張後，面臨了與早期基督宗教擴張時類似的情況：需要透過有系統且具合理性的理論說明教義中部分細節。最早在8世紀時，住在西班牙一帶的伊斯蘭信徒已開始把柏拉圖與亞里斯多德的學說引入伊斯蘭信仰以解釋教義發展或提供合理解釋。這些嘗試以柏拉圖或亞里斯多德解釋教義的伊斯蘭哲學家被稱為Arabic，他們與傳統伊斯蘭神學家們立場不盡相同：傳統的伊斯蘭哲學家將其立論基礎奠基於可蘭經的傳統之上，但這些被稱為Arabic的伊斯蘭哲學家則是將其立論基礎奠基於傳統的希臘哲學體系中。他們在哲學人學的理解及說明上大量採用亞里斯多德的成果，並接受在他們以前對於亞里斯多德的注釋方式。但也因為他們採用亞里斯多德的成果，以至於他們必須面對亞里斯多德主動理智難題並對此議題提出他們的解釋。

---

[5] 此部分可參考Deborah L. Black, 'Psychology: Soul and Intellect', in *The Cambridge History of Later Medieval Philosophy: From the Rediscovery of Aristotle to yje Distintegration of Scholasticism 1100-1600*（Cambridge: Cambridge University Press, 1982）; F. Copleston, *A History of Medieval Philosophy*, p.107; Ahmed Fouad El-Ehwany, Al-Kindi, in M. M. Sharif, ed., *A History of Muslim Philosophy*, Vol. I, p.421. 阿爾法拉比，《兩聖相契論──神聖者柏拉圖與亞里斯多德意見的一致性》，第40節；另參Thomas Aquinas, *De unitate intellectus*。

（一）**阿爾金底**（Al-Kindi, 796-873 A.D.）

阿爾金底被認爲是第一位穆斯林哲學家。在處理主動理智難題的做法上，他的理論參入他對亞歷山大的理解。我們前面已經看見，亞歷山大將理智區分爲三類。在此，阿爾金底的理智理論雖然跟隨亞里斯多德，但卻做出對後人影響重大的區分：雖然主動理智的存在無庸置疑，但其存在卻自外在、獨立自存且構作個人心智的存在。在此基礎上他將亞歷山大的習慣理智（*Intellectus in habitus*）再區分出二種功能，一種是擁有知識但並未實踐，另一則是對知識的實踐。因而，阿爾金底區分出四種不同的理智：1.永遠處於活動狀態的理智，2.以潛能狀態處於靈魂中的理智，3.在靈魂中從潛能狀態傳遞至實踐狀態的理智，以及4.被稱之爲第二理智者。此處第二所指爲*Intellectus in habitus*擁有知識的功能。

這種做法具有組合的意味，因爲他向柏羅丁借用靈魂觀念的內涵，卻在理智理論上跟隨亞里斯多德。如此使得他一方面能使用亞里斯多德理論說明理智的運作與功能，另一方面他的理智功能卻採取新柏拉圖主義式的分類方式。基於這種對理智功能的描述，阿爾金底以如此方式解釋理智功能：潛在於靈魂中的理智在接受從外在世界而來的感覺與料後，首先擁有感覺與料而尙未實踐。當理智將此感覺與料實際化爲知識並擁有後，理智便成爲阿爾金底所稱的第二理智狀態。對外在世界事物認知的形式來自主動理智，因爲這些事物的形式爲非物質性且以潛能方式存在於主動理智內：阿爾金底以此理由說明亞里斯多德所認爲理智在擁有事物的類與種之相關知識前空無一物之概念。然而構成個人心智功能的是主動理智，其擁有對宇宙認識的可理解形式，使得其在靈魂中能使被理解的對象與靈魂產生結合。吉爾松（E. Gilson）總結阿爾金底的主動理智爲：爲所有人而言僅有一個主動理智，每個個別之人擁有的能力爲接收自此主動理智所給予並將可理解對象從潛能帶至實現的部分。這意味每個人擁有的概念均來

自於爲衆人所共同擁有的純粹靈智存有者（Purely Spiritual Being）或靈智自身（Intelligence）。這個觀念強烈影響到阿爾金底身後的伊斯蘭哲學家們。

（二）阿爾法拉比（Al-Farabi, 872-950/951 A.D.）

到了阿爾法拉比的時代，主動理智難題的困難從單純解決亞里斯多德所留難題轉變爲神學上的需求。阿爾法拉比的知識論系統象徵知識（Symbolic Knowledge）爲其主要主張，這標示出人類知識在哲學與神學上有所差別。在神學的意義上，象徵知識的代表爲受啓示的知識，這是由神主動向人顯現的知識。啓示就其本性而言必須爲衆人普遍接受者，否則無法解釋爲何先知們所見異象內容相同。在此前提上根據前人所言，人之所以能認識外在世界事物是因爲擁有被動理智（Passive Intellect）。但爲能解釋衆人接受共同異象／認知的部分，主動理智的獨立自存便成爲重要關鍵。這個論述符合前面阿爾金底的觀點，並間接影響到十三世紀的雙重理智理論。

然而即便此時期知識論重點被置於神學需求，對於拉近柏拉圖與亞里斯多德學說差異的努力依然存在：阿爾法拉比即爲一例。他的《兩聖相契論 — 神聖者柏拉圖與亞里斯多德意見的一致性》（*The Harmonization of the Two Opinions of the Two Sages: Plato the Divine and Aristotle*）就在論證柏拉圖與亞里斯多德兩者間其實學說相通。這本書呈現阿爾法拉比爲何透過十個理智的階層及其流溢來說明亞里斯多德主動理智的問題。根據阿爾法拉比，「流溢」概念並不能理解成某物流到某地那樣的說法。柏拉圖主義者的困難在受限於他們的語言表達。他們想表達的概念一方面強調自然能力的流動，但另一方面又不想失去從某物生出的意義。這種表達方式就是亞里斯多德所謂（理智能力的）「影響」（見該書

40節）。根據這種說法，阿爾法拉比在解釋柏拉圖的流溢時依循此一模式，主張理智的流溢乃在當靈魂理解特殊形式時能通過幫助靈魂保持普遍形式進一步爲靈魂提供益處。理智能把靈魂內的具體細節加以綜合，當靈魂理解這些具體細節時則再幫靈魂進行分離（見該書72節）。這裡阿爾法拉比暗示可能是主動理智進行這個動作：他接下來說亞里斯多德、亞歷山大及其他哲學家都同意理智是最爲神聖的部分，並且人能透過理智運作達到對神的認識。他還進一步指出，理智在其莊嚴、崇高與純粹的部分與造物主相似。阿爾法拉比在此提出「神──理智──靈魂──自然世界」的世界結構，並強調此結構所指爲「強度」上與神的接近程度（見該書74節）。這種安排讓我們想起亞歷山大那種主張主動理智是神的主張，並且可以看見新柏拉圖主義那種世界結構的結論。在這裡，阿爾法拉比認爲亞里斯多德正是主張這種結構的哲學家。

（三）亞維齊納（Aveccena, 約980-1037 A.D.）

到了亞維齊納的時代，主動理智難題與理智問題轉向與形上學產生關聯。此關聯基於亞維齊納對神的定義而產生。亞維齊納認爲，所有存在物就其存在而言都是可能的，所以最終必然存在絕對存有，即神自己。雖然亞維齊納接受亞里斯多德關於第一不動之動者的理論，但他也接受自阿拉伯世界（或是來自對亞里斯多德詮釋）的宇宙結構。他如此解釋世界的結構：對於不動之動者的神來說，整個宇宙中的靈智實體階層可區分爲十個等級，此等級不但必然而且永恆。此處所謂之宇宙結構類似於柏羅丁所構作出的宇宙結構，最上層爲不動之動者神自身，中間由靈智實體組成十個階級，最下面爲此物質宇宙。中間十個等級靈智實體對物質宇宙而言如同形式的給予者。當人接受來自第十等級靈智實體所給予之形式後便擁有主動理智，並使其如同擁有潛能般地接受被動理智。被動理智在此即爲亞里

斯多德所謂能使一件事物之所以為此事物的個體化原理。

按照伊斯蘭哲學發展的理智理論，亞維齊納主動理智來自於第十階層的靈智實體，因此其並不屬於人類本質。所以亞維齊納推論當人肉體死後，主動理智將回歸其原本所在的階層內——這個推論來自柏羅丁理論基礎。主動理智在此目的為給予人心靈在認識上所需要之基礎。其作為一種形式就是亞里斯多德所謂的主動理智；而被動理智的作用在於擁有對事物產生認識的能力。在這個意義上即可理解或解釋為何亞里斯多德主張理智本身的永恆不朽。

（四）亞維洛埃斯（Averroes, 1126-1198 A.D.）

亞維齊納可說是將十個階層理智納入世界結構中，以利解釋主動理智第一人。在他之後的亞維洛埃斯則可說是伊斯蘭哲學家中集大成的代表人物。他的理論對中世紀巴黎大學與士林哲學有著重要影響：十三世紀巴黎大學的重要學者受其啟發，多瑪斯・阿奎納以專書駁斥他的理論，連1270與1277禁令（Condemnation of 1270 and Condemnation of 1277）均出現專門針對其理論學說的駁斥論述。由此足見其影響甚鉅。

亞維洛埃斯關於主動理智與被動理智的能力可以被簡單地歸納如下：他將亞里斯多德被動理智功能改稱為質料理智。多瑪斯在《論理智之統一》中告訴我們，在此意義下亞維洛埃斯認為理智作為實體能夠獨立自存於身體之外，此被動理智數量上僅有一個且為眾人所共有。人的靈魂中另有多種理智存在，其既屬靈魂的不同部分，亦可證明人靈魂因擁有此理智作用而具不朽性與非物質性。不同理智在人死後將歸回其原本所在之處，暗示人於死後灰飛煙滅，這樣的結論使基督宗教死後審判與獎賞的教義都不具意義（見多瑪斯《論理智之統一》1-2節）。我們需要注意的是：伊斯蘭哲學家關於理智發展的理論中，亞維洛埃斯幾乎可說是提出最

終定論這樣的意義，因爲當亞維洛埃斯討論人的認識能力時，他已經對亞里斯多德的理論提出相當的解釋與改變。

亞維洛埃斯解釋亞里斯多德的理智時，應從四種不同的意義加以理解：

1. 第一種，即亞里斯多德稱爲的被動理智，提供人在圖象與想像能力上之基礎，應被視爲具有物質或質料。

2. 第二種，亞維洛埃斯採取與亞里斯多德相同的看法，認爲主動理智是透過抽象作用給予人對事物的理解與掌握。亞維洛埃斯在此繼承伊斯蘭哲學傳統以來之立場，認爲主動理智是獨立自存的靈智實體，也是一種純粹的活動。

3. 第三種，爲解釋亞里斯多德關於接收外在世界被理解事物的認識動作，亞維洛埃斯加上伊斯蘭哲學中出現的質料理智，並以此作爲潛能原理。質料理智本身不是某種形式或被決定的結果，而是一種純粹的潛能。與主動理智有所不同，因爲主動理智是某種永恆而獨一的靈智實體。

4. 第四個意義，按亞維洛埃斯的解釋，是對於理智認識外在事物的過程。一個個別的人擁有他自身關於想像與認識的能力。現在主動理智在想像的能力內部進行光照的作用產生了個別事物的形式，作爲潛能的質料，理智就對此產生反應，並將此能力傳遞給被動理智。當被動理智接收到這些個別事物的形式後，便成爲獲得的理智。認識活動於此真正的完成。

根據亞維洛埃斯對主動理智的注釋，可以清楚看見亞維洛埃斯對主動理智所抱持的觀點較前人更進一步：一方面亞維洛埃斯堅持主動理智是獨立自存與不朽、非物質性的原理，一方面又認爲主動理智爲人的基本形式。根據多瑪斯的《論理智之統一》，他另外爲亞維洛埃斯的理智理論歸納出兩個相關論點。第一個論點是認爲亞維洛埃斯以不適當方式把被動理

智改名爲質料理智，且指出亞維洛埃斯認爲其獨立不朽，而自存在身體之外。除此之外，被動理智爲衆人所共同擁有。另一論點則關於神學論點，由於爲保持靈魂中一部分的不朽性與獨立自存性使得對靈魂的獎賞與處罰都不具任何意義（見1-2節）。從這裡可以清楚看見，亞維洛埃斯對亞里斯多德的注釋仍然是繼承自亞歷山大以來的傳統方法：通過新柏拉圖主義與亞里斯多德形上學的路徑來解決亞里斯多德所留下來的難題。

（五）小結：伊斯蘭哲學中的理智功能

此一時期伊斯蘭哲學對於理智的功能呈顯出共同性。雖然名稱不盡相同，但如前所述，根基都奠定在亞里斯多德的論點與2-6世紀注釋家們的詮釋上，因此不論其對主動理智難題如何說明解釋，理智的功能大致上可歸類如下：

1. 主動理智：即亞里斯多德《論靈魂》卷三第五章所提及的主動理智，但在其性質上跟隨著注釋家們的意見，認爲其具有神性，爲一獨立自存、不生不滅的靈智實體。至於主動理智與人的結合方式，或是如何作用以使人能夠認識外在世界，不同的哲學家則有不同的看法。

2. 被動理智／質料理智：即亞里斯多德《論靈魂》卷三第四章所提及被動理智。由於亞歷山大稱之爲質料理智，取其與主動理智作用之意義，故後來伊斯蘭哲學家們普遍接受稱之爲質料理智。

3. 習慣理智／思辨理智／實現的理智：當被動理智接受到可理解的圖象之後，會自然傾向於對之產生理解與思考。不過亞維齊納用「習慣理智」，而阿爾法拉比用「實現的理智」描述。

4. 獲得的理智：當習慣理智達至完美的時候，即獲得可能的可理解圖象。此時理智被稱爲顯示的理智（Appearing Intellect）或是第二理智（Second Intellect）。

三、伊斯蘭哲學到多瑪斯·阿奎納時期[6]

我們需要先提中世紀伊斯蘭哲學,不單是因就時間順序來說,伊斯蘭哲學較巴黎大學或多瑪斯·阿奎納更早,更因為伊斯蘭哲學影響到中世紀基督宗教哲學的發展。伊斯蘭哲學家對亞里斯多德學說的解釋或介紹約在12世紀中葉被傳入歐洲。剛蒂莎利努斯(Dominicus Gundissalinus,約1115-1190 A.D.)大約在1150年前後首度將亞維齊納的《論靈魂》及相關注釋譯為拉丁文並介紹至歐洲學圈。剛蒂莎利努斯在自己的《論靈魂》(*De Anima*)中指出,人的靈魂是一種精神實體,既作為身體的推動者又作為使身體完美的形式。關於理智能力的部分,他則採取與亞維齊納的相同推論,主張被動理智預備圖象給主動理智以利光照作用進行,主動理智則光照被動理智以創造抽象概念。此觀點與十二世紀盛行的靈魂學說略有不同,因為當時主流觀點雖然認為靈魂是一種精神實體,但同時也認為靈魂具有先天知識。這些先天知識經由神的光照若與超越理性(*Ratio superior*)合作就可以得到對精神世界的認知,若是與內在理性(*Ratio inferior*)合作則能認識存在階層中具物質性的事物。這些認識能力無需依靠身體達成,只需單靠靈魂自身認知能力即可。這兩種不同路徑在此為日後衝擊埋下伏筆。

在剛蒂莎利努斯將亞維齊納著作引入歐洲約半世紀後,曾任牛津大學教授與坎特伯里大主教的約翰·布朗德(John Blund, 1175-1248

---

[6] 這部分可參考Maurice De Wulf, *History of Medieval Philosophy* (London: Longmans, Green, & Co., 1909); E. Gilson, *History of Christian Philosophy in the Middle Age*, pp.252-3; F. Van Steenberghen, *Aristotlr in the West: The Origins of Latin Aristotelianism* (Louvain: Nauwelaerts Publishing House); Edward P. Marhoney, 'Sense, Intellect, and imagination in Albert, Thomas, and Siger', in *The Cambridge History of Later Medieval Philosophy: From the Rediscovery of Aristotle to yje Distintegration of Scholasticism 1100-1600*,; Louis Bouyer, ed. A History of Christian Spirituality, Vol. II: The Spirituality of the Middle Age, pp.329-30.

A.D.）開始眞正處理這類難題。他在1210年左右注釋亞里斯多德的《論靈魂》，其方法論同時融合奧古斯丁、波埃修與亞維齊納等人的理論。基於這樣的融合方法，他同樣主張靈魂是一種本質單純的精神實體。靈魂在與身體產生某些關聯後，經由靈魂較高層次部分的引導而能觀照精神性事物，或經由靈魂較低層次部分引導認識感官性的對象。至於理智功能的部分，他認爲主動理智一如天使般的理智，主要工作是接受普遍觀念。被動理智具有接受能力，能接收從主動理智而來的概念。被動理智無法從感官直接接收感覺與料，原因是從感官而來的感覺與料與理智間仍有極大差異性。

不論剛蒂莎利努斯或約翰‧布朗德都讓我們看見，亞里斯多德主動理智難題、伊斯蘭哲學家與這些哲學系統傳入歐洲有密切關係。這些先決條件的出現日後讓13世紀巴黎大學引發爭論。特別是伊斯蘭哲學家透過亞里斯多德《形上學》爲《論靈魂》難題解套，但最終結果導致理智統一論，並引發日後〈1277禁令〉的出現。因爲伊斯蘭哲學家使用方式以新柏拉圖主義爲主，因此對亞里斯多德的解釋出現許多與基督宗教哲學違背之處。這種狀況可說是奧古斯丁學說傳統（舊派）與亞里斯多德理論（新派）之間的較勁。我們可以迪南的大衛（David of Dinant）爲例。在《駁異大全》（Summa Contra Gentiles）中，多瑪斯譴責他將神與質料，特別是原質，劃上等號。多瑪斯反駁說神是不具質料的對象。除了多瑪斯外，大亞爾伯也相同對他提出譴責。柯普勒斯敦認爲他們之所以要如此譴責，理由或許不在於大衛造成廣泛影響力，而是他們害怕這種異端思想會拖累亞里斯多德，而迪南的大衛理論來源也值得爭議。一般認爲迪南的大衛引用了亞里斯多德的物理學以及形上學中與古代唯物論相關的論點，所以很有可能多瑪斯希望指出大衛的一元論，並不是由亞里斯多德的理論中而來。

迪南的大衛僅是冰山一隅，因爲亞里斯多德哲學在伊斯蘭哲學家筆下

形成一套幾乎違背基督宗教信仰的異教哲學。所以早在1210年，巴黎主教會議就通過禁止公開或私下教授亞里斯多德自然哲學的決議；1215年時班那的亞馬里克（Amalric of Bene）著作也因與亞里斯多德有關而被禁。就傳統主義觀點來看，亞里斯多德哲學系統被等同於迪南的大衛、班那的亞馬里克及亞維洛埃斯等人的哲學思想，所以從傳統主義的眼光來看，亞里斯多德哲學對正統教義是可怕的威脅。面對這種狀況，巴黎大學形成支持與修正兩派，並最後在多瑪斯·阿奎納身上得到最後解答。

（一）奧涅的威廉（William of Auvergne, 1180/90-1249 A.D.）

不論奧涅的威廉與大亞爾伯，在對多瑪斯解決理智問題工作上都有一定程度的影響。雖兩者在對待亞里斯多德的學說上有著相似的寬容，但後者較前者持有更為寬大的態度，而且前者在理智的問題上始終與大亞爾伯（及後來的多瑪斯）採取相反的看法。

奧涅的威廉屬於十三世紀前半的哲學家，他在處理理智的問題上有特殊的主張與立場。一方面，他寬容地接納亞里斯多德學說；但另一方面，一如吳爾夫（De Wulf）所言，雖然他對亞里斯多德知之甚詳，但實際上卻不見他大量使用亞氏資料。他知之甚詳的原因來自他1228至1249年任巴黎主教期間，教皇額我略九世（Gregory IX）指定他擔任神學委員會的委員，負責修訂亞里斯多德作品以利當時大學所用。不論額我略九世或是奧涅的威廉，對於亞里斯多德學說都採開放態度，認為若亞里斯多德的理論與教會真理衝突時，就當採取拒絕的態度；但是若彼此可以相通時仍然可以接受亞氏學說。這個觀點被視為改變教會對亞里斯多德態度的重要關鍵。

雖然奧涅的威廉對亞里斯多德態度是寬容的，但這並不代表他將如大亞爾伯或多瑪斯那樣使用亞里斯多德學說。前面曾經提到，約在十二世紀

時，透過剛蒂莎利努斯正式翻譯了伊斯蘭哲學家學說（與一部分亞里斯多德的著作），這些理論學說才正式進入歐洲學術圈。這些理論包含明顯地與基督宗教理論衝突的伊斯蘭哲學家們論點，因而奧涅的威廉對伊斯蘭哲學哲學家的論點有一大部分是明顯地反對——雖然在本質與存在的學說上他受到阿拉伯哲學家的影響。

這種反對態度在理智學說上最為明顯：他拒絕接受亞維齊納等人所主張獨立靈智實體為理智本體之理論。他的反對必須從他對靈魂的定義開始。在靈魂的定義上，奧涅的威廉接受亞里斯多德觀點，視靈魂為身體的形式。但他接下去論證，既然靈魂作為形式是單一且不可分的，那麼就不可能將兩個不同屬性的理智——即主動理智與被動理智——化歸在靈魂之中，否則靈魂（在性質上）就是可分的。此外，靈魂對於外在事物的認知完全無需中介之物協助，其於操作的作用上與神相同。因此，就認知的對象來說，理智透過可認知的形式（Intelligible Forms），首先認識的是個別的事物（此點與亞里斯多德說法不同），其次是認識抽象與普遍的實在，最後則能讓人經由經驗與記憶產生判斷的作用。但是就認識的順序來說，奧涅的威廉採取與亞里斯多德學說類似的路徑：人首先經由感官認識外在世界，進一步將這些感覺與料轉化為圖象思考，將這些圖象思考進行抽象後就可以得到可認知的形式。在這樣的意義下，奧涅的威廉主張理智的認知不是被動的而是主動的，而且人的理智無可避免地需要經由神的光照而達至對第一原理的理解。此點被用來當作認識正確性的保證，也使得奧涅的威廉得以將奧古斯丁的理論與主動理智學說結合在一起。這種理論的必然結果就是認定主動理智本身是一個經過幻想所得的無用假設，最多只能為了滿足亞里斯多德理智學說的自圓其說罷了。

或許在理智的理論上，奧涅的威廉並沒有與多瑪斯採取相同的路徑，接受亞里斯多德的學說與理論，但他處理亞里斯多德學說的方法卻對多瑪斯的做法產生一定的影響。吉爾松提出一個例子：為能對抗亞維齊

納，奧涅的威廉會從他的對手那裡借武器來使用。相似地，當多瑪斯在對抗拉丁亞維洛埃斯主義者時，他會使用與對手相同的武器以便能對抗他的對手。此外，奧涅的威廉對亞里斯多德學說的態度在多瑪斯那裡也可以看得到，雖然他在使用亞里斯多德學說方面沒有多瑪斯來得多，但若是考慮到奧涅的威廉所處的時代背景，也似乎可以理解他與多瑪斯之間的差異性。

（二）大亞爾伯（Albert of Great, 1200Ca.-1280 A.D.）

另一個對多瑪斯相當重要的先驅是他的老師，大亞爾伯。與奧涅的威廉相較，大亞爾伯對亞里斯多德的態度更加寬容與開放。然而大亞爾伯對多瑪斯的影響不只在對待亞里斯多德或是伊斯蘭哲學家的態度上，在哲學學說及某些特定哲／神學觀念上也可以看到大亞爾伯的影響力，例如：靈魂與理智的學說。

大亞爾伯對於靈魂或理智的觀念取決於他對哲學的看法。柯普勒斯頓指出，大亞爾伯對於哲學的學習態度為：一個真正的哲學家應該要同時自亞里斯多德與柏拉圖那裡學習才對。這個觀念在他的靈魂論上可清楚看見。在關於靈魂的學說上，大亞爾伯主張不論柏拉圖或亞里斯多德都有一部分的觀點正確。前者對於靈魂的正確性在於柏拉圖將靈魂定義為推動身體的非物質性實體；而後者將靈魂定義為身體的形式。這個定義清楚地讓人看到大亞爾伯哲學體系中的調合主義，而吉爾松認為這種調合的原則正是從阿拉伯哲學家那裡借來的。也因著調合主義的關係，大亞爾伯關於靈魂的論述便能同時以下面兩種方式呈現：一方面，自靈魂本質來說，靈魂是非物質實體，自與身體的關聯來說，靈魂既為其行動又為其推動者；另一方面卻又可以說是一個確實存在的非物質實體，其可以同時成為身體的形式與推動者。換句話說，不論從身體或是靈魂的角度來說，靈魂都符合

了大亞爾伯原始所採用的亞里斯多德式定義。

　　即便大亞爾伯的靈魂學說具有調合主義的色彩，他的學說卻明顯地與伊斯蘭哲學家們產生抗衡的作用。這種抗衡不論在世界的永恆議題或是理智的組成上都可以明顯看到。其中關於理智議題的討論，一方面可以看見大亞爾伯如何改造亞里斯多德哲學以便使其符合基督宗教的主張，另一方面可以看見大亞爾伯如何在這個部分成為多瑪斯的引導。的確，大亞爾伯不同意伊斯蘭哲學家們對於主動理智為眾人所共有的主張。或許是因為大亞爾伯確信，如果這個主張為真，則靈魂的不朽性將受到損害。

　　為了維持靈魂不朽的基本主張，大亞爾伯必須反對亞維齊納等人將主動理智視為靈智實體的基本主張，而他也進一步論述亞維洛埃斯等人在此觀點上的錯誤 —— 雖然在處理這些觀點時大亞爾伯並未完全配合他的對象進行論述，此外他也沒有真的解決亞維洛埃斯等人遺留下來的難題。論述引人注目的是他對於主動理智與被動理智在功能上的描述。他對於理智的論述方面依賴於他對人認識過程的描述：人對於外在世界的認識起始於經驗，除了外感官的經驗外，在內感官的部分，大亞爾伯透過亞維齊納的解釋使用了亞里斯多德的主張。對大亞爾伯來說，居於重要地位的抽象作用於經驗層面已經出現。大亞爾伯將抽象作用區分為四個等級：

　　1. 第一等級的抽象指處於共感中，因共感能使人對於外在世界產生實際的認識。不過大亞爾伯所使用的第一級抽象其意與後來多瑪斯所使用的概念不盡相同。

　　2. 第二級抽象指的是對圖象進行的抽象。此級抽象使得人能於心中產生出雖已不見於外在世界，卻仍可於心智中出現的外在事物。然而此級抽象並不如後來於理智中所進行的抽象作用，因此後者將使得質料與概念分離。

　　3. 進行第三與第四級抽象時已經進入理智的範圍內。但僅有在第四

級抽象作用，也就是理智的運作中才出現對於事物本質的把握。理智的運作涉及到主動與被動理智在運作上的不同及與靈魂的關係。

大亞爾伯認為，不論主動或被動理智都存在於靈魂內。但更進一步來說，主動理智絕不是前人所言的*Intellectus in habitus*；不論主動或被動理智也都不是自外在加入靈魂中的某種靈智實體。大亞爾伯對於理智的運作作出如此的區分：主動理智於靈魂中一如靈魂的行動一般，主要追求的是*Quo est*；而被動理智在靈魂中一如靈魂所具有的潛能，主要追求的是*Quid est*。我們可以說，在多瑪斯以前大亞爾伯就已經視主動理智與被動理智為理智的一體兩面，而非兩個理智共同存在於一個靈魂當中。而抽象作用的提出在後來的多瑪斯身上也可以看到相當的修正，以使其更加貼近於亞里斯多德的原意——這個改進特別是在理智的光照作用上可以看見。

因為大亞爾伯的調合主義，使得他在論述主動理智時將奧古斯丁的光照說也參入其中。大亞爾伯認為當主動理智進行抽象作用時不是只單單依靠人理智上的本性而已，神聖之光亦參與在其中的運作。不過大亞爾伯似乎有意指這種神聖之光的參與特別是被用來在認識神聖之物的事上。這個觀點一方面似乎來自於托名戴奧尼修斯（Dionysius, the Pseudo）的主張，另一方面也影響到後來的多瑪斯與德國思辨的神祕主義。

（三）布拉班的西格（1240-1280 A.D.）

對多瑪斯而言，真正的威脅來自於多瑪斯在巴黎大學文學院的同事，特別是布拉班的西格與達迦的波埃修（Boethius de Dacia）。大約在1260年開始，巴黎大學的文學院便出現一些主張亞里斯多德哲學理論的哲學家們。這些學者堅持亞里斯多德的哲學理論，而這些哲學理論與基督宗教的教義有明顯地衝突。這些衝突雖然已經有了一段很長的時間，但此時卻在巴黎大學正式引爆出來。

1.拉丁亞維洛埃斯主義者的定義

　　多瑪斯主要的對手們，也就是巴黎大學的這些同事們，在人的理智問題上明確主張眾人共同分享一個理智。這樣的說法引發其他哲學家的譴責，然而面對這些責難，他們卻又主張這些都僅是亞里斯多德的說法。這樣的結果導致在1270年的時候巴黎主教團通過〈1270禁令〉來禁止類似主張。這個命題的主張者通常被稱爲是拉丁亞維洛埃斯主義者。柯普勒斯頓指出這些人所進行的這種哲學運動爲亞里斯多德主義完整的一個部分，運動的守護神爲亞里斯多德，最佳的注釋者則爲亞維洛埃斯，其中一脈相傳的主要理論在於眾人共有一個理智 —— 這也被柯普勒斯頓認爲是最出色與最引人注意的部分 —— 只有此單一理智在人死後仍然可以繼續存在，所以他們也排除了人的不朽性：凡支持此理論的就被稱爲拉丁亞維洛埃斯主義者。

　　另一位學者 —— 汪史坦博根，在討論亞里斯多德於西方哲學史上的傳播與影響的著作中指出，自整個亞里斯多德的傳播來說，如果單單將拉丁亞維洛埃斯主義用來定位布拉班的西格，就會忽略甚至錯誤地定位十三世紀的哲學運動。爲此汪史坦博根認爲應該使用激進的或有偏差的亞里斯多德主義（Radical or Heterodox Aristotlianism）來形容這個運動。而他也如前所提及的，使用理智統一論來指稱那些主張所有人共同擁有一個不朽的靈魂，進一步說則是所有人共同擁有一個理智。我們將採用傳統上習慣稱呼的拉丁亞維洛埃斯主義（者）作爲稱呼，並把焦點特別放在布拉班的西格身上，因爲他是這群拉丁亞維洛埃斯主義者中最引人注意的一位。至於與布拉班的西格同時期的另一位哲學家 —— 達迦的波埃修，由於針對他是否爲一位拉丁亞維洛埃斯主義者仍有所爭論，所以此處暫不提及他的部分。

2.西格與他的靈魂論

布拉班的西格若被視爲整個主動理智發展史的探討終點有其重要性。首先，布拉班的西格明顯地主張主動理智爲衆人所共有，這個主張明顯地來自伊斯蘭哲學家的立場。其次，布拉班的西格與多瑪斯這一段論戰間接地引發〈1270禁令〉與〈1277禁令〉。西格一如他的前人，對亞里斯多德的《論靈魂》提出他的見解。但西格並沒有爲亞氏的《論靈魂》提出註釋，而是另外寫成一本名爲《論靈魂卷三問題集》（*Quaestiones in Tertium de Anima*）的著作。汪史坦博根針對西格的靈魂論提出了一個重要的總結：「西格在此所持有的立場基本上與亞維洛埃斯相同。對全人類而言只有一個主動理智，而且只有一個（用以接受的）可能理智。這些理智並非透過實體的關係與個別的人產生連結，而是藉由他們的活動。當我們思維我們正在思考時，其實是內在於我們的可能理智與腦中印象合作的結果。」

根據該書來看，西格相當澈底地繼承亞維洛埃斯的主張，他在該書第一卷探討作爲生命原理的靈魂。在西格的討論中可以發現他的雙重眞理主張。就神學家而言，靈魂只有一個若且爲若就是單純的實體，但西格主張在哲學傳統上靈魂可以被解釋爲組合體，特別是在從希臘時代開始就認定的，靈魂中還包括有生魂與覺魂。在此基礎上，西格在第二卷針對亞里斯多德所留下的主動理智難題提出他的見解。亞里斯多德既然認爲主動理智是永恆的，那麼採取與亞氏相同立場的人必然會得到其沒有生滅的結論，並進而導出非物質的觀點。然而西格採用的亞里斯多德形上學立場使他解釋理智時認爲理智亦爲組合物，爲類加種差的組合體。

雖然理智是一個組合體，但理智與人的身體結合時產生推動的作用。第三卷中西格闡釋作爲推動者的理智如何與身體結合；而第四卷中西格透過對幾個關於認識問題的解答提出他所主張的認識結構：藉由主動理智的活動，也就是對經由理智接受的圖象與內在形式進行抽象作用。在此

時候接收的理智首先透過光照作用掌握了第一原理。對西格來說，接收的理智永遠與主動理智合作，但其並不產生關於主動理智的種種知識。人之所以能擁有對於主動理智的知識是來自於經驗到接收的理智接收了抽象後的觀念，這些抽象的觀念正可向人顯示主動理智最主要的活動為何。

四、插曲：共相之爭

在開始探討多瑪斯如何說明理智作用以前，我們在此要再次說明中世紀所謂「觀念何在」的問題 —— 即共相之爭問題，雖然我們在第一章已經提過，但因與溫和實在論立場有關，故在此再提一次。在一般認識過程中，我們直接接觸的都是個別事物，但若要說出某個事物，我們確實是用普遍名詞／觀念去指稱。這個過程產生問題：

1. 心外對象既然性質上普遍可無差異應用在諸多對象，那麼心外對象與我們心中所擁有之普遍觀念關係為何？這些普遍觀念的基礎又為何？我們需要注意的是，當我們用「人」來稱呼某個身邊朋友時，雖然「人」是一個適合用以稱呼的普遍本質名詞，但我們是以這個普遍本質名詞來指稱所有個別的朋友。從這裡會引發下一個問題。

2. 上一問題如同暗示我們：人類知識具有普遍性，或用中世紀術語來說是具有「共相性」性質。個別的人具有各種不同殊相，但我們卻可用一個共同術語「人」加以形容。這種普遍知識／概念究竟從何而來？為何不同的心靈可以擁有相同的觀念？

在此前提，共相之爭變成中世紀重要的爭論焦點。我們在此僅是為多

瑪斯緩和實在論提出背景預備，故此處僅簡單略提中世紀的基本立場，與兩位造成影響的哲學家。

（一）基本立場

　　從波埃修（Boethius）開始，共相問題便被提出加以討論。他認為一個觀念的內容僅能存於此觀念內，在心智以外不可能發現這樣的對象（例如：獨角獸）。我們或者可以說，依據亞里斯多德形上學之論述，心智可抽象出對事物的觀念。但這並未清楚說明觀念的來源。從波埃修開始，共相之爭便出現三種主要立場：

　　1.實在論（Realism）：此立場上推柏拉圖，認為共相（觀念），在一切事物之前，早已存在，即「共相先於事物」（*Rniversalia ante res*）。中世紀實在論與柏拉圖的觀念論無關。他們這樣將普遍放置在存在物內：對「種」而言，個別沒有任何新的，因為普遍已將一切包括淨盡。例如，神創造的個別人的靈魂，不是各自的特殊實體，而是一個常已存在之「人類」的普遍特性。中世紀實在論最有名的代表是尚波的威廉（Wilhelm von Champeaux, 1070-1120；阿貝拉德的老師）：「種」的普遍本質構成整個個別的實體，個體沒有屬於自己特有的；同樣，「種」只是「類」的附質，沒有自己的實體性。

　　2.唯名論：共相不是普遍的真實存有，而只是普遍的思想物。存在的，常是個別的。11世紀：共相只是名稱。代表人是羅塞林（Roscelin）──阿貝拉德的另一位老師。他主張普遍概念僅是一種聲音（*Vox*），而非一種實有。

　　3.緩和實在論，所謂的普遍觀念並不存在於外，而是人心靈與理智運作的結果，代表人物為多瑪斯。

（二）阿貝拉德（Peter Abaelard, 1079-1142 A.D.）

阿貝拉德是唯名論立場，並在他所處時代的共相之爭中取得勝利。他針對實在論，即針對自己的老師尚波的威廉，提出三項難題：

1. 若類的共相已包括淨盡個別的一切，那麼就不應當有不同的人，而該常只是一個「人」。換句話說，若用十個範疇就可以說明一切存有，但我們清楚看見的個別差異是如何產生的？

2. 同一個事物，如何能夠是相互矛盾之特性的承載者？例如，同一個實體同時有生與死、善與惡的矛盾，豈不相反了矛盾原理？

3. 若「種」是一切中的一切，為什麼不說「類」或十個範疇，或如斯哥德所說的，神是一切中的一切呢？

面對這些難題，尚波的威廉改變看法，轉而以為：每一個別物有自己的特性，共同在於「物與物之間有某種相似而不可區分」。但阿貝拉德再次質問：若個別物有各自的特性，個別物如何能相似？（相似的共通處是否仍然算是這「個別事物」的？）阿貝拉德首先不能解決個別性的問題，現在則不能解決普遍性的問題。雙方爭執激烈，最後由阿貝拉德勝利成為「辯證大師」。據傳尚波的威廉後來斷絕與阿貝拉德的師徒關係，並淡出學圈。

我們可以總結阿貝拉德的唯名論論點為：「凡是實在的，必定就是個別的；人類真正的認識只可能是對個別的認識。我們所謂的普遍概念只是一種意見（Opiniones）。」因此，普遍概念不傳達實在之認識，而僅是錯綜想像的結果。阿貝拉德並不認為普遍概念只是文字或聲音，但也不能是對一認知對象的本質認識。所以人在認識中僅能把握依附體為對象，對事物之抽象和普遍概念化，不外依附於我們主觀的看法與注意。可以

說，共相是種虛構的存在，而普遍概念傳達的「本質」並非實際存有。

　　上述這些問題，不論是理智的運作還是共相之爭，都將在多瑪斯那裡裡獲得合理的解答與說明。

參、多瑪斯・阿奎納[7]

　　多瑪斯・阿奎納承繼亞里斯多德以來的哲學思想，特別是在知識論的部分，他一方面接受亞里斯多德在《論靈魂》中關於人認識外在事物過程的解釋，另方面針對亞里斯多德未盡解釋或同時代對亞里斯多德理論誤解之處提出合理交代。關於多瑪斯的論點我們應該注意的是，他對人認知過程的說明與他的時代背景密切，特別是他的理論與上述伊斯蘭哲學家們的學說有所關聯——不論多瑪斯對這些意見贊成與否。此外，他對人認知過程的解釋與對「人如何認識神」此一問題有關：在普通經驗知識論的意義下，人可以透過類比方式得到關於神的知識，而在神祕經驗知識論的意義下，人可藉由默觀能力得到關於神的知識（這部分我們將在第五章專門討論）。此處將專門討論多瑪斯有關普通經驗知識論的內容，並以郎尼根（Bernard Lonergan）這位20世紀哲學家的認知結構為架構進行說明。[8]

---

[7] 關於多瑪斯的參考資料汗牛充棟，以下略為介紹幾本參考著作：John I Jenkins, *Knowledge and Faith in Thomas Aquinas* (Cambridge: Cambridge University Press, 1999); Anthony Kenny, *Aquinas on Mind* (Cambridge: Trinity College, Cambridge, 1993)；傅樂安，《托馬斯・阿奎那基督教哲學》，上海：上海人民出版社，1990年；汪斯丹博根著，李貴良譯，《知識與方法之批判》，臺北：商務印書館，1966年；Frederick Copleston著，胡安德譯，《多瑪斯思想簡介》，臺南：聞道出版社，1997年。另外此處架構乃根據關永中《知識論》卷一第三章所依序討論，文中並多處參考該著作，在此特別說明。

[8] 郎尼根的認知結構（Cognitional Structure）最早在1958年的《洞察》（*Insight*）一書中已經出現，他把經驗、理解與判斷放在第一部分〈洞察作為行動〉中，而將抉擇放在第二部分〈洞察作為知識〉中。1968年一篇名為〈客體〉（Subject）的演講中，他談及認知過程時明確提到經驗、理解與判斷三個部分，雖然沒有使用Decisoin這個詞來說明第四步驟，只不過他的意思明確地使人可以理解他確實是在指抉擇這個動作。這個狀況在《神學方法》（*Method in Theology*）中改變，在該書第133頁中他明確地以經驗、理解、判斷與抉擇四個步驟來說明認知過程。換句話說，後期郎尼根在討論認知結構時很清楚地是將這四個步驟包含在這個範圍內。

一、認知結構的起點：經驗

　　多瑪斯探究人的認識過程時，將認識過程之起點置於經驗。不論在《論眞理》（*De Veritate*）或《神學大全》（*Summa Theologicae*，以下簡稱*S. Th.*），他都指出人類知識的過程起始於經驗而完成於理智作用。他承接亞里斯多德理論，認爲理智就像是一張未被書寫的板子（*S. Th.* Ia, Q.84, A.3）。當多瑪斯強調心靈如同白板時，就是強調知識源自於經驗，這意謂靈魂需要透過身體與感官運作才能產生知識，也就是靈魂要透過身體來感覺。我們在探討多瑪斯所謂「經驗」時還可以再區分爲兩個意義，即經驗的兩個面向：

　　1. 一是認爲人可以透過經驗來學習外在世界的種種，此是就人自身的能力而言，人類並無先天知識。這也意味我們所有對外在世界的認識均來自感官能力，除此以外別無他法。
　　2. 二是認爲人類的知識得以透過經驗而建立，就此而言經驗可以再區分爲人自身的內在結構與對外在聯繫的外在結構——雖然內、外結構不同卻彼此關聯。

多瑪斯確實認爲亞里斯多德的主張是知識論最爲合適的立場：一切知識起源於感官，即被映入於人感官中的可感對象在經由理智運作後產生知識。這裡預設主動理智的運作（*S. Th.* Ia, Q.84, A.6）。這種經由感官所得知識之說法，維繫他對於人類結構的描述。正因爲靈魂與身體結合，並因著結合使靈魂需要透過身體對外在世界產生認識，所以人能夠對外在世界產生認識是因爲通過身體與感官的作用而產生認識。通過感官認識，認識過程就進入理智運作的部分——這也意謂身體在認識過程中屬於工具一

般的存在。雖說是「工具」，但並非指其在認識過程中地位低下，而是指其就作用而言屬於工具一般。因為即便作為工具，若此工具產生故障或於認識中發生錯誤，對人的認識過程仍會帶來巨大損傷。然而就此來說，多瑪斯所認為人不可能擁有先天知識的看法，即便是對神的認知也是相同。這個講法可能在本書第五章會遇到困難，因為普蘭丁格（Alvin Platinga）的理論主張多瑪斯傾向認為人先天就能認識神。但我們應注意的是，普蘭丁格強調的是多瑪斯認為人有認識的「能力」，多瑪斯否認的是人有先天認識的「內容」。

透過經驗，人能擁有知識建構所需要的感覺與料。按照多瑪斯所勾勒之認識過程，人能透過內外感官的運作，使感覺與料成為圖象，傳遞至理智中進行抽象作用並形成心語（*S. Th.* Ia, Q.84, A.7）。這個論點與前面所提主動理智的發展歷程有關，因為多瑪斯的立場表示他認為伊斯蘭哲學家與拉丁亞維洛埃斯主義者誤解了亞里斯多德的立場。為能正確解釋理智作用，多瑪斯採取透過三個部分重建理智功能：第一個部分是重新詮釋亞里斯多德學說，特別是《論靈魂》書中令人費解的觀點；第二個部分透過重新詮釋的使用指正伊斯蘭哲學家，特別是亞維齊納與亞維洛埃斯，對理智功能解釋上的錯誤；最後多瑪斯根據前兩個結果重建並將理智的功能放在正確的位子上。

二、理解：理智的功能

理智的運作原理與作用在多瑪斯的時代為重要爭論焦點，這我們在前面已經提及。對多瑪斯而言，理智的主要功用在透過分析感覺與料產生對世界的認識。理智雖可區分為主動理智與被動理智，但其區分僅是為說

明認識能力而進行的方便說法，事實上主動理智與被動理智爲理智一體兩面，其眞正區分是在功能上而非數量上的。爲能說明理智的運作並避免他所認定前述哲學家們的偏誤，多瑪斯以三個步驟說明他所認爲的理智正確作用。

（一）第一步：對亞里斯多德的再解釋

由於從亞歷山大以來，經由伊斯蘭哲學家與拉丁亞維洛埃斯主義者對亞里斯多德的詮釋都是出於亞氏原文的令人費解，那麼要辯駁的第一步工作應是回到亞里斯多德，通過重新閱讀以理解他究竟說了什麼，這個工作成果最後形成他《註亞里斯多德〈論靈魂〉》（*Commentary to De Anima of Aristotle*）這本著作。

我們前面提到，亞里斯多德對於主動理智的模糊解釋造成後世解讀上的困難，並引發各種討論。多瑪斯認爲，亞里斯多德對主動理智的解釋意義是：

1. 亞里斯多德其實將理智或心智視爲一個整體，而非單獨存在的個體，所謂獨立自存與永恆性僅單屬理智這個部分而已。他之所以說（主動）理智爲一永恆存在者，並非指永遠「擁有存在」的狀態，而是在其永遠「存在」的意義下。根據亞里斯多德形上學的觀點，在人類之中作爲形式的靈魂（特別是理智的部分）仍能在質料之後存在。所以當亞里斯多德使用不朽或永恆等字來指稱主動理智時，並非如理智統一論者所理解的那樣，存在於單純意義下的主動或被動理智，而是兩者都有，因爲兩者皆被亞里斯多德描述爲可共同獨立於質料之外。而理智之所以被這樣描述是因爲其可不經由身體器官就運作（*Commentary to De Anima of Aristotle*, §742-3）。

2. 亞里斯多德原文中所提的四個特質——獨立自存、不混雜、主動與實體性——確實存在於理智之中。但主動理智四者兼具,被動理智僅具前兩者。多瑪斯認為主動理智較被動理智擁有更多能力,且類似於亞維洛埃斯所說的,主動理智是一個獨立自存的實體。然而,這個看法就其功能而非其自身存在的狀態。主動理智在理智的功能上類似於形式因,而被動理智則類似於質料。所以多瑪斯將超越或不朽的意義放在主動理智的功能上,而非放在主動理智是一個實體的意義上。之所以被稱為是獨立自存是因為主動理智即使不依靠身體器官也可以進行運作,與之一體兩面的被動理智在這個意義上也可以被稱之為獨立自存(*Summa Contra Gentiles*, 2, C.78, §8。此書為《駁異大全》,以下簡稱*SCG*)。

3. 從性質來說,理智雖然是獨立實體,但亞里斯多德曾說感官需要依靠身體,而理智獨立自存。這是因為它不是身體而是靈魂內的能力,而靈魂是身體的活動,所以才會被稱為獨立自存。主動理智之所以是獨立自存的或不朽的,主因是就其功能而言。雖然多瑪斯理解理智的不朽性亦包含神學理由,即理智的理解能力是最為接近神性完美的能力,也就是被放在神的形象(*Imago Dei*)的意義下去理解。

(二) 第二步與第三步:駁斥與重建

多瑪斯根據他對亞里斯多德的解釋,一方面反駁他認為錯誤理解的理論內容,另方面透過對亞里斯多德的正確詮釋來解釋人的認識能力。前述拉丁亞維洛埃斯主義者的主張,圖象、主動理智與被動理智三者都為能配合亞里斯多德難解文脈而做相當程度的改變。所以多瑪斯在解釋理智功能時有兩個重點,第一是針對理智個別功能解釋與說明,並依此反駁拉丁亞維洛埃斯主義;第二則是詮釋人的認識能力,強調理智一體兩面的特性與其合作的重要性。對多瑪斯而言,圖象是從經驗層次連結到理解層次的關

鍵，而在主動理智與被動理智的部分，一方面他消弭亞里斯多德以來關於理智不生不滅的難題，並妥善安排人的認識過程；另方面他強調人理智的運作能力，也為後來人能否認識神的這個問題提出合理的解答與說明。

1. 圖象

多瑪斯所謂圖象的工作，可被認為是思考所需要的材料。當感官獲取所需感覺與料後傳遞給理智時所使用的形式，可謂理智思考與認識所需之材料。然而根據伊斯蘭哲學家觀點，由於他們採用亞里斯多德形質論作為解釋難題的方式，導致圖象是被用以配合形質論的某物。他們將圖象解釋為一種可理解的形式實體，功能則為配合被動理智與人結合所需（亞維洛埃斯理論）或作為可被理解的對象（亞維齊納的說法）。多瑪斯反駁這樣的理論，因為他指出，理智思考不能沒有圖象的幫助。按多瑪斯所言，亞里斯多德強調在思維能力中，人必然透過圖象的方式對事物產生理解與思考。圖象之所以為一可理解的實體或諸如此類的對象，原因在主動理智或被動理智為一獨立自存的靈智實體。為解釋此一靈智實體與人產生的關聯與作用，圖象自然有必要根據形質論的觀點來證明其存在的樣式。然而，不論主動理智還是被動理智都並非靈智實體，而是靈魂的一部分，為理智之一體兩面。所以證明圖象為一實體的觀點是沒有必要的。

多瑪斯之所以強調圖象的性質是為說明其在認識活動中所占的重要地位。關永中指出，圖象思考在多瑪斯的認識過程中有五方面的意義：[9]

①理智的運作需要配合想像活動以獲取新知並引用舊知。
②想像活動的受阻將使得理智活動一併受阻。
③透過圖象使得教學成為可能。

---

[9] 關永中，《知識論》卷一，頁264-266。

④在把握無形事物上仍需有形事物的圖象以進行類比。

⑤理智的自我把握仍然需要透過經驗之物（圖象）自我把握。

我們可以這樣總結：圖象的重要性是因其提供理智進行思考時所需之感覺與料。所以多瑪斯雖然強調事物的可理解性呈現在圖象中，但這裡所言：「可理解性呈現在圖象之中」，並非指圖象如同伊斯蘭哲學家所言，圖象自身就是可被理解的形式實體，而是經由感官傳遞給主動理智進行抽象作用的對象，並且是經由主動理智光照圖象使其實際地被理解。

2.主動理智

當圖象被傳遞至理智層面時，理智層面正式開始運作。對多瑪斯而言，理智並非如伊斯蘭哲學家們所言，由至少一個以上的靈智實體所形成──不論被動理智或主動理智都不是獨立自存的靈智實體，而是每個人都只有一個理智。此理智內在於人，主動理智與被動理智則是理智的一體兩面。

(1)主動理智爲靈魂一部分之證明

多瑪斯認爲主動理智爲靈魂之一部分，他用以下論證來證明這個觀點：

①根據主動理智本質加以證明。主動理智作爲理智之一部分，其基本作爲在於將「可理解的象」呈現在被動理智中。如果主動理智的作用在於使被理解的事物呈現在被動理智之中，那麼主動理智就不可能是一個獨立靈體，而應該是與被動理智相同爲靈魂的功能之一。

②第二個論證主要透過主動理智與圖象的關聯來證明主動理智爲靈魂之一部分。主動理智最主要的功能在於使圖象得以實際的被理解，這也是人產生理解的能力。然而圖象並非總是被理解著，唯有當這些圖象被主

動理智所理解時，圖象才會被實際理解。這種理解能力存在於人的能力之內，所以對圖象產生理解的主動理智為靈魂之一部分，而非一個獨立實體。

③從人本性作為出發探討的證明。多瑪斯提出兩個相同的論證，此處我們統一說明。人的基本本性，或是最根本被視為適合人之本性的活動就是理解。從世界秩序的角度來說，人在所有擁有質料的受造物中是最完美的，其最合適的活動就是理解，然而人的理解中包含了部分的消極層面——這個意思就是理智包含了部分為理解所需的潛能，並預設著藉由某種活動才能使理智對事物產生理解。對多瑪斯而言，這種適合於人的活動必然有相關的原理以供運作，這裡所謂的原理就是主動理智與被動理智。通過主動理智與被動理智的共同運作，人才能對事物產生適當與正確的理解。所以若主動理智是一個獨立實體，理解就不可能是人的一項本性能力（*SCG* II, C.76, §12-19）。

(2) 自亞里斯多德引證之證明（*SCG* II, C.78）

多瑪斯另外解釋亞里斯多德以證明主動理智並非一獨立實體。其論證重點如下：

①多瑪斯引用亞里斯多德的觀點指出：主動理智進行如同光照般的作用。由於亞里斯多德主張，在被動理智中所有事物都變為可理解的；而被動理智與主動理智就被認為是進行理解活動的兩個基本原則。多瑪斯現在指出，為亞里斯多德而言，這兩個基本原理都不是獨立實體，而是靈魂的一部分。主動理智與被動理智略有不同，因亞里斯多德說主動理智的作用是一種如同光照的習慣。更進一步來說，主動理智的光照作用是針對從感官而來的對象，並使具有潛能性被認識的圖象能被實際地認識。

②多瑪斯對於主動理智的作用，特別強調其性質與認識順序。主動

理智之所以是「獨立自存」，其意義爲主動理智無需外在官能協助，故獨立自存並非指實體自身的存在。就順序來說，理智的主動層面與被動層面的先後順序乃自不同角度來看。就邏輯的順序來看，主動理智必須先進行抽象作用，即光照圖象使其成爲現實可理解的，被動理智才能接收；但就認識順序而言，被動理智必須先接收到圖象才能提供給主動理智進行抽象作用。亞里斯多德並沒有自相矛盾，而是從不同的角度提出不同的觀點而已。

所以主動理智的工作在於抽象作用。抽象作用爲去除個別而雜多之表象，僅留下共同不變動的唯一本質。抽象作用爲人類理智所具備及重要之能力，因此是能讓人把握事物之所是的那個眞正原因。進一步來說，理智可進行三種抽象：物理的抽象、數學的抽象與形上學的抽象。當圖象進入理智且進行抽象作用後，理智將此抽象結果傳遞給被動理智接收。此被傳遞之物可被稱爲「表達的心像」（*Species Expressa*）。

3. 被動理智

除主動理智外，被動理智是另一個多瑪斯特別需要提出辯駁的部分。伊斯蘭哲學家透過亞里斯多德形上學的推論解決主動理智難題的附帶結果，即是造成被動理智與靈魂的分離：一方面他們認爲被動理智也是一個靈智實體，另一方面被動理智亦爲眾人所共有或分享的理智。這種主張特別在布拉班的西格那裡可以看到相同的結果。多瑪斯處理與說明被動理智區分爲以下兩個部分：

(1) 被動理智不是一個靈智實體

多瑪斯指出，被動理智之所以被認爲是一個靈智實體，大致上是根據人對普遍本質接受的能力來論證的。多瑪斯在這裡提供的論證模型基本形式是通過人能夠認識的一個超越於人能力之外的基本前題來說明，若被動

理智不是一個靈智實體，那麼這些看上去超越在人能力之外的認識便不具可能。例如，亞維洛埃斯說實際上被理解的象是被動理智的形式，就如同實際可見之物爲視覺的形式。這裡被提出一個來自被動理智與實際中被理解形式的對象。因此，被動理智是藉由被用以結合的形式與某人結合。現在，是藉由所謂的圖象與我們結合，其爲一種主體藉以理解的形式，在這個意義上被動理智亦被帶以與我們結合（*SCG* II, C.59, §8）。

亞維洛埃斯之所以主張被動理智使理解成爲可能，是因其認爲被動理智透過圖象的形式與人產生結合，所以圖象是使理解實現的實體形式。亞維洛埃斯的結論是，透過與圖象的結合，被動理智能夠與人產生關聯並進一步結合，所以被動理智在此才是一個獨立的靈智實體，之所以能與人產生關聯性是因爲靠著圖象的結合。

多瑪斯認爲，一個人之所以能夠對事物產生認識是因爲他擁有理智這種能力。特別是在主動理智的作用之下，可理解的象與理智產生連結而進一步使人產生理解，這種連結則以某些方式——如抽象、表達與映入——呈現在人心中。如果亞維洛埃斯所言爲眞，那麼產生理解的不是人，而是被動理智這個靈智實體。如果理解的主體在於靈智實體而非人的話，那麼說出「某人理解了」這類的語句是沒有意義的，因爲按照存在的階層而言，人擁有動物與植物所沒有的能力，即理解。所以多瑪斯並不同意被動理智的獨立自存性，那僅是人理智的一部分而已。更進一步，我們可以爲多瑪斯反駁亞維洛埃斯的主張提出以下四個總結：認識的結果將不如亞維洛埃斯的主張、結合的方式與亞維洛埃斯所言相衝突、圖象並不符合於亞維洛埃斯的解釋以及存有秩序的部分（*SCG* II, C.59, §9-17）。

在亞里斯多德的意義下，理智的消極面究竟是被動理智還是可能的理智？依前文所言，伊斯蘭哲學家們透過亞里斯多德的形上學對亞里斯多德理智運作進行分析，最終所得結果是：主動理智將如同推動之原因，透過這個推動的原因人將能向上追至第一且不動的動者。所以按照亞維洛埃斯

的理解，主動理智是推動理解的能力與結果，而被動理智之所以爲被動理智就是因爲其爲被推動的意義。但多瑪斯對此點並不同意，他認爲人裡面（理解）的第一個推動者是理智，因爲理智根據其所理解的推動意志。所以不能單獨稱呼其爲被動理智，因爲被動理智意謂著只有參與於其中；然而，實際的行動在普遍的判斷中包含了兩者，這種工作屬於可能的理智，而若只有特別的判斷則只屬於被動理智……因此，可能的理智是人的一部分（*SCG* II, C.60, §4）。

　　多瑪斯認爲理智活動爲統一的而非單獨的，所以寧可稱呼其爲可能的理智（*Intellectus possibilis*）而非被動理智。這種稱呼來自於對理智消極層面意義的把握——因爲消極層面的理智所具有的是潛能，所以是具有可能性的。然而此處不論是*Intellectus possibilis*或是*Intellectus passivus*都譯作爲被動理智，原因在於後者雖然有被推動的意義，但此處要特別強調其接受主動理智抽象後結果的能力。所以仍然使用被動理智來稱呼理智的此一能力，這就意謂被動理智只負責接收而不負責抽象。

(2) 眾人並不是共同分享一個（被動）理智（*SCG* II, C.73）

　　眾人共同分享一個理智乃爲解釋爲何所有人對同一對象能產生共同的認識，也就是說明普遍觀念或共同觀念存在的合理推論。至少在亞維洛埃斯與亞維齊納那裡確實如此主張：前者並主張經由與圖象的結合進一步能使人認識過程成爲可能；而後者將被動理智比喻爲商店，認識過程就是將主動理智可理解的象混合進入被動理智的過程。這種推論乃根據亞里斯多德原文加上宗教信仰所進行之合理推論結果，哲學史上以「理智統一論」稱呼之。然多瑪斯駁斥這樣的主張，因爲這與我們如何透過被動理智認識外在對象，且其如何作用有關：

　　①在對個別事物的認識上，伊斯蘭哲學家主張，如果事物的形式是普遍的，那麼事物彼此之間的差異性就來自於質料上的不同。同樣的，如果

被動理智在眾人之中並非一個，而是多個，那麼被動理智在認識個別事物時就是透過質料而非形式。然而被動理智就其本質來說是一個沒有質料的器官，所以前面的推論明顯是錯的。因此這裡僅能主張被動理智在眾人中為同一個。但多瑪斯認為，事物有所區別來自於個別事物其個體化原理上的差異。現在質料作為事物的一部分並非其決定性與他人不同的地方，而是形式才是。所以即便沒有共同的被動理智，人還是可以對於事物產生相同的認識，因為普遍認識的對象來自於主動理智的抽象作用。

②就普遍認識的可能性而言，不同的人即使經驗同一事物也會有相同的認識。然而按照理智統一論的角度來說，如果每個人擁有各自的被動理智，那麼在認識上即便是同一對象也將產生多樣的認識結果。這是因為合適於被動理智認識的對象是實際被理解的象，所以如果被動理智數量上為多，那麼被理解的象在數量上必然為多。但是人對於本質的理解，是對普遍本質產生理解而非對個別本質產生理解，所以為人而言，被動理智數量上必然為一而非多。但多瑪斯認為，人能認識一個對象與一個對象的被認識不盡相同。特別是多瑪斯強調被動理智的作用時曾指出，事物的個別性受到質料的影響並非實際的可被理解，但是沒有質料的事物就其本性來說是可被理解的。現在可理解的象，在普遍方面與其他形式來說，藉由他們的主體而得以個別化，這就是在被動理智中的況態。所以普遍認識即便不是在眾人共有被動理智的情況下仍然有效。

經由上述討論，被動理智不可能為眾人所分受的一個靈智實體。按亞里斯多德的文本來說，這種解釋不合於亞里斯多德原本的意義。就理論的推導來說，這種理論將推導出不合原初結構的結論。即便按照亞維洛埃斯等人的原初理論進行推論，最終也將推出荒謬的結果。所以被動理智絕非眾人分受的靈智實體之一，而應為理智能力的其中一面。

4.理智的功能：主動理智與被動理智的合作（*SCG* II, C.76, §2-3）

經由上述說明我們可以得出如此結論：主動理智與被動理智並非兩個單一實體在人內在結合，而是同一個理智所擁有的兩種功能。此外，圖象並非某種作為可理解的質料對象或事物，而是感官能力傳遞給理智的感覺與料。所以理智運作的步驟如下：

前提：圖象作為一種傳遞工具，使得理智在得到圖象以進行認識前，屬於潛能
　　　狀態

理智對於從感官接受事物處於一種被動狀態
為此理智在接受到感官經驗所傳遞的資料與圖象前，一直是處於潛能的
狀態

理智接受到圖象時，主動理智進行三級抽象作用以把握事物本質
此時被把握的事物才是真正可被理解之狀態

爾後以表達的心像模式傳遞至被動理智並進行與外在世界的比對

為此，圖象、主動理智與被動理智的關係是：主動理智對圖象進行作用後傳遞給被動理智。而主動理智與被動理智處於一種合作狀態。被動理智被預備好以接受主動理智產出的結果。就這個部分我們還可以再將理智運作細分為兩層意義：

(1)理智對事物的認識：經由經驗層次所得之圖象此時與理智產生運作。外在所有事物此時以具體的方式呈現在圖象中，但圖象此時對理智而

言仍屬潛能的。圖象在傳遞至理智中時，以一種被決定的樣式出現在理智面前，但此時圖象還不能被稱爲是獲得的可理解之物，因此時傳遞給理智的圖象仍具有個別與具體的內容。直到主動理智開始進行抽象作用，並傳遞給被動理智之後，個別具體的事物才眞正形成可理解的象。

(2)理智合作的意義：多瑪斯對理智作用採取的是合作而非分離的態度。爲此主動理智與被動理智爲一體之兩面。主動理智藉抽象作用把握事物的普遍意義；被動理智則在乎把事物的普遍意義建構爲概念，以使後來在判斷中得以完成符應。

基於這樣的理由，關永中對多瑪斯的理智概念提出一個圖表的整理：[10]

(1)每個人都只有一個理智。

(2)同一個理智有其主動面與被動面：

　　①「主動理智」即人的主動面或被動面。「主動理智」不被情緒左右，不負責記憶。

　　②「被動理智」即理智的被動面。「被動理智」形成觀念時可受情緒影響，且牽涉記憶。

(3)理智此二原理彼此合作。

　　①「主動理智」從圖象中抽象出普遍形式。

　　②「被動理智」從「主動理智」上接受普遍形式，形成觀念。

(4)至於「人死後，只有主動理智爲不朽，而被動理智隨即消失」這一說，多瑪斯的解釋是：

　　①人死時，人的心靈（理智）並不因此而消失，只是不能如同在生時（如與身體結合時）一般地運作而已。

---

②亞氏說主動理智爲不朽，寓意著人個體心靈不朽。

③但人死時，其理智的被動面在缺乏與身體的聯繫下，則無法像平常人一般地運作來形成概念。就此角度而言，主動理智仍是不朽的，而被動理智會隨著人的死亡而停止運作。換言之，人死後以純靈的狀態來生活與認知；而純靈狀態之理解是理性地直覺一切，即藉靈魂的直覺而認知，而不必靠被動理智去形成觀念。也就是說，純靈心智的運作是缺乏人在世時那份被動理智的運作

三、判斷

多瑪斯經由對理智概念的重建與解釋，順利解決自亞里斯多德以來的難題。經由理智，人可以對事物產生認知，並形成概念。然而經由理智建構出來的概念僅是一個內心形成的概念。在尚未與外在世界進行比對之前任何概念都是可能的。一個人可以在黑夜中看見一個黑影然後說有一個東西在那裡，至於那是什東西，此人可能仍然沒有確定的把握。只有在概念與外在世界進行比對之後，此一概念才能確定其眞假。而多瑪斯對於判斷的理論一般便被認爲是符應說的理論。

（一）多瑪斯的符應理論

當多瑪斯在談判斷時，仍然將符應說視爲是最基礎的立足點。他在《論眞理》（*De Veritate*, Q1A1, respondeo，以下簡稱*DV*）中說：

眞表達爲認知能力與事物的符應，因爲認識來自於認知者與被認知者的類

化，所以類化可被視爲是認識的原因。相似地，視覺的感官藉由顏色的類別認知顏色。因此，第一種理智與存在的關係，存在於與理智間的同意。這種同意被稱爲「事物與理智的一致」。這種一致包涵著眞的形式結構，而這是對事物的眞，也就是事物與理智間的一致或相同；因此，其爲眞理的結果，即便事物作爲一個存有優先於關於其的眞理。

所以，多瑪斯符應理論應該被特別注意的是，眞理之所以爲眞，來自於符應的兩端，即事物與理智的一致。這裡可以看出多瑪斯的實在論立場，特別是當他認爲事物具有被認知的先存性時更爲明顯。然而符應並非單純地只有在兩端間取得一致而已。根據多瑪斯的看法，符應的眞正完成在於判斷的達至。根據《論眞理》的論述來看，多瑪斯採取了類似於亞里斯多德在形上學論述中相類似的說法，認爲一個事物之所以被稱爲是眞或是假，端視於其是否與心靈取得一致的結果。若是一致則爲眞，若並非一致即爲假。這意謂：肯定是根基於命題的眞，或者是或長或短的推理結果：這些都是心靈的活動（DV, Q1A2）。

然而當多瑪斯在討論關於判斷時，「判斷」的概念並非只有簡單的內外相符應而已。符應的基礎理論對多瑪斯而言還包括了幾個同時存在的眞理。用當代哲學的角度來說，多瑪斯在爲他的符應論尋找以證成的判斷（Justification）或是某種信念的準據（Warrant）。因此，就判斷的概念來說，一個「判斷」之所以能達至符應的結果，還至少預設以下兩個相關聯的討論：

1. 判斷根據點在人心靈中：我們需要注意，多瑪斯在這個部分論證嚴守著亞里斯多德的觀點，也是多瑪斯接受並提出的一個基礎：善與惡存在於事物中，而眞與假存在於理智中（*Quod bonum et malum sunt in rebus, verum autem et falsum sunt in mente*, *DV*, Q1A2）。由此可知，

之所以爲符應來自於人的心靈而非外在世界。進行判斷的目的在於得到對一個事物的肯定或否定，而一般的認知狀況下，認知活動來自於判斷的完成。原因在於當理智判斷一事物的眞或假時，人能夠因爲對事物擁有判斷而得到暫時的休息。此點又預設了人心靈對於眞理有一眞正的渴求。在此處心靈的渴求來自於暫時得到對一事物的認識，然而人的認知最終將指向那一切的一切。這也預設多瑪斯最終將產生默觀這一類的神祕經驗知識論。

　　2. 人與人之間的符應問題：雖然符應論強調在個人的理智與外在事物的一致，但符應論仍具有普遍有效性。多瑪斯提到，在不同理智間能得到眞的判斷也是基於兩個理智擁有一致的結論（*DV*, Q1, A3）。多瑪斯的傾向是，由於人擁有共同的結構，所以人能夠得到相類似的結論，因此雖然符應論強調的是個人理智與外在事物間的關聯性，但不同的人之間還是會得到相類似的結果。這個論點的重要性在於，由於人與人之間擁有得到相同知識的結果，所以知識的確定性在此得到證實。英國學者詹金斯就是使用這個基礎點來面對當代分析哲學知識論中的蓋提爾難題。

（二）詹金斯對蓋提爾難題的解決[11]

　　我們在前一章提到蓋提爾難題，也提到從1960年代開始眾多學者就嘗試提出各式各樣的解決方式。可惜的是這些解答都沒有提出眞正的解決。到了最近的一位研究者詹金斯，開始嘗試透過多瑪斯的理論來解決蓋提爾難題，似乎讓這個問題出現一道曙光。然在開始以多瑪斯的立場來討論之前，有些基本立場必須先在此指明。多瑪斯並沒有使用現代分析哲學在使用的名詞，像是Justified或是Justification之類的詞，即便是在拉丁

[11] John I. Jenkins, *Knowledge and Faith in Thomas Aquinas* (Cambridge: Cambridge University Press, 1999), pp. 118-24.

文的使用上也沒有一相應的名詞。詹金斯指出：「多瑪斯並沒有在對應的拉丁語詞上產生問題，所以我們必須將問題轉向，他說了什麼或是他沒說什麼。」

基於這個理由，詹金斯並不跳入Justified或是Justification的問題當中。但他認為，這個問題其實就是知識的條件問題，詹金斯稱之爲準據的問題。接著，他繼續討論兩種主要面對蓋提爾問題的立場：內在論（Internalism）與外在論（Externalism）。所謂內在論，最主要加強對於一信念的眞實性，對知識的要求條件是對此一事實，主體要有一特別的知識論過程，而此過程是可以在反省中得到的。詹金斯指出幾個例子：如認爲「Believe that p」是「可理解的」（Reliable），或是根據「追尋事實」（Tracks the Truth），亦或是某主體的信念是「由訊息p所引起」（Caused by Information p）。外在論者則與此相反，當一個主體在知道某物p時，他並無對p認識的特別過程。現在，爲多瑪斯而言，理智的第二重運作中提供了一個可能性。在理智的第二重運作中，下判斷是其重要的目的，一如前面所提的多瑪斯引文：一件事物不能被稱爲是眞的，除非他能與理智相符合，而一如前面所提「假」即是事物與理智的不相符合。事實上，下眞與假的判斷，其基礎建立在對於感官經驗與理智原則的信念上，此時這個判斷就成爲一個判準，幫助一個人的理智能指向其他信念並考慮其信念所判斷的是否與此一判斷相同。更進一步來說，當蓋提爾要求的是證成問題──或用詹金斯的說法來說，是要求正當理由時，首先要注意的是，此一由理智所給出的判斷──這種符應的要求──基本上就已經是一個證成的過程。詹金斯的分析表明，符應理論本身預設著某種使知識爲眞的準確性──這種詹金斯用Warrant來表明的，或可說是符合於Justified或是Justification之類要求的條件。這種預設使得符應說能夠使得知識產生有效的結果，也使得符應成爲多瑪斯在純粹認識活動的部分──即暫時將抉擇存而不論──最後的一個動作。

　　詹金斯的說法其根源就是多瑪斯的觀點。多瑪斯在《論眞理》一書中就提到了（符應理論所產生的）四個條件，根據這四個條件可以斷定某個對象是眞的（*DV, Q1A3, solutio*）：

1. 第一個條件指的是理智的參與及獨立運作。
2. 第二個條件是理智能爲對象提出定義，此定義又能對應於判斷中的眞與假。
3. 第三個條件指的是一個對象之所以被斷定爲眞或假，是因爲其本質能被神聖理智所判斷，並能經由人的理智而確認。
4. 最後，眞或假的提出是因爲人對於眞理的表達與提出，即在一個判斷的行動中才能眞正被提出。

多瑪斯所提出的這四個條件基本上屬於人的理智部分，即個別的人或群體的人在判斷中所產生的符應理論。也就是說，蓋提爾難題最終對於人與人溝通上困難的質疑，在多瑪斯這裡並不是一個眞正的難題，因爲這個難題最終將在多瑪斯的符應論那裡得到某種的準據。現在多瑪斯更進一步爲符應理論提出一個保證，一個神學上的保證，即神聖理智——受造理智之間的雙重符應結構。

（三）雙重符應的結構（*DV, Q1*）

　　根據多瑪斯的說法，理智明顯地可區分爲兩類別，一類被他稱爲神聖理智，另一類則是人的理智能力。多瑪斯在著作中有意無意間透露出此兩者的微妙關係。一方面，神聖理智，即神的理智，爲對萬物理解的根本；但另一方面，人的理智是以類比或分享的方式產生與神聖理智相同的結果。

1.兩層理智的結構性

當多瑪斯討論眞理時，他斷言所謂的眞在第一義上，是根據神聖理智而得，而人的理智所擁有的眞則爲第二義，且這種第二義的眞必須根基在神聖理智與人的理智彼此的關聯上。換句話說，在多瑪斯的符應理論中不是只有單一的過程，而是一個雙重的過程。人透過符應的眞僅是第二義的眞而已，因爲第二義的眞所依靠的是神聖理智所保證的眞。

多瑪斯對於這種雙重符應的概念，最明顯的例子出現在對於眞的不變性與變動性的討論上。多瑪斯在討論眞的概念時提出一個疑問：受造的眞本身是否爲不變的。受造的眞，如果按照他所引用的奧古斯丁說法，之所以爲眞是因爲有一外在事物的測量。當然，有外在的必然有內在的。因此，現在要問的問題反而變成「受造物的眞是外在的眞還是內在的眞？」按奧古斯丁的觀點，根據外在事物來判斷時，受造事物是眞的來自於其參與了第一眞理自身。所以多瑪斯引用奧古斯丁的一句話爲：「我們的心靈有時對眞理自身認識較多，有時認識較少；但眞理自身既不停止又不減少。（*Mentes nostrae aliquando plus, aliquando minus vident de ipsa veritate; sed ipsa in se manens nec proficit nec deficit.*）」根據多瑪斯的解釋，一個事物之所以爲眞，必須同時涉及神聖的與人的理智兩方面。而這點就涉及到兩個理智之間究竟是如何的關係。對多瑪斯而言，其關係爲參與的關係。

2.參與的關係

原則上，當神聖理智產生符應時，多瑪斯提醒說，其與人的符應是不同的。原因在於爲神而言，「知道」、「知道者」與「知道一件事」是彼此等同的。因爲神就是理解自身。然而爲了能夠說明符應的意義，此處仍然需要說明神的符應究竟爲何。對於多瑪斯來說，所謂神聖的符應包括了概要性的與隱喻性的。後者爲神學上的說法，指作爲心語（*Verbum*）的

耶穌基督本身就是真理自身。而前者所指的是神聖理智在其自身對於一事物的理解此一行為。根據這個觀點，多瑪斯接下來可以舉證指出，所有受造的善都來自於不受造的善，即神自身；而所有的真理都來自於第一的真理，也就是神自身。

多瑪斯的主張可開展為兩種論點：

(1)神聖理智本身是作為受造理智的測量標準。雖然對真而言，不論在事物或在理智中都會出現與真相關的事項，但人的理智仍然受到外在神聖理智的規範與測量。經由這種所謂外在測量的動作，人的理智能夠真正讓事物在其心智中按其所是呈現。

(2)雖然人的理智能夠真正地掌握住事物，並知其真與假的問題，但人的理智依然是不完全的。所以最終唯一必須說的是，整體事物的最後評判仍然在神的裡面，並來自於神。

多瑪斯採取用亞里斯多德在《倫理學》中的論點：真理作為理智完美運作的對象，但完美運作最終的目的應該是對真理的認識，而又因為所有的善與美都來自於神，所以理智運作最終的完美必定來自於作為第一真理的神自己。雙重符應之所以重要，原因在於神的符應保證了人的符應必然為真。然而這種符應又涉及到了一種動態的歷程：就人的理智而言，動態是因為人會不斷地求知，並不斷地驗證自己所知；就雙重符應而言，神的符應又保證了人的符應。如此使得符應理論不是一個死板的過程，而是一個活生生的生命經歷。這種生命經歷除了對概念的理解之外，還包括了對於外在事物的實際體驗，即抉擇的層次。

四、抉擇

經由前面認識過程，人在此產生了概念，但正因為多瑪斯所提出的符應說不是一個死板的理論，而是一個動態認識過程，所以只有通過抉擇這個部分，人的認識過程才算真正完成。抉擇這個部分與前面所有認識部分相同，同樣具有強烈目的論傾向。抉擇本身在整個認識過程中具有一種過渡的意義，而多瑪斯關於抉擇的部分呈現出他哲學體系中目的論的特徵。所有事物都必然朝向一個目的前進，即做出一個選擇。然而為多瑪斯來說，選擇與目的本身不可能無限後退，因此最終又將朝向一個最終目的前進。這裡的最終目的就是神。這條朝向神前進的路徑在倫理學的面向能在最終導引出對神默觀的方法，不論國內外的學者都普遍接受這條路徑的可能性，例如，柯普勒斯頓在他的《西洋哲學史》卷二，頁527至530中就指出，人對於幸福的渴望，最終將在全福神視中得到滿足；而潘小慧則在《德行與倫理 —— 多瑪斯的德行倫理學》中指出類似的觀念。

（一）朝向一個目的的意義（*SCG* III, C.2）

對多瑪斯來說，所有事物必然朝向一個目的前進。當然，多瑪斯在此多少受到了亞里斯多德形上學的影響，例如：形上學中的目的因。但多瑪斯本身的背景也當然地使他接受與應用這種關於目的的理論與說法。然而多瑪斯所謂朝向目的前行應該至少有兩個意義：

1. 第一個意義是指萬物皆有其目的，即便是看上去不具有目的的存有，其本身至少都有某些傾向與本能迫使其向某一個目的前進。但是多瑪斯在此並不排除目的的誤導，例如：將錯誤的目的視為某種善的目的。

2. 另一個意義則是所有的目的都不可能是無限後退，必然要在某一

個最終目的停止下來。所謂的最終目的，按多瑪斯的說法，是一種在此處無需再尋求其他目的的某一點，或可以說是不再擁有對他物的欲望（Desire）。

　　多瑪斯在此論述可再細分爲兩個部分。第一個部分指作爲行動者本身來說，其必然朝向一目的前進；一個目的之達成則爲著另一個目的。然而無限的目的延伸乃不可能的事，所以每件事物必然（在最終）朝向一個目的前進。這個部分一方面確實就是每個行動者的必然行爲，即必然地朝向一個目的；但另一方面卻也爲後來的討論埋下伏筆。既然所有行動者必然朝向一個目的前進，那麼最終就將有一目的之達成不爲任何其他目的，而只將自身作爲一個目的。這就是後來多瑪斯所說的默觀。

　　除了根據最後的目的角度來論證，多瑪斯另一個對於最終目的之論述是根據無限運動的荒謬來說明。任一行動者都有可能會產生無限行動，然而無限行動本身是不可能的，所以無限行動必須是依賴於某物，例如：依賴某個實際能力的秩序（多瑪斯舉的例子是一個人根據感官能力而進到想像、理解及欲求）或是依賴某個對象的秩序（多瑪斯的例子是世界存在階層）。然而，此兩者對多瑪斯而言都是不可能的，因爲前者最終將導引至萬事萬物的最終原理，如形式作爲事物的原理；而後者將導引至最終的第一因，即神自身。所以從無限運動來說，運動者必然還是要朝向一個目的前進。

（二）朝向最終目的的意義

　　當多瑪斯在談論關於目的的時候，他似乎有一種傾向，即在善與目的之間劃上等號的做法。賽迪琅琪（A. D. Sertillanges）在說明此點時

所言為：善具有目的的特徵。[12]當賽迪琅琪在解釋這個部分時，他所提出的論證觀點為存有與善等同，而善又具有目的性的方式。根據多瑪斯的觀點，此處涉及到關於抉擇的問題。需要注意的是，所謂抉擇是指在單一行動中所做出的選擇。多瑪斯自然而然地認為，人的抉擇必然朝向善。但在無限後退不可能的狀況下，必然要朝向一種最終的選擇，而這種最終的選擇就是神自己。這種過程一方面是一種辯證的過程──因為經由肯定事物必然朝向一善的目的前進，進一步指出所有受造之物的善在成為終極目的上都不能得到滿足；另一方面又經由抉擇的方式走上倫理學式的進路。

簡言之，當認識過程達到抉擇這一步時，認識過程也算是達到暫時的終點。伴隨著倫理的傾向，靈魂將發現真正的幸福並非此生所能擁有的任何事物。這部分涉及多瑪斯的超越知識論面向，其論證過程採用托名戴奧尼修斯提出的三個認識神的方式，並且加入了他主知主義的立場，使得最終能夠得出默觀為理性受造物之最終幸福的結論。其中可以清楚地看見多瑪斯為終極幸福賦予一種從倫理學到知識論上的過渡。這部分我們將在第五章專門說明。

---

[12] 賽迪琅琪著，李貴良譯，《聖多瑪斯形上學》，臺北：三民書局，1966，頁50。

肆、實在論的發展

從亞里斯多德以來至多瑪斯，這一脈下來的實在論系統在士林哲學內已趨穩固。實在論最大優勢在於其與我們實際生活的結合，因其直接肯定我們所擁有的外在世界，僅是在認知過程上各人討論有所不同。實在論後來也有不同的發展。以下我們將舉兩位前文曾略為提到之哲學家說明這種發展的差異：一位是多瑪斯·里德，另一位則是郎尼根。

一、里德：常識哲學類型的實在論

里德常被稱為「常識哲學家」，這與其對世界之認知有關。但里德所謂的常識並非指我們所以為的Common Sense，而是指一種直觀的判斷。常識作為直觀判斷被里德認為是知識論上的首要原則。這種原則預設我們對常識原則的理解具有眾人共同接受的共同概念，且可被稱為不言而喻／自明的真理。作為首要之原則，常識可受眾人辨識，且若對常識加以反認不但錯誤而且荒謬，因為常識判斷對所有人來說都是必要的，且眾人對常識的理解是無條件可以成立的。當人擁有這種常識後將產生必然的判斷。不論常識或判斷都是作為人天生所具有之原始能力。

（一）「常識」究竟所指為何？

里德以常識為其認知理論之根本，故里德主張對常識的把握不分性別、種族、年齡或學習與否——這意味常識哲學為里德來說所指所有人都能共同擁有或知覺的那個對象。若常識為我們先天具備能力就能理解之對

象，或許這可以解釋爲何我們可以討論或分享那些不具經驗內容卻可被我們理解之內容。這種表達或討論的直接證據即爲人類語言，其在作爲人類認知、信念或形上學探討上值得作爲證據以顯示人類的共同常識信念。里德在此提出普通語言（Ordinary Language）之概念，其作爲被廣泛分享的物件，能讓我們發現人類所共同擁有的常識信念。里德並不是說所有語言都可以成爲常識信念的證明，而應該說在所有語言結構中我們可以找到共同特徵，例如，所有語言都具有主動／被動之關係，或都能區分事物之質量或其自身相關內容。這意謂語言作爲證據，表達出人類對常識信念具有承諾或認同。即便那是被蘊含在特定語言內而不被輕易發現，這種承諾與認同仍然存在。

為此，里德的常識哲學最爲清楚表達可見於他所言：當我們看見某些事物時，這些事物確實存在，我們通過我們的感官感受這些事物後，確實認爲他們存在。這意謂當我們說我們看到某些事物存在時，我們乃通過自身感官而確實相信某些事物，一如在面對懷疑主義時曾提到的，人類正是使用感官認識外在世界這個信念乃無庸置疑者。人對日常生活之對象產生的感官信念爲明確或不言自明者，任何人若要懷疑自己的感官，須面對自我懷疑甚至無法生活之困境。

基於我們所具備的常識哲學，當需要面對眼前這個實際世界時，若要能被證明其與任何可能答案具有相同基礎時，人類需要的就是合於理性的答案。理性在此對人的要求不一定是需證明感官知識確實可靠的充分理由，反而是能提供否定那些否決人類感官資訊可靠之論點，即能達成對感官知識／常識信念證明的可能──這似乎是里德在常識哲學探討中常用之策略。既然人類需要一些基礎共同信念始能繼續生活，那麼若非有充分證據能證實人類所持信念確實爲假，否則實在無需因噎廢食地不願相信自身所擁有之信念內容。

（二）概念與認知

里德基於常識哲學提出他的概念理論，且以「功能心理學」（Faculty Psychology）稱呼以便與其他不同認知系統理論加以區隔。在里德那，所有精神活動都可被稱爲是概念性的，且我們的理智能支撐起發生在我們身上所有的心理活動。任何活動都能產生概念，即便只是看到一個對象都能產生概念活動如下：

1. 首先透過感官我認知到一個對象X。
2. 其次我能以此對象之不存在型態爲思考。
3. 再來我能以一般性對X之概念對其加以思考。

在此里德似乎建立起「簡單理解 —— 產生概念基本形式 —— 與感知行爲彼此相關」之公式或認知系列。這種思想特徵能調和我們對世界的經驗、概念、記憶與感官之間的差異性。爲能理解這種論點，我們需從里德對概念形成之理論作爲出發。

1.概念的成形

若知識要能運作，則概念就爲其最根本的運作核心單位。里德稱呼爲「簡單理解」的那種狀態即爲我們對某物把握的概念，而不帶有判斷或信念，但爲能幫助我們理解或記住某些事情，我們需要這樣的理解狀態。這種理解得以產生，與我們心靈具有意識有關。人類的意識不能加增亦不能減少，能對特定對象產生認知，且不能以非意向性之方式對此認知加以解釋。但爲何我們具有意向性認知，里德也認爲是種神祕而不易說明之狀況。不論哪種狀況，概念具有其明確的意向性對象，即便是抽象的科學對象命題（像中子或夸克這種非感官能直覺經驗之對象）或完全虛構的對象（如獨角獸這樣的生物），我們也能對之產生概念或加以把握。當一

個人產生概念時，里德以功能性方式對這種概念加以描述：理智能將此概念放在其他（認知）行為中以進行理解。當理智使用概念並加入其他行為時，概念變成可以理解不同對象的方式，特別在理解其他對象所具備之屬性更為如此。

2.自我認知

里德認為，當一個人面對思想對象時，其確實具有意向性之指涉，即若我思考一個對象X，我可以肯定我所思考的對象即為此X（及其外在對象）。對單一對象或許確為如此，但這些對象的關聯性應該如何解釋？而思考這一對象X的「我」又是如何的狀態？特別我們注意到當休謨（D. Hume）提出其主張，即認為這些關聯性僅是心理事件的偶然連結，所以那個思考的「我」僅是心靈劇場時，里德作為經驗主義的後繼者會如何解釋？

面對這個問題，里德似乎認為透過語言意義的類比可以提供合理的答案。思想的意向性內容並非其對象的內在固有物。若有任何不識字的人拿到一本書，這本書對他而言並不具任何符號價值或涵義內容，但這並不妨礙他做出那個與其所無知之符號所代表的行為本身。為此，思想在引導人面對問題時是具有明確意向的。若說因為我的概念僅是偶發不能連貫的心理事件，這種講法未免荒謬，因為這如同說我並不知道我所做行為的意義或意向。為此，概念是不受限的意向，且在其背後具有明確合理性以支撐起整個概念內容。這並非說里德因而得以建構起完整人格同一性，事實上他在此仍主張若要建構起這種屬於形上學理論的規範，常識信念或知識概念都是不可或缺的基礎。更進一步來說，我們或許可說為里德而言，那個在背後思考的「我」仍當屬常識概念。

3.普遍觀念之問題

在普遍觀念的問題方面，里德主張普遍觀念是一種指稱事物的術

語，而非抽象觀念或其他類似的想法。里德並不接受認爲普遍觀念具有某種獨立存在之可能，不論是在某個實在界或人的心中。一些中世紀哲學家雖然主張普遍觀念具有某種獨立存在之可能，但這種主張會使我們將對象的普遍屬性加以獨立成爲某物，導致我們在認知上產生概念對象與感官對象的混合。然而就我們的經驗而言這實爲不可能。因此，當我們認識某個普遍觀念時，並不是依據某個形上學的形式概念創造一個抽象且剝離時空條件的某物，而僅是我們在前面所提到的一般概念。

　　所謂一般概念並非某種自然已存在的實存之物，而是在人類以語言表達思想的過程中創造出來的語言名詞。其雖然是一般概念且能用以指稱某種概念，但一般概念就每個人來說都是他所擁有的特殊概念。此外，一般概念卻也並非僅是對某實存之物的指稱。當我們說一個X時，其作爲意涵與其內容因其作爲X這一事物的整類，所以不盡相同。然而當我們在講這些所謂一般觀念時，里德認爲任一普遍觀念之成形爲透過公眾與社會過程將意義賦予於一個普遍觀念內。這不是說個人就不可能形成屬於自己的一般觀念，只是作爲普遍觀念的社會共識更具有那種眾人同意之常識哲學的基礎性。這種基於語言共識產生的基礎性提供里德解釋不存在事物概念的可能。以獨角獸爲例，我們或許無法對獨角獸產生感官上的認知，但透過語言所蘊含之共識我們仍能對其產生概念。

（三）反駁懷疑主義

　　若如前所述，里德對世界之認知建構在常識哲學上。基於此點，里德認爲懷疑主義者最大問題在於否認我們直覺把握到的眞理或眞相。懷疑論者確實可以宣稱人類不能有效把握對外在世界的認識，或至少外在世界之眞相不如我們所認識的那樣。但問題在我們確實接受一些思想的律則；若無這些律則，懷疑主義不可能提出他們的懷疑。換言之，懷疑論者之所以

能提出他們的懷疑也是基於常識哲學的基礎始能達成。就此來說，相信某一物體具有一特定屬性，或因爲認識某物而產生特定概念不能說是有問題或困難的。懷疑論的懷疑僅是將他們的疑問建立在與整體外在世界相同的常識基礎上，所以他們其實缺乏推翻知識準確性且爲眾人所接受的常識信念。

二、郎尼根：以洞察總結認知結構的實在論[13]

郎尼根承繼士林哲學之系統，並提出對事物可理解性產生認知之洞察。所謂洞察是指，我們對事物理解至融會貫通時產生的根本性認識。郎尼根在《洞察》（*Insight: A Study of Human Understanding*）一書中探討何爲「實在」之問題時，提出對事物之理解，並提出關於洞察的著名定義：

所謂洞察，並非指那些注意或留心或記憶的活動，而是突然發生的理解結果。（*Insight*, p.x）

雖說是對理解活動的把握，但是事實上該書或研究卻因其大量舉用科學與自然科學之例證致使讀者望之卻步，例如，該書第2至5章主要探討洞察在科學知識中的運作，其間探討多項讀者不一定熟悉的自然科學與數學。雖然如此，我們仍可在此論說，郎尼根所謂洞察概念確實爲透過實在

---

[13] 郎尼根的著作可參考Lonergan, Bernard, J. F. *Insight: A Study of Human Understanding*（Great Britain: A. Whcaton & Co. Ltd., 1958），中文資料可參考關永中，《郎尼根的認知理論——洞察卷一釋義》，臺北：輔大出版社，2011年。

論之系統探究認知與理解的重要著作。我們在此概略說明郎尼根洞察概念如下：

（一）爲何有需要探討洞察

我們注意到郎尼根在論及洞察時以「經驗 —— 理解 —— 判斷」這模式之認知結構爲其說明之內容，並在爾後加上倫理判斷之抉擇作爲完整結構內容爲：

經驗 —— 理解 —— 判斷 —— 抉擇

此過程我們在多瑪斯部分已提過，藉以說明多瑪斯的認知。在此我們重新提出，可說明郎尼根所繼承自士林哲學的基本精神。需重提的是：認知結構爲循環性過程，分爲四個段落僅爲說明方便。郎尼根在此意指爲，人只有靠著洞察才對被認知的對象獲得認知。若按關永中所分析，郎尼根在探討洞察之結構時甚至爲說明上之方便而更動其原本順序，此目的即在突顯洞察於認知過程中的重要性。關永中另外指出，郎尼根所謂以洞察作爲認知的關鍵點，可進一步區分爲兩個主要部分：

理解層面	判斷層面
內省洞察 （Introspective Insight）	反省洞察 （Reflective Insight）
在此人能理解事物涵義	在此判別個人理解是否正確
對應《洞察》第1章	對應《洞察》第10章
人不能缺少此能力對事物產生理解	人不能缺乏此確定個人理解的準確
兩者共同運作爲對事物的首要／基本運作	
認知過程的第二層運作	認知過程的第三層運作

洞察確爲人類理解的那個「我明白了」的瞬間，此點可由郎尼根所舉阿基米德之例證爲說明：阿基米德苦思國王所給的「測量皇冠是否純金」之難題，在理解之瞬間不顧一切衝往皇宮稟報。這種突然達至理解的感受人人皆有，因爲任何人都具有通過理解而達至洞察之能力。爲此，探討洞察對理解我們所具備之理解能力具有重要價值。

（二）洞察究竟爲何？

若洞察對理解如此重要，那麼洞察究竟爲何？我們在此以郎尼根於〈導言〉中所舉出之五個面向概略說明。

1. 不問「知識是否存在」，而問「知識是什麼」

過往不少討論知識論之哲學家，或一些英美分析知識論之學者對知識之成立有其質疑之處。但郎尼根認爲，人確實具有知識，這是人不可否認之確定事實。即便他認爲自己一無所知，但他仍知道自己一無所知此一事實。爲此，郎尼根欲探討之問題並非知識如何成立，而是知識究竟爲何之問題。因爲人至少有兩種知識成立之要件：對客體對象的認知，與對主體認知結構的認知。這意謂我們確實具有知識，只是我們更需釐清知識之本質究竟爲何？

2. 首要對象不是「被認知的內容」，而是「認知行動」

上一面向所強調人所具有的兩種知識要件蘊含此處所言之認知內容與認知行動間的差異。過往知識論主要提供關於知識成立之可能或系統，但當一內容或系統得以成立時，其又預設認知主體所具備之能力。爲此，郎尼根認爲若我們能先討論認知行動本身並釐清認知者如何認知（即認知認知者的認知），對我們釐清被認知的知識內容必能大有助益。這並非指知識的內容不重要，而是指在郎尼根討論順序上如何認知先於認知內容。因爲知識之海浩瀚無涯，我們窮盡一生或許僅能精通少數幾項知識。故若能

掌握認知結構本身，我們即可依此爲根據點，進而涉獵認知內容。

關永中進一步在此提出，把握個人的認知結構，就是去體認個人認知結構後進一步領悟認知主體的意識層次，故他列舉相對應層次如下：

認知結構		意識層面
經驗		經驗意識
理解	對應於	悟性意識
判斷		理性意識
抉擇		理性自覺意識

3.洞察在於體認個人的認知結構

郎尼根所提此面向極爲重要，關永中指出此部分可謂全書要旨，因爲該面向提醒我們，當我們在閱讀《洞察》時，我們就是在體驗並確認自己究竟如何認知或具有如何的認知能力。爲此我們可以合理解釋爲何郎尼根在第2至5章需大量使用自然科學、數學或時間空間等對讀者難以理解的概念：因爲他的目的不是在闡述一套與我們看似無相關的哲學理論，而是嘗試透過這些複雜的例證，說明人在理解過程中如何透過洞察之產生建構起越來越複雜，但也越來越精確的科學架構。當讀者理解這些架構發展乃根據我們所擁有之理解與洞察後，返回自身省察並再次檢視我們所擁有的能力。換言之，當讀者隨著郎尼根的思路進入對自己理解能力的理解時，將能透過這種重新檢視發現洞察的奧妙。

郎尼根的巧思可從《洞察》一書結構看出。關永中指出，爲能幫助讀者達到「體認」的目標，郎尼根所採取的思路是：

(1)首先陳述洞察是什麼，

(2)繼而以數學作例子來說明洞察的涵義，

(3)繼而以科學作例子來說明洞察的涵義，

(4)之後站在普通常識立場看洞察。

在此立場上，郎尼根第一步策略先探討洞察作爲行動（Insight as Activity），先從實例出發，爾後才探討洞察作爲知識（Insight as Knowledge），探討我們對世界的認知或對知識內容的把握能到如何的程度。身爲實在論者，郎尼根所探討知識論的發展也不意外地呈現出特定向上攀升結構，以幫助我們理解自身之認知結構。郎尼根所勾勒之認知過程可概略描繪如下：

前提：人是具有認知能力的認知主體
且具備認知世界的認知結構

自然科學	常識	自我認知	形上學	倫理學	人對超越的
數學	人生	的意義	的成立	的架構	終極渴望
時間空間	乃至偏執				

4.「自我體認」是循序漸進的

基於郎尼根對讀者的自我進行認知，故這種自我體認並非一蹴可成，而是需要逐步建構之過程。郎尼根探討洞察由自然科學等「明確」科目作爲出發，即爲此面向之落實：從單一科目或較小的觀點出發，爾後才能對較廣範圍加以理解或掌握。既是循序漸進，則過程必然爲動態呈現。這不單指對洞察可經由各不同科目領域加以把握，甚至讀者自己也能經歷自我知識修正之過程。因爲洞察即爲主體認知過程中不斷自我充實與開拓的過程。

5. 以教學方式進行循序漸進之體認

　　基於洞察的過程乃循序漸進之過程，則教學方式可為重要引導路徑。過往哲學探討認知能力時，慣於先預設讀者對認知能力或主體有一定程度理解，然此種哲學人類學／哲學心理學之討論又需預設讀者對複雜之哲學術語或邏輯、形上學概念能加以把握。郎尼根採取與此相反路徑：先從我們所理解或把握者出發，爾後再將探討等級逐步拉高，以致最後能讓事物採取較高觀點或更廣視野——這也符合《洞察》一書的章節安排，整本書如同一位教師帶領學生領略洞察在各領域之奧祕的過程。

　　郎尼根最後以一段全部大寫的話來總結洞察究竟為何：

去澈底理解所要理解的一切，不單只概括地理解所要理解的一切，而且要擁有一個穩妥的基礎，一個不變的模式來開導自己在理解上有更深遠的發展。（*Insight*, p.xxviii）

　　換言之，郎尼根提供的洞察是一種動態結構，一種不斷前進的可能性。因為人的認知涉及範圍極廣，功能也極為強大。雖過往我們在知識論上曾將不同活動分開加以討論，但每單一活動本身都不能被稱為認知活動——都只是整體認知的一環。為此，唯有在這些活動彼此結合唯一整體時，此認知活動才是「活的」。既然是活生生且具生機力量，那麼這認知過程就必然是動態，能隨時間拉長而逐漸成長。這種對自我的認知，在郎尼根哲學系統內也僅是開端，因為當人擁有對自我認知的正確把握時，將能依此為基礎而進一步探討不同領域的學問內容。

本章小結

1. 實在論的基本立場是：確定人確實具有能力能認識外在世界，且外在世界如其之所是地為我們所認識。但在認識中觀念的產生則基於對人理智能力之設定產生不同的解釋或說明。

2. 實在論的立場可在亞里斯多德那裡看到，他在探討人的認識過程中說明人從外感官到內感官，以及理智的作用。但他的討論留下對於主動理智討論的困難。

3. 從亞里斯多德到多瑪斯中間，許多哲學家嘗試解釋主動理智之難題，主要方法包括對理智功能的增加、認識主動理智為神聖實體等不同方法。

4. 多瑪斯重建亞里斯多德理智能力，並定規主動理智與被動理智為人理智能力的一體兩面。士林哲學後來對實在論的討論就以此為主軸。

5. 除多瑪斯外，另外還有不同的實在論解釋，例如，英國哲學家里德的常識哲學強調我們的認識對象應該是以常識為基礎，故具備實在性；以及郎尼根所提出關於士林哲學實在論的解釋版本，並強調實在論的認識過程具動態性結構。

第四章　觀念論

　　前一章所論及之實在論預設認識結構爲「主體——客體」立場之主張，在哲學史或認識論中當屬最大宗主流，唯一差別在於主張者所謂主體所具認知能力及認知客體如何可能之條件有所不同。但在認識論立場上存在另一種截然不同之認知主張者，其顚倒主客立場並認爲客體之存在樣貌爲主體認知之能力所得。哲學史稱此種主張者爲觀念論，其中又尤以從康德之後諸多哲學家爲其中大家。由於其共屬德國體系，故哲學史常以「德國觀念論」加以稱呼。本章中我們將首先介紹觀念論的基本論點，爾後依序說明康德以前哲學家知識論之發展、概念演進如何呈現在康德哲學中，及康德哲學所產生之難題如何由其後之哲學家們修正的歷程。

壹、觀念論基礎論點

　　在進一步說明觀念論，尤其德國觀念論的發展歷程前，我們在此先說明觀念論的基礎論點，包含澄清其所不是以及觀念論的重要特徵。

一、觀念論之所不是

　　觀念論英文「Idealism」，為萊布尼茲首先提出，舊譯為「唯心論」或「唯心主義」。部分以士林哲學／實在論為基礎論點之知識論認為，此論點主張宇宙中唯有心靈才是實存之存在，除此以外沒有任何其他物質具實存之存在。基於此論，其主張不但使認識基礎改觀，也使物之本質改觀，因認識行為不再是心靈與物之符合（如前所提名實相符觀點），而是創造物之活動，即認為心靈以外所有存在對象均為心靈所想像或預設，故當我們認識某一對象時，此對象我們僅為思想內容或觀念存有。

　　然而上述關於唯心論之論點嚴格來說並非正確，因為當我們將Idealism翻譯為唯心論一詞時，其確實可能讓我們以為世界上僅有我的心靈為真。但Idea如我們在第一章所言，在柏拉圖那裡被認為是一種對世界認知時已預存於我們心中的特定觀念，故在（德國）觀念論這裡，這種Idea可被視為主體所具備的特定內在能力。這種推論下文將繼續說明。只是若將Idealism視為唯心論，則進一步我們可能推導得出唯我論（Solipsism）。此論認為唯有自己之心靈為確實存在者，所有他人心思均為自我心靈所認知／投射，其他所有可能的心靈與認知均為其思想與經驗的延伸。這種想法來自三個基本哲學預設：

1. 作爲主體，我唯一或最爲確認的知識乃我對自身所擁有的思想內容，其根源來自我所擁有之經驗、思想、經歷等。

2. 在心理與物理間並無概念上或邏輯上的必然關聯性。所有身與心的聯繫均可能受到笛卡兒心物二元難題之影響而產生心物間之斷裂。

3. 當一個人擁有某種特定（心理）經歷時，其必然爲他所擁有的私人經歷。這種經歷對他人而言不具可分享的可能性。

按這三個基本預設，人對他人的認知或預理解他人心思內容實屬不可能之事——此點類似我們於第二章所言哲學殭屍面對之問題——這似乎意謂任一心靈或意識之存在可能不受物理限制（一如我們可以設想，連這個身體都是由某個心靈或意識所幻想／設定出來之產物）。換言之，極有可能心靈或意識其實乃爲依據獨立存在性質之獨立實體。一如我們在第二章所言之桶中大腦論證，所有外在世界均爲我們意識在接收資訊後於腦中建構之認知內容。這種由心靈建構起其所認知世界是可能的，即便失去與外在世界的關聯性也可能建構出一個完全獨立存在之世界。例如，貝多芬耳聾後仍能創造交響樂的狀態，似乎讓我們必須面對唯我論可能爲眞的論點。貝多芬的例證似乎可解釋唯我論爲眞，因爲其仍在所屬世界中建立起符合我們所認知世界的基本規律。然唯我論並非觀念論，唯我論應被視爲在解釋他人心思問題時，處理心靈無法溝通或認知無法傳遞之狀態的可能理論。觀念論原則上仍設定我們具有共同認知世界之可能性的充分條件，他人心思與我所擁有能力原則上相同且一致，這促使我們能具有共同認知的可能。

二、觀念論之認知特徵

在前述知識論或哲學家所言之論點，其基本預設認識結構確為「主體──客體」之認知結構。主體或有或無能力可認知外在世界（依懷疑主義或實在論立場有所不同）；而客體確實在那，只是我們如何認知乃依據主體能力條件／限制產生不同結果，而最為極端的懷疑論甚至連是否具有客體也相同懷疑。但對觀念論而言，客體是否存在已不再至關重要，因為重要點在於回歸到主體自身所具備之能力。為此，觀念論，尤其是德國觀念論，具有以下三個特點

1. 主體優位發展極致：基於觀念論探討認識結構乃主客關係之調反，德國觀念論之哲學家們特別將重心放置於主體認知能力研究方面。過往哲學家們雖討論主體能力，但其模式乃以主體能力與外在世界同時成立，故哲學脈絡雖以人為出發，但爾後將根據人之所是決定人與外在世界的關係。從康德開始，德國觀念論之思考雖相同地以人之能力為討論基礎，但之後卻形成「人之所是決定世界之所是的樣貌」這種論點。此點在菲希特與謝林身上尤為明顯，這可以從他們對自然哲學之理解與當代自然科學研究所得之結果有大量差異看出。然在這點上我們應當注意，當我們說「人之所是決定世界之所是的樣貌」時，甚或像叔本華所言「世界為我意志之表象」時，這並不是說基於我的意識或意志就決定了世界之樣貌，一如當前一些主張「一念天堂，一念地獄」者的觀點。正確說法應該是，基於主體所有擁有的認知能力就能認知如何的世界，一如相同的世界在人類的眼睛與在動物的眼睛看起來不盡相同。或者可以說，主體所擁有之認知能力決定他如何解釋面前這個世界。

2. 絕對者的引入作為整體世界認知的保證：除對主體能力的強調，

德國觀念論另外也著重對絕對者之描述。此絕對者在德國觀念論內最早可追溯至康德的超驗統覺，甚或善意志／法意志等特殊集合體之概念。此種統一集合體本可說是爲解釋普遍觀念之所是而提出的解釋，然當康德以物自身作爲世界表象之基礎且造成自身理論矛盾後，後來的德國觀念論哲學家們在嘗試透過消解這不可知卻必須存在的物自身時，逐步開展出關於絕對者的觀念。此處所謂絕對者不能單純被認爲就是基督教的神或某一位超越位格的存在，而應該被認爲是如同柏拉圖的純粹觀念，甚或中世紀所言之共相之類的存在。按照德國觀念論的思路，若作爲主體之認識爲世界被認識之可能，那麼主體所擁有之觀念究竟如何具有普遍性？或相同觀念爲何在我與你作爲不同位格但具相同認知能力之主體上能具備普遍認知之可能？除與普遍觀念相關之問題，這個世界之開展如何可能？這些問題一方面在可回答知識論中諸多議題的答案，但另方面卻透過絕對者加以說明。

3. 艱澀用詞目的在精準描述：觀念論既在探討意識發展歷程或世界如何被認識的可能，其工作如同返回自身探討自我意識在認識世界此一工作上如何可能，或是如同在問意識具有如何認識世界之能力。除對主體意識探討外，其亦需說明意識如何與絕對者／絕對觀念產生關聯，或是整個意識發展及認知的歷程。爲能精準說明此一發展歷程及所具備之能力並進行詳細考察，德國觀念論哲學家們所用語詞往往艱澀難懂。這種艱澀因兩方面背景使其更爲複雜：

(1)對過往／前輩哲學體系考察並嘗試超克之結果，使這些語詞常因疊床架屋之故，一方面具有前人之意涵，另方面又被賦予在單一哲學家體系內所各自賦予的意義內容。

(2)爲能詳細說明意識發展之歷程或意識所具備能力之內容，德國觀念論哲學家們基於組合字表達全新意義之方式建構出新的哲學字詞。一方

面這能幫助我們更為清楚理解其所欲表達之意涵內容，但另方面卻又使我們陷入需要更難以精準解釋的困境內。此特徵表現在本章內之狀況為，許多講述知識論的用字遣詞看上去像中文，讀起來卻完全不是中文慣用語言之狀況。

其中絕對者作為觀念之來源，作為實在論中所謂普遍觀念如何可能的基礎，我們後面將會看到，絕對者的觀念從康德開始漸漸出現，日後在黑格爾那裡變得完整且具對哲學重要的宰制力量。

貳、啓蒙運動、理性主義至經驗主義的時代背景

　　德國觀念論的開展與前期哲學史有重要關聯。由於我們前面已提過經驗主義三位代表性哲學家──洛克、巴克萊（參第一章）與休謨（參第二章），所以我們此處僅針對三者思想傳承提出簡要說明。並將本段重心置於啓蒙運動與理性主義的發展上：

哲學家	修正	結果
洛克	不接受笛卡兒先天觀念	將認知區分爲物體作用之初性與作用於我們身上之次性
巴克萊	認爲洛克初次性觀念有解釋上的困難	貫徹洛克論點，認爲存在即是知覺與被知覺，但拉入神作爲世界存在之保證
休謨	確實貫徹洛克與巴克萊以來的經驗論原則	凡不能被經驗所把握者均不可被認知，間接引發懷疑論

一、啓蒙運動

　　啓蒙運動嚴格來說並非專指哲學上的運動，更是指17至18世紀期間歐洲整體社會在精神生活上的改變。就一般論點來說，其主要精神呈現爲高舉科學，並相信能透過正確的科學方式揭開世界之面紗。就實踐角度來說，霍布斯（Thomas Hobbes）所言之「知識就是力量」（Knowledge is Power）可作爲實踐之代表，因知識乃理性之產物，且能幫助我們更加認識這個世界。爲此我們無需意外，在高舉科學精神與理性之際，宗教信仰所受到的攻擊。然就啓蒙運動而言，有兩點與此處所言觀念論關係密

切，一為自由主義，另一則為自然神論（Deism）。

1. 自由主義

中世紀哲學在信仰的前提下常被認為箝制理性以便服從更高律則，如著名「哲學乃神學之婢女」（*Philosophia ancilla Theologiae*）即為一例。為此在進入啟蒙時期時，哲學家主張理性權利及其自由表達之內容。這種表現最開始呈現在自律態度上：過往倫理規範乃來自神聖律則之啟示，但人作為一理性存有者自然可透過理性自律之態度而作為／成為自身之規範。這種自律在諸多方面都能加以呈現，例如，對思想來說，理性呈現在對清晰且理性知識洞察上，凡不理性之迷信或非清晰知識均屬不合理產物。在宗教信仰上也產生類似狀況，例如，洛克認為若一宗教為可被信仰者，其教義必然合理或能受到信仰者之理性考察（此論點後來被稱為道義論）。凡是宗教信仰上具過於奧祕或啟示性者，當屬不合理之對象。從此處則產生自然神論之論點。

2. 自然神論

過往基督宗教信仰中，神乃創造世界之主宰並掌管安排萬事萬物的運作。然在法國啟蒙運動中，其走向開始偏向於唯物論與無神論之際，自然神論這種特殊的神觀便出現於歐洲文化。自然神論相信神的存在，且仍視神為超越的位格神。但這位神創造世界後便脫離世界，讓世界依據其所安置在此世界中之自然法則運作而不再干預。自然神論最常見之比喻為鐘錶匠。神如同一個鐘錶匠，在創造世界讓世界這個鐘錶自由運行，並依據和諧的原則無需調整。

這兩論點在德國觀念論那裡可以看到痕跡。德國觀念論在啟蒙運動中當屬溫和者，其中代表者即為後文將提及之萊布尼茲。然而對德國觀念論有重要影響的，當屬沃爾夫（Christian Wolff, 1679-1754）與萊辛（Gotthold Ephraim Lessing, 1729-1781）。沃爾夫在德國提倡理性主

義，強調自然宗教與自然倫理，且認爲哲學應當爲清晰的知識傳遞。萊辛則主張宗教的相對性，並批判眞理絕對論的說法。兩位哲學家所強調之理性與批判，爲後來康德乃至德國觀念論者提供精神上的立場。

二、理性主義

如前文所提，經驗主義在知識方面強調乃爲所有知識均來自經驗。與此相反，理性主義認爲人類確實具有特定先天觀念。這種先天觀念並非指人一出生就具有知識，而是具備對知識認知的基本條件。這方面主張又因笛卡兒心物二元難題而被複雜化。原則上，理性主義者多少均認爲人具有先天觀念，且至少呈現對邏輯或數學公理的認知上。然爲處理笛卡兒所留難題，以及說明認識如何可能，理性主義者多少都提出其對知識之概念或論述。本處我們以斯賓諾莎及萊布尼茲爲例，說明理性主義認識論體系之建構爲何。

（一）斯賓諾莎（Baruch Spinoza, 1632-1677）[1]

我們在上文提到從笛卡兒以來的心物二元難題（參第二章）。此難題引發不少哲學家嘗試解決之方式。例如，格林克斯（Arnold Geulincx）以機緣方式處理心物二元難題：我的身體與心智一如兩個沒有交集的鐘錶，因爲神在設立時就已預定彼此和諧，因此心的認知乃神藉以作用在身體運動變化的機會因／機緣。

---

[1] 關於斯賓諾莎的入門資料可參考洪漢鼎，《斯賓諾莎》，臺北：東大出版社，1992年。北京商務印書館於2014年出版五卷本《斯賓諾莎文集》爲斯賓諾莎著作全集的完整中文版，可作爲有興趣讀者進一步參考使用。

與格林克斯同時期的馬勒布朗雪（Nicolas Malebranche, 1638-1715）採用類似19世紀所提出之「存有論主義」（Ontologismus），強調存有論秩序上為首先者，在知識論上也必為首先者，即知識與存有秩序相符。我們可以注意馬勒布朗雪如何修正笛卡兒的心物二元難題：因為在笛卡兒那，人類知識獲得保證乃基於神的慈愛與誠實，雖然人類擁有清晰明確的先天觀念，但因為心物間之隔閡，所以仍需引用神作為知識判準。但對馬勒布朗雪來說，清晰明確之觀念為自明之理性直觀內容，特別因其為神之精神內的觀念，是神創造時所具有的觀念原型。特別是馬勒布朗雪認為所謂真正原因必須是心靈所能給予知覺的因果必然連結性，但人僅能獲得因果關聯間的規則性而非必然性之連結，所以人不是真正的原因，真正的原因僅能在神那裡獲得。我們的認知其實是神直接作用在我們心中的結果而已，而真理也僅是我們在神之內所能見到的一切。即便數學原理、對物質世界的認識，以及對道德律的體會，無一不是因為神直接內在我們精神之內以致我們能夠認識的結果。就此來說，人的認識能力被消融在神性認識之內，神才能是真正的認識原因。之所以被稱為機緣，是因為就此理論人與受造物並非認識的成因，僅是神作用下的一種機緣罷了。

不論格林克斯或馬勒布朗雪，其嘗試消解笛卡兒心物二元論之努力均將知識論的探討導向機緣論之方向。笛卡兒心物二元論按其理論沒有交互作用之可能，因為心靈與身體分屬兩種不同存在面向，迫使笛卡兒必須以神之慈愛作為認識的保證。格林克斯或馬勒布朗雪的處置，即依循笛卡兒路線但加以擴充，使神作為消解難題的做法，在斯賓諾莎這裡也可以看到。但他與上文所提兩者的差異是，將神與萬物間的關係由外拉至內。格林克斯將神置於萬物之外以保證知識與外在世界的和諧，馬勒布朗雪將萬物放置神裡面以獲取保證，斯賓諾莎則是將神放置萬物之內形成嚴密的實體一元論泛神論系統，以確保心靈對世界的認識具有可能。

1.實體定義的貫徹

笛卡兒雖然提出實體的定義但明顯並未貫徹。如果實體乃不能依附他者所存在或爲自因者（*Ens causa sui*），那麼唯有神才是唯一實體。此起因於斯賓諾莎認爲實體不能由其他所產生，由於實體具絕對性，故不可能與另一物具共同點；此外，若依據實體之定義，實體之產生乃因其爲自身之因，故唯有神是眞正且唯一之實體。既然如此，其本質必然包含存在，故神作爲實體必然具有存在，此爲斯賓諾莎根據笛卡兒所規範實體定義推出之結論，並成爲笛卡兒——安瑟倫（Anslem）以來本體論證之貫徹結果。

就此而言，所有有限物基於斯賓諾莎對實體定義的貫徹不復爲笛卡兒意義下之實體存在。故心物二元並非心靈與物質間的隔閡，因心被消解爲神的思維屬性，而物被消解爲神的外延屬性。這種消解乃基於上述實體必須自因之概念，因爲笛卡兒已定規實體爲其存在不需其他事物，而在笛卡兒那裡，這個定義並未被貫徹。然而在斯賓諾莎這裡，雖然實體定義受到貫徹，但我們對這神性實體的認識卻極爲有限：僅有思想（*Res cogitans*）與外延（*Res extensa*）兩者，而這兩者正是在笛卡兒的意義下被使用。雖然僅有這一實體，且我們僅能認知其思想與外延，但我們可透過型態（*Modus*）對實體加以把握，因爲斯賓諾莎定規型態即爲實體的對象表現方式。如此斯賓諾莎的泛神論體系便被建立完整，因爲在神這唯一實體的前提下，所有有限事物都是神性實體之型態的表達——包含人的心靈與身體亦同，前者爲（神性實體之）思維而後者爲（神性實體之）外延。而在此意義下，萬物既由神所產出，故神屬「能產的自然」，世界即爲其所產出之「所產的自然」。

2.認識如何可能？

根據上文對心物二元的消解，所有我們面前出現之有限存在均非獨

立自存之實體，而是神性實體的型態，而我們所能知者亦爲神思維之屬性——對斯賓諾莎而言，人的身體是外延模態，心智則是人體之觀念。根據斯賓諾莎對心物二元之消解，我們的身體是神性實體外延屬性的有限型態，而人的靈魂即心靈或認知作用則是其思想屬性的有限型態。兩者雖性質不同卻能完全相稱，因爲不論觀念與事物，其秩序與關聯均爲同一。我們在此可看到格林克斯與馬勒布朗雪的路線。我們需要注意的是，在此意義下身體與靈魂之間並不相同，其之所以被統合爲一體是在神性實體內始能和諧，因這兩者爲神性實體之外延與思維屬性。在人身上是兩個分開的，但在神性實體內卻是統一的。

更進一步，斯賓諾莎所提之認識具有以數學與邏輯爲基礎之基本前提，並以思想配合數學或邏輯之精準性。上述斯賓諾莎之本體論證即可證此處所言思想配合邏輯之狀況，因爲思想與（形上學的）世界之存有秩序彼此相符，而認識的來源不僅是經驗——這是最低等級者——而是透過神性實體內之純粹思想產出。斯賓諾莎在解釋人所具有對事物之觀念時依此區分兩組：

*理性或幸福之路：自我保存＝認識＝德性＝自由＝堅毅＝快＝愛＝力量＝幸福＝自我完成。
*奴役或不幸之路：自我毀滅＝謬誤＝罪惡＝奴役＝脆弱＝不快＝憎惡＝無力＝悲慘。

我們需要注意，斯賓諾莎《倫理學》（*Ethica Ordine Geometrico Demonstrata*）中所揭示的兩條路，與其說是倫理之途，不如說與蘇格拉底主知主義有異曲同工之妙：透過正確認識才能引導走上幸福之途，這也可解釋爲何斯賓諾莎會在《倫理學》中討論認識論與形上學問題。爲此，人的觀念也可區分爲合適與否，其標準與是否直觀神性質體相關。合

適的觀念因爲涉及神性實體，並可正確掌握神性實體及其因果關係；不合適觀念則只涉及個別事物而無法正確掌握神性實體與事物間關係。

3. 知識的等級

斯賓諾莎既從結果回推而如此看重觀念的合適性，那麼從知識論角度來看，斯賓諾莎規範知識具有以下層級：

《知性改善論》	《倫理學》
最低：道聽塗說的知覺	
感覺經驗的知覺	第一種知識：想像的知識
論證推理的知覺	第二種知識：科學的知識
最高：本質直觀的知覺	第三種知識：直觀的知識

在《知性改善論》（*Tralectatus de Intellectus Emendatione*）書中，道聽塗說所得者爲最低等級知覺，此認知來自聽聞且非個人感覺，因無法通過實際經驗確認，故尚需經驗以外方式來加以確認。感覺經驗的知覺指通過個人經驗感覺即可獲得對事物證實，其範圍包括日常生活中大小實際獲取之經驗對象。推理論證的知覺因具邏輯推論過程，且爲基於不同命題間之推論所得，故可視爲具嚴謹意義的知識。四層級知識中最高等級的本質直觀知覺，爲對一事物能就其本身獲得關於此項之本質眞相。這樣的分類在《倫理學》書中進行一些調整。道聽塗說的知覺與感覺經驗的知覺合併成爲想像的知識，另外兩者僅名稱上略做調整，甚至直觀的知識因其具最精準性質而未做太大更動。《倫理學》所揭示三種知識意義如下：

(1)想像的知識：受他人影響所產生狀態反映在觀念中，並非依據邏輯演繹或由其他觀念推導而出。這種觀念也非由心智主動產生，因爲此類觀念與人類／他人身體變化之狀態有關。此觀念被斯賓諾莎稱爲不恰當或

混淆的，一般性或普遍觀念均屬此類。雖然斯賓諾莎認為這種觀念僅為偶發性且性質模糊，甚至被認為是最低層次的認知內容，但斯賓諾莎並未否認其具有實際效用，甚至應該說此類知識對日常生活而言是有用的。

(2)科學的知識：此類知識包含著恰當觀念，而科學的知識屬必然為真者，因其基礎在恰當觀念。斯賓諾莎另以理性層次稱呼是為了與上一想像層次區分，且他認為所有人的認知中都包含（部分）恰當觀念。所謂恰當觀念，為心智來說，應可被定義為是所有物體所共有，使其不論整體或部分均有且心靈必然能夠知覺到的性質。這種觀念在被思考時無需關涉客體，即具真實觀念之性質或內在特徵，我們甚至可說此類觀念為其自身之準則且我們都能了解。為此，真理作為恰當觀念之一種即為自身的標準，而凡透過邏輯導向自明公設之命題也必然為真。依此前提，想像的知識即一般性命題為此類知識的構成，也就是從混淆及不恰當的觀念進入到在邏輯上清晰且具關聯性者。

(3)直觀的知識：就理解的極限而言，直觀知識始為認知能力的真正極致。我們在第五章將會探討神祕經驗知識論，在那裡也有類似由低到高的知識等級；且與此處類似的，最高等級的知識是依據超越者能力所給予的主體能力超升。但斯賓諾莎的直觀知識卻是由科學知識推導而出，甚至可以說是由科學知識推導出來的結果。這種認知內容一方面是對神聖本體的理解：因神聖本體某些屬性確為我們可把握之恰當觀念；就另方面來說，自然既為神之屬性所產出，則邏輯性的理解自然本質與永恆結構，且心靈可真正視個別事物為真正個別對象。在此意義下，認知主體越認識個別事物，就必然越認識神聖本質，且此種認識伴有確實的滿足與情緒。然而我們應當注意，這種近似神祕主義的解釋乃斯賓諾莎知識論系統推論的結果，雖然與其生長背景有關，但不必然是神祕經驗知識論的結果。

（二）萊布尼茲（Gottfried Wilheln Leibniz, 1646-1716）[2]

　　哲學史上萊布尼茲兩個最著名的理論分別是單子論（Monad）與神義論（Theodicy，又稱神義論）。前者爲萊布尼茲因反對斯賓諾莎所留一元論實體議題而引出之理論內容，後者則爲解釋全能全善之神與惡存在間之難題而提出。從數學來說，其學說也與微積分的發展有關。在此背景下，他的知識論分析容易被忽略。

　　我們在前面已提，理性主義與經驗主義的重要區別之一是先天觀念是否存在的預設：理性主義相信先天觀念乃知識之基礎，經驗主義否認並認爲眞實可靠知識必然來自然類經驗。萊布尼茲在此呈現折衷主義的調和做法，他一方面同意洛克以來感官經驗爲知識之起源，另方面卻又認爲洛克並未清楚區分來自感官獲得之表象觀念與理性建構之觀念間的差異。爲能說明洛克理論之不足處，萊布尼茲提出兩種不同領域知識：

感性認識	理性認識
經由經驗即可獲得保障 無須邏輯運作論證	依據理性自身思考推論而成立
事實眞理	理性眞理
偶然的眞理	形上學或幾何學式的 屬必然的眞理
涉及現實經驗	基於邏輯思維必然性
依據充足理由律 彼此矛盾之事實可同時成立	依據矛盾律 不允許任何彼此矛盾之眞理成立

其中感性認識之對象爲感覺所產生者，諸如冷熱或味覺等均爲感性之

---

[2] 萊布尼茲的入門資料可參考段德智、陳修齋，《萊布尼茨》，臺北：東大出版社，1994年；Herbert Wilson Carr, *Leibniz*（New York: Dover Publish, 1960）；另外其著作中文版可參見陳修齋譯，《人類理智新論》，北京：商務印書館，1982年。

事。其所依據之充足理由律意指凡所發生事物均有其理由，且不論邏輯上可能之事物或現實生活中之事物均能追溯至原本的理由。此類知識雖具真實性，但因感性或感覺經驗具有不確定性，且會因時因地有不同結果，故雖有彼此矛盾之事卻仍屬可能。為能確保萬事萬物均具有充分理由──雖然我們不一定能確認我們對感性認識的偶然事物具有充足之理由──萊布尼茲以神作為萬事萬物的最後充足理由。以神作為萬事萬物的充足理由並不代表我們對事物不能先驗地（A Prior）認識，而是以人類的有限性來說要無限分析充足理由實屬困難。為此，萊布尼茲曾以充足理由律作為論證神存在之方式：萬事萬物存在之究極理由必然預設一超越在此萬事萬物存在以來的實體，此實體不能進一步以充分理由作為其存在之說明。為此，此實體必須是自身的充分理由，此實體必然為神。

至於理性認識層面，其既根據理性內容推論與思考，故其屬必然真理。我們需注意，萊布尼茲在探討此類層面知識時受到笛卡兒的影響，認為數學演繹為精確可靠的哲學方法，故其認為此類知識為必然真理。此類知識依據矛盾律（萊布尼茲有時又以同一律稱呼）建構而成，故不可能有彼此矛盾的真理同時成立。哲學的真正工作在尋找真正的第一原理，並從此第一原理推導其他一切知識學問。

在這兩種知識的前提上，我們需要注意萊布尼茲知識論的特殊意義：

1. 關於可能性概念知識乃屬數學、邏輯與形上學之內容，此類概念不能矛盾。但現實存在之對象卻為現實經驗所呈現的偶有性質。凡我們所能以理性推論之知識或命題均為可能存在者，為此理性知識並非對現實世界的判斷或命題，唯一的例外是關於神的命題。

2. 由於人在認知上能具有這兩種不同知識，為此人類靈魂／精神能同時進行感性與理性兩種活動。理性作用能不受外在干擾，為主動能

力；感性則因混雜有大量知覺內容而受外在世界影響，爲被動能力。更進一步來說，感性知識所得內容既由經驗感覺產生，故並非先天觀念；但理性知識之內涵，特別是邏輯或數學等基礎命題建構，不但可不受外在世界影響，更進一步可謂我們感性經驗成立的基礎。在這點上我們已可看出對康德哲學的預設說明。

參、康德與觀念論體系[3]

　　康德（I. Kant, 1724-1804）的哲學在知識論體系上占有重要承先啓後的重要地位。其知識論與哲學背景同時承繼了理性主義與經驗主義的內容，甚至可以在他的哲學體系內同時找到這些哲學脈絡。其師承沃爾夫教導與傳承下來的理性主義思想，但又受到休謨的啓發（康德自稱休謨讓他從獨斷論的噩夢中驚醒）。雖然他綜合了理性主義與經驗主義的哲學思想，但因未能超克其中的困境致使他的哲學思想產生新的困難，進而啓發德國觀念論的發展。

　　我們須注意康德所在的時代背景：同時期的自然科學與數學蓬勃發展，並以牛頓爲主開創新的科學發展。在此前提下他逐步走向觀念論體系，甚至放棄早年所接受之理論形上學系統，而重建其觀念論的認知模式。根據康德在《純粹理性批判》（*Critique of Pure Reason*）書中所提示，其以知識論進路之模式處理傳統形上學所遺留之問題。在理性主義方面，其基於對形上學獨斷堅持產生怪異甚至荒謬的結果（如萊布尼茲的單子論），但經驗主義卻因強調從經驗出發之認知結構，導致最終否認形上學的可能性。爲此，康德綜合了理性與經驗主義之立場，開創了觀念論的知識論理論系統。

---

[3] 關於康德的資料可參考Scruton, Roger著，蔡英文譯，《康德》，臺北：聯經出版社，1984年；Ralph C. S. Walker, *Kant*（London: Routledgepress, 1982）；李澤厚，《批判哲學的批判：康德述評》，臺北：三民出版社，1996年；康德最重要的著作《純粹理性批判》亦有中文譯本，鄧曉芒譯，臺北：聯經出版公司，2004年。

一、知識來源的問題

康德1770年的就職演講中提到，人類知識可分為兩種：感性知識與理性知識。此種區分並非區分高低，也非以絕對意義將人類知識嚴格劃分為兩個種類，而是從各自知識的形成與對象之原理加以探討。我們可將此兩類知識劃分為表格以利說明：

感性知識	理性知識
對象為感性事物：足以影響主體感覺者，或能被一對象存在而影響對象形成表象之能力。	為我們提供象徵知識。
感覺內容為質料，認知主體提供形成此類知識可能條件之形式。	理知能自行產生概念，但邏輯功能上與其實在功能有所區別。
透過時間與空間兩個主體純粹直覺，在與感覺內容結合後形成顯像。 心靈透過康德所謂理性的邏輯運作組織感性直覺資料，但過程中並不造成任何改變。	在自然科學／數學中，感性直覺提供與料，理性依據其邏輯功能運作，並在此情況下透過運用建構出方法。
人能擁有現象上所掌握的經驗世界。	理性知識掌握對象為理性之世界。

兩類知識區分之目的可被認為在釐清形上學如何可能。我們需注意，在形上學領域內，其內容往往是超越感覺以外之知識對象：不論是普通形上學的靈魂或特殊形上學探討（哲學意義上的）神，都非我們感覺經驗所能正確掌握。這些超越感覺甚至超越理性之知識對象雖可被認為乃經由普遍概念而推論或想像，甚至不透過直接直覺所得出之超越感性者，但這些概念的成立如何具有合理性？為此，康德嘗試建構起能給予形上學合理依據的學科（此學科可稱為「普遍現象學」），並在此學科下預防不合理之原則被應用到形上學領域內。

1.心靈、表象與對象

　　康德在此問題的探討爾後衍生出更爲迫切之問題，特別是針對我們心靈表象與知識對象關係間的探討。在討論知識來源的問題上，康德不接受洛克以來的經驗主義，因爲他認爲總有一些不是經驗主義所能解釋具有超越經驗的知識能力；但同時康德也不接受先天觀念必然存在之論據。康德認爲有些概念或原理乃是理性在運作經驗中所得出，例如，孩童或許沒有因果關係的觀念，但卻能從經驗中推論得出此一原理。爲此，康德主張理解爲我們獲取並想像感性直觀與料時，根據主體所擁有之必然形式建構出的動作。爲此，任一對象能被理解乃因其符合我們的認知能力且同時我們已擁有之能力／概念能指稱我們所認知的對象。這些概念乃因其符合知識對象可能性的先驗條件，且在時間與空間兩個純粹直覺形式運作中被建構得出。換言之，康德將建構出的是一種能將經驗實在性穩固提出的綜合過程。

　　康德在對事物認識上區分出我們的心智與神聖心智上的差異性：只有神的心智才能理解一個事物後又創造這些對象，我們的理解僅是透過對於對象之思考而創造對象。換言之，知識的來源按照康德的名言之一，「雖來自經驗卻並非都來自於經驗」，就是在說明於我們的經驗以外還有可得到知識的途徑。也是從這裡我們始能正式討論康德知識論上哥白尼式革命究竟所指爲何。

2.心靈對感覺與料之處理

　　現在問題是，我們自外在世界所接受的感覺與料雜多與紛亂。面對如此龐雜的資訊系統，我們的理智如何爲之加以整理，使其能成爲我們理智所能把握之對象？這個問題就是在詢問：我們理智有如何的功能可讓我們整理或理解外在世界的全體現象？我們對世界的認識乃通過直覺，此直覺在認識中需先假定某一對象，所以我們在認識中被某一對象以固定方式加

以影響。康德以「感性」作為稱呼，以表達對象影響我們而接受了其所擁有之表象此一動作。因為這是接收外在世界之方式，故我們可說人類一切直覺均為感性直覺。就此而論，康德可說接受經驗主義者所稱對外在世界之認識均來自感官經驗之說法，並以感覺稱感官被表象加諸影響後所產生之狀況，以「現象」稱經驗的感性直觀。

3.康德知識論的基本問題

對康德來說，人的認識能力同時包括了感性與理性兩方面，前者提供認知對象，後者提供思想之內容。除感性與理性外，我們還有直觀與概念兩者。對康德而言，上述這些知識來源形成其對知識內容的認知：「思想無內容是空洞的，直觀無概念則是盲目的」。

在進一步討論康德論題以前，我們在此略為暫停並說明幾個重要的概念。嚴格來說，康德哲學常因其艱深難懂的專有名詞使人望之卻步。這些名詞雖難以理解，但若能掌握其基本意義，則對理解康德知識論內容有極大助益，雖然我們也需注意康德有時在使用專有名詞上不一定連貫一致。例如，上述「表象」一詞可被用以指稱眾多認知之狀態，故表象能力即為心靈（之能力）；但「對象」一詞在康德知識論中卻無貫徹意義，若指物自身（Thing-in-itself）時則其本質不可知；而「感覺」則泛指感性知識的與料。雖有上述難以理解之艱澀字詞，但讀者可在閱讀過程中注意以下幾個康德知識論的基本路徑。這些基本路徑一方面為下文行文脈絡，另一方面我們也可以說，康德知識論其實仍與我們所知之知識論探討相同問題：

Q1先天綜合知識如何可能？一種超越經驗但又符合經驗的知識是否存在？此問題同時涉及自然科學作為知識之普效性。

Q2這些知識如果可能，而「符合經驗」一詞又預設外在知識必須配

合認知主體所擁有之條件，則這種知識論上的哥白尼革命如何達成？認知
主體又必須具備哪些先天條件以使自己對外在事物產生認知？

Q3若上述兩問題均可獲得答案，那麼號稱學科之王的形上學是否還
保有知識的普效性？我們對形上學的認知是否還能宣稱有效？

二、對知識論探求之目標：先天綜合知識如何可能？

為康德而言，知識論既探究知識或認知的普效性，那麼其首要工作
在於指明知識來源究竟為何？我們當注意康德著名言論對我們的提示：
「知識始於經驗但不止於經驗」。這意謂知識的來源不僅僅有經驗提供
者，還包括超越在經驗以外的可能性。凡來自於經驗者我們可稱為後天
／後驗，而那些不待經驗即可證明者我們可稱為先天／先驗。對康德而
言，數學或幾何學均屬先驗知識，其成立不待我們經驗證實即已具普效
性，但又可為我們經驗所經歷。

上述需區分方式為根據經驗來源所建構而得。我們對知識的描述又
有分析與綜合之差異。所謂分析與綜合之差別，在於謂詞是否被包含在主
詞內。分析命題之謂詞已包含在主詞之內涵或指稱內，如「三角形有三個
角」為分析命題。此類命題並不加增我們對知識的內容。但綜合命題因主
謂詞間不互相蘊含，故可擴展我們對世界的認識。

若按照康德所言，知識既有先天與後天兩種，而命題又有分析與綜合
兩類，那麼我們可為康德所欲釐清之知識論範圍提出以下圖表：

	先天	後天
分析	先天分析判斷 具必然性與普遍性，但基於分析判斷之形成，對我們所擁有知識無增加之可能	後天分析判斷 此類知識不可能存在，因分析之謂詞乃從主詞而來，無需任何新的經驗，故無所謂後天
綜合	先天綜合判斷 康德以7+5=12作為範例 此為康德所欲探求之知識可能性所在，數學與物理科學知識之所以為真且具有擴充知識之可能，正因先天綜合判斷的證明	後天綜合判斷 為我們日常生活經驗所擁有，為個人主觀經驗，無所謂構成知識普遍性之要素

康德將其對知識論之重心放於先天綜合判斷如何可能的部分。此點與其對自然科學（尤指牛頓力學）與形上學之研究有關。不論形上學或自然科學，其相同特點均在超過人類經驗範圍的狀態下，提供人類所需要之知識內容。為此，康德問的問題可以總結為：「除了經驗知識以外，人還能夠認識什麼？」這個問題預設我們必須對我們所接受的知識進行批判，特別是那些超過我們經驗範圍的對象，如形上學。為此，此問題同時也預設我們詢問「作為科學的形上學如何可能」這一問題。超越經驗以外的知識來源，康德以「先驗」稱呼。上述問題在先驗的意義下可再被衍生為理性及其如何使先驗知識成立。先驗知識要能成立，又再次預設必然有不待經驗與理性即可依靠之形式，這種形式被康德稱為「超驗」的範圍。也就是說，康德在問我們認知範圍內是否存有非經驗的或純粹的條件？若是有，則這些條件的形式要素又為何？

1.形上學所面對之批判

過往形上學的意義乃依據亞里斯多德以來之論述所產生，強調以存有為其研究對象，並認為形上學乃人之天生求知傾向建構所得。但在康德那裡，形上學卻產生不同意義：

(1)基於批判哲學的意義，探求純粹理性能力先驗獲得或可獲得陳述整體哲學和理性之內容，即為康德意義下的形上學。就此意義來說，形上學內容有兩大類，一類乃我們依據上述能力建構而得之嚴格意義知識，另一類則為哲學家們以為透過純理性獲取之虛妄內容。若形上學指後者，且被用以指稱對超越感覺／經驗事物宣稱所具有之虛妄知識，批判哲學便披露並指出其荒謬所在。

(2)作為自然本性的形上學為我們所具有之心靈傾向此點為真，但作為陳述超越對象的科學知識，基於其論證的不合法從未實現。

為此，以康德意義下的形上學作為知識內容，其能成立的要件在其作為嚴密科學，必須符合我們理性範圍且在考察其超越對象作為知識內容之來源合理（即不逾越我們知識獲取方式）的情況下始能成立。否則我們可透過西洋哲學史的歷程發現，即便形上學被稱為「學科之王」，其內容卻紛亂且雜多，除基本用語可能相同外，甚無相近之處。換言之，形上學雖自視甚高，卻可能不具知識成立所需的普效性。

2.自然科學之成立又如何可能？

與形上學相反，自然科學就其發展而言具普遍性且可放諸四海皆準。但這種普效性自何而來？單就經驗主義角度而言，我們雖可學習自然科學相關知識且應用於經驗內，但我們如何擺脫休謨所謂習慣性的期待？康德此處需證明即為自然科學知識普效性之成立提供一明確內容，以說明自然科學如何既不受經驗所限具有先驗地有效，卻可同時符合我們經驗之內容。

正是此點可顯出康德如何極大幅度地綜合來自理性主義與經驗主義兩種截然不同的知識來源理論。例如，雖然康德受休謨影響，但他也修正休謨經驗主義之困難。前文曾提，休謨貫徹過的經驗主義強調因果律不具必

然性，爲此科學知識既依賴因果律所建立，則其只是一種建立於期待或習慣的信仰內容。此點爲康德所反對，因其認爲因果律具先驗必然性且非出自經驗給予。但此點不可能直接作爲對自然科學有效性之證明，故需進一步爲自然科學提出普效性之原理／準據。

三、哥白尼革命

爲能達成上述對先天綜合命題可能之說明，康德對我們所擁有知識之來源／過程進行考察。但此處康德之討論形成哲學史（知識論）上著名之哥白尼革命。

過往知識論構成之前題認定，我們的認知能力能夠掌握被認知之對象並形成對該對象之知識內涵。此預設我們認識乃意識朝向對象以致能認識對象。但康德爲探討形上學作爲一嚴密知識論科學如何可能，提出外在事物須符合我們認知能力時認識才有可能之想法。這並非指我們的認知能力建構出我們認識的世界，而應該說不符合人類認識能力所能認識對象者，人類無法認知。例如，超越耳朵所能接受範圍之音頻我們無法接收。康德所謂哥白尼革命可比喻爲如同人戴上有色眼鏡一般，透過所擁有之認知能力認識到外在世界。

我們必須注意的是：當康德提出知識論的哥白尼革命，並非指我們的心靈在認知過程中能將外在世界化約或轉化爲人類心靈之對象，也並非指人類心靈能創造自己所意欲之世界（一如好萊塢電影喜歡引用「大腦只能看見他想看見的」這種觀念）。如前述所舉比喻，除非事物能符合某些認知主體所具有之先驗知識要件，否則我們無法認知此事物，或言此事物不可能爲我們認知之對象。用另一（不理想之）比喻說明：我們耳朵所能

聽見的頻率理論上是在20赫茲至20,000赫茲之間（雖然會因人而異），一旦某個音頻不在此區間內，我們耳朵就無法聽見。此時我們或許可說此音頻不符合認知主體之認知的先驗形式，故此音頻無法成為我們的認知對象。

當康德提出他知識論的哥白尼革命時，其問題仍在解釋知識普效性之可能：若我們的認知乃被動的，則先天綜合判斷如何可能被認知？因在此前提下我們無法解釋那些已擁有的先天知識。康德為此假定，心靈的認知為主動的，並將其所具備之（先驗）認知形式加在所獲取之感覺與料上。這些認知結構為人理性與感性交互作用所共同決定，以使我們具有能理解事物（或讓事物被我們理解）的最終認知結構。這意謂當我們作為認知主體已具備某些天生或自然的認知結構時，這些結構便決定了被認知對象的可能性。這種說法概略能以上述兩例證作為說明。未能說明作為認知主體之先天認知結構內容為何，康德提出時空條件與範疇論作為認知成立之主體條件。

四、範疇論與時空作為直觀形式

知識的組成在哥白尼革命的前提下不再單純只是因有外在事物被我們認知這樣的理解方式，而是反過來因有我們認識能力所以能正確認識外在事物。認知主體在此具有兩項認知基礎，分別為時間與空間兩項絕對先驗形式，以及認知事物的範疇論。

1.時間與空間兩項絕對先驗形式

我們的理智在整理感性直觀所提供之感覺與料上具有二絕對先驗形

式：時間與空間。時間與空間爲康德而言，並非思想對象或概念，也非我們透過經驗即可把握者，而是感官獲取一切顯像的先驗形式，亦爲感性經驗的主觀條件。此點來自我們對事物把握時所產生的反省經驗：我們在把握一對象的當下並不經驗到其具有時間或空間，而是透過時間與空間的兩項基本形式始能把握對象──這意謂透過時間與空間兩項條件使對事物之直觀因而可能。

　　康德基本上接受經驗主義者的論點，認爲人的認知對象乃基於感覺而有，是心靈藉感官之影響與事物產生接觸，此種加在表象能力上的作用即爲感覺。這種經由感性直覺被康德稱爲現象。現在問題是，我們獲得外在對象之感覺與料乃被給予而獲得，故於我們內在應有一先驗能安排統合質料的純粹形式，這種形式即爲時間與空間。正是在此點上康德與經驗主義不同，因其尋覓感性經驗中的先驗要素。時空兩純粹形式之所以重要，乃因其能成爲我們知識所能達成最低限度的要件。按康德所言，空間或時間爲經驗地實在的或超驗地觀念的，不論我們認知單一對象，或不同性質間事物的交互關係均預設時空兩純粹形式。爲此，時空建構出一個編排雜多感覺或所得表現的架構，以利我們對未經決定之感覺與料提出分離統一的作用──這不是指我們得到了某個感覺與料並發現其爲雜亂無章的一堆資料，而是在我們接受感覺與料時其已受到安排。就此而言，時間可謂認知主體絕對先驗已具備之能力。爲此，空間與時間爲特殊而非普遍概念。空間作爲我們認知外在一切現象之形式，時間則爲我們對自己之直覺或內在狀況省察的形式，兩者彼此交雜且同時被我們所知覺。

　　康德進一步認爲，雖時空兩者同時作爲感性直觀的先驗條件，但就邏輯而言，時間又先於空間，因爲時間爲內在知覺的形式條件，空間則爲外在知覺的形式條件。然而就內在意識而言，我們的內感官又將外在知覺作爲直觀之內容／對象，爲此時間較空間更具邏輯優先性，且能成爲一切顯像的直觀形式。即便時間確實能直觀外在事物，但我們所能把握者也僅有

現象。我們既按主體所具備之主觀形式對事物加以認識，我們就不可能越過現象對事物本身加以把握。

2.範疇論：理解世界的判斷形式

進一步我們要問的是，若我們已具備時空兩項能力，那麼我們如何認識外在世界？康德認為我們內在具有理解的範疇，此範疇為我們認識事物時的基礎能力。按康德所言，範疇具有以下內容：

概念	判斷種類	範疇
量	普遍	全體性
	特殊	眾多性
	個別	單一性
質	肯定	實在性
	否定	否定性
	無限	限制性
關係	定言	實體性
	假言	因果性
	選言	相互性
狀態	或然	可能性／不可能性
	斷然	存在／不存在
	必然	必然性／偶性

理解之所以可能，是因為其已先驗地提供一些原則以決定對象經驗的可能性條件——此點符合前面所言之哥白尼革命。我們的理智為能正確掌握特定對象，需要透過理智所預設之原則對事物加以掌握——從此點我們可以看到理性主義所謂之先天觀念對康德的影響。康德認為上述範疇表所提供之原則如下：

範疇	原則	內容	說明
量	直覺之公理	我們對所有對象之理解均具有廣度及其數量之能力。此公理可作為數學之先天綜合命題應用於經驗的基礎。	此兩範疇同為數學性原理，即透過範疇使數學可能的基礎。
質	知覺之先見	感性把握對象時均具能理解對象之程度（或強度）。	
關係	經驗之比論	理智對不同對象間之關聯性進行知覺之綜合。此處對比於時間可有三種樣態： 1.恆存性：不論現象如何改變，實體不論質與量均不變動 2.相續性：所有轉化皆依因果進行 3.同時性：一切實體均在交互影響中進行	
樣態	經驗思想一般之設準	1.凡與經驗形式相符者均為可能 2.凡與經驗形式相符者均為實在 3.凡與實在相關聯且由普遍經驗決定者均為必然	

3. 先驗統覺

　　現在問題為，我們因具有時空兩先驗形式與十二範疇之認知內容，故可認識外在世界。此能力乃內在於我的心靈之中，那麼我與他人對一事物如何產生共同認知？此點即前文曾提及之普遍觀念問題。康德之解釋為理智的先驗統覺。在我們認識事物時，我們首先經範疇（即思想之基本形式）來認識對象，但能如此乃因我們具有統覺的先驗綜合統一才使此事成為可能。所謂先驗統覺，可被概略稱為「我思」，為純粹的我所具備之純粹的理智。這種我並非經驗中所體驗的自我對象，而是在邏輯上統合一切的那個真正自我，為認知的最後綜合形式。此點類似於人格統一性之概念。因作為理性動物，人類對經驗具有一種自我認識先驗統一之能力，這種能力乃人理智所具備之根本。

　　為此，我們的認識確實具有客觀性。認識以範疇為其可能，乃針對顯像於我們面前之對象具有效性。因為當我們在認知時，對象的概念能因範

疇與時空而將雜多直觀統合爲一。就此而言，主體思想規則、對象被思想之規則與被思想對象之規則，三者其實同歸於一。也就是因爲理智具有自身所具備規則並用以定規對象，才使得認識變爲可能。換言之，先驗統覺證明範疇作爲思想形式是有效的；反過來透過範疇才能使經驗對象成爲被思想的對象。

五、從觀念到物自身

現在問題更進一步：如果我們確實能對外在事物進行理解，那麼我們如何透過範疇來定規這些顯現於我們心靈上的現象？康德認爲，這種定規可透過第三者中介而達成，此第三者爲圖式之方法。這種達成之能力是先驗的，且先驗概略能以圖式將顯像安置在範疇底下：

時間中的持續性	實體範疇圖式
先後的規則	因果性圖式
時間內的所有存在樣式	必然性圖式
特定時間內所具備之存在樣式	實在性圖式
充實時間	眞實性圖式
空虛時間	否定性圖式

上述圖式乃先天所具備之法則，作爲純理性的系統其能爲自然科學訂立法則。尤其自然被康德定義爲雜多顯像按規則綜合統一之結果。

然按照我們所理解之表象，若說其全爲我們所認識之結果，似乎有強詞奪理之嫌。又我們所認識的內容爲外在事物呈現在我們面前之顯像，那麼在顯像背後是否還具有某實存之物？以洛克爲例，其規定在初／次性

背後尚有一支撐性質所需的實體。康德雖將認識能力倒轉置於人的能力內，但面對需解釋雜多之表象如何出現時並未貫徹其對觀念論之探討。其認為表象後尚有一「物自身」之存在作為表象之依附或如實體般之存在，但康德又認為物自身乃一不可知之存在，這即為康德所言之物自身不可知卻必然存在的矛盾問題。此物自身之存在可被認為是康德觀念論的預設，且成為日後德國觀念論欲解釋的重要問題之一。

六、對形上學的批判

除物自身外，康德所言之認識論尚有另一問題：若我們認識從感官開始，經由悟性且終於理性，而此三者又各有其先驗直觀形式、先驗思想形式，與先驗調節原理，那麼我們在面對人性超越之形上學天性傾向時會有如何的狀況？康德解釋，我們的理性行為進行推論時，均在尋求對有制約者所設定之條件，條件之總和為作為統一原理觀念的無制約者。在此狀況下，不論感官、悟性或理性，均有其絕對統一之對象及相對應科目：

能力	內容	對象	對應科目
感官	思想主體無制約的絕對統一	靈魂	先驗心理學
理解	顯像條件系列的絕對統一	世界	先驗宇宙論
理性	一切思想對象之條件的絕對統一	至高存在者	先驗神學

現在問題是，理性為能解釋世界生成變化之結構原理並化解推論中產生的謬誤，就必須產生「二律背反」和「先驗理想」以作為化解矛盾之方法。

1. 反對靈魂之理論

　　康德知識論的哥白尼革命不可避免地造成對士林哲學和哲學人學理論的挑戰。士林哲學為基礎的知識論預設靈魂的存在及作用，但康德認為這種預設靈魂為不朽實體、非物質性的活動主體為推論上之謬誤。其論證雖具三段論證推論形式，卻預設觀念內容的錯誤理解：

　　＊大前提：凡不能不做主體設想的，即不能做述詞判斷的，也只能以
　　　主體存在，而為實體。
　　＊小前提：任一思想實體本身只能做主體思想。
　　＊結論：故思想實體即為主體（我）。

其中大前提從認識層面跳躍到存有層面，這種跳躍最早至少可追溯至亞里斯多德的「存有──實體──神學」之問題。[4]為此，按前述認識論所言之量、質、關係和狀態四種範疇對宇宙加以認知時，若以理性內之觀念為其對象，則不可避免產生被康德稱為「二律背反」之內在矛盾。其矛盾如下：

二律背反	正	反	解答
第一組	世界在時間上有開始，在空間上有邊際	世界無始且無邊際	兩組命題均為錯誤，因世界不可能為我們認識能力直觀，且我們需要時空做認知條件
第二組	所有實體均由單純部分組合而成	沒有實體是由單純部分組合而成	
第三組	自然法則的因果性不但存在，且具因果性上的自由	沒有自由的存在，凡事均按自然法則發生	正命題在本體界為真，反命題在現象界為真

---

[4]　參沈清松，《物理之後──形上學的發展》，臺北：牛頓出版社，1987年。

二律背反	正	反	解答
第四組	有必然存有者做世界萬物之原因	並無一必然存有者做世界萬物之原因	兩者在各自領域有效，因正命題爲理性觀念，反命題受限於現象界

2.反對神存在證明之有效性

基於康德對形上學普效性之批判，他相同對證明神存在之論證提出否證。哲學史上最著名三種主要論證—— 本體論論證、宇宙論論證與目的論證—— 對康德來說實屬無效證明。其理由如下：

(1)就本體論論證來說，康德反對將神定義爲一種不可能不存在的對象；而存在並非一屬性，也不是一完美的境界。更重要的是，必然性只能應用在命題探討上，不能被使用在實際中，故於存在中沒有必然命題，且在經驗中所知事物與存在對象可能是不同的。這導致邏輯上可能的事物於現實中不一定存在，於邏輯中不矛盾或必然的事物於現實中不一定不存在；但本體論論證需要證明同時否定一存在的觀念與實際存在並不矛盾，因爲矛盾必須出現在否定一項而不否定另一項時。所以針對本體論論證，康德認爲安瑟倫的錯誤在於其小前提的假設有誤。存在並不是一種完美，反而是可以屬於不同的事物，換句話說，存在並不能從絕對完美的觀念上增加或減少什麼。康德舉出一個例子來說明此處的意思：觀念中的一百元與現實生活中的一百元不可以混淆其差別。康德的批評成爲後世對本體論論證批判的標準型式。

(2)就宇宙論論證而言，上述二律背反我們注意到第三與第四組二律背反中，正反議題彼此相對且可同時成立。但若兩組論證可同時成立，則宇宙論論證失去其嚴密之推論性質。此外，宇宙論論證（或與之相關的運動論證）涉及對因果律的使用，然因果律已超乎感性所能感知之範圍——

但因果律的使用既受限在現象界，則宇宙論論證便因超越其規律範圍而無法成立。

(3)在目的論證方面，康德接受來自休謨的駁斥，並另外指出目的論證的設計與運動等概念均需通過運動／宇宙論證才能成立，但後者的成立又基於其對神屬性之預設而需再預設本體論論證才能成立。然而本體論論證僅是邏輯上的可能，也就是說僅能證明神存在，而不能說神真的存在。為此，康德認為神存在之證明實為邏輯謬誤，不足具備知識論所需嚴密科學之要求。

因此在康德方面，思辨形上學與思辨的自然神學乃不可能，只有先驗的形上學具有意義。這種形上學並非來自人推論所得，而是基於人類天性。至此，形上學作為一嚴密科學之可能幾乎消失且不復存在，因其作為嚴密科學所需具備之條件實無法通過驗證。

肆、德國觀念論

　　康德哲學不論對當時德國或後世哲學發展都至關重要。就知識論角度而言，由於康德不可知的物自身成爲康德觀念論系統的矛盾，爲能解決此矛盾問題，康德之後的哲學家嘗試消解物自身作爲解決之道，爲此產生費希特的絕對／主觀觀念論、謝林的客觀觀念論，與黑格爾的絕對觀念論系統。

一、費希特（Johann Gottlieb Fichte, 1762-1814） [5]

　　費希特處理康德物自身難題的方式爲直接取消物自身而建構起主觀觀念論之主張。對費希特來說，其繼承康德哲學中實踐之特色，將對存有或本體論之哲學焦點轉向對人自身。作爲觀念論之系統，費希特強調以人的「我」作爲世界存在的基本根源。然爲了要理解費希特如何受康德影響（甚或說明其如何消解物自身之問題），有必要從其對哲學之理解作爲出發點。按費希特所言，哲學實爲科學之一種，即哲學爲由一整組命題所共同組成之系統，且系統內之命題據其邏輯順序。此論述一方面受康德所認爲哲學（或形上學）爲一嚴密科學影響，另方面則相同受同時代自然科學發展影響。爲此，對費希特來說，哲學爲眞正的科學，也爲眞正的知識；哲學即爲基本的科學，其命題爲自明且無法證明者。

---

[5] 費希特相關資料可參見洪漢鼎，《費希特》，臺北：東大出版社，1996年；Wilhelm G. Jacobs著，李秋零、田薇譯，《費希特》，北京：中國社會科學院，1989年；費希特的中文著作可參見北京商務印書館於2014年出版之五卷本的《費希特文集》。

（一）轉向觀念論路徑的選擇

從知識論的角度來看，觀念論現在的問題是：康德留下的物自身難題究竟如何消融？費希特的做法乃將我們焦點帶至表象的觀察上。哲學既為真正的科學與真正的知識，則哲學任務就為闡明一切經驗根基為何。我們經驗中所能觀察到者乃我們所能意識到之內容，並以表象方式呈現於我們面前。經驗，即為表象之所有系統，可被區分為兩大部分：

經驗，即為表象之所有系統	
伴隨自由感受的表象	伴隨必然感受的表象
主體選擇所呈現者	非依據主體自身所得
我可自由選擇旅行地點	旅行中所見外界風景
其之所是乃因主體如此決定而使其所是	其之所是乃被加諸於主體上者
共同指向問題： *經驗作為表象之所有系統根基何在？*	

我們固然可對清楚明確所見之表象系統或整體經驗進行分析，但這僅能回答表象之作用，對於「經驗作為表象之所有系統根基何在」之問題並無幫助。為此，哲學家確能透過抽象作用分離在實際意識中相連的因素，而得到理智自身與物自身兩種不同的概念；然兩概念將引導不同的思路與發展模式：

來由：哲學家透過抽象分離實際意識中相連之因素	
理智自身	物自身
所有經驗／表象皆為理智之產物 經驗／表現為創造性之產物	所有經驗乃物自身所引致 （具有明顯康德意義）
觀念論之路	獨斷論之路 繼續發展將產生唯物論與決定論

選擇理智自身或物自身之路乃非彼即此的選擇，中間並無妥協路線。就費希特的分析而言，若我們仍相信物自身爲經驗／表象之產物，則後續發展將不可避免地朝向獨斷論邁進——如前面所見，獨斷論乃使哲學（尤其形上學）無法成爲嚴密科學的一大難題。爲此，若哲學家想避免獨斷論及推得之可能結果，其必然當將物自身從哲學領域中排除，以此爲基礎解釋我們所清楚經驗或理解之表象內容。對費希特來說，將表現之來源劃分爲觀念論與獨斷論乃必然發展結果。但弔詭的是，哲學家在面對上述兩體系的探究中並不能基於「觀念論優於獨斷論」之理由選擇服膺觀念論：因爲此結論乃考察整體表象系統後所得者，在哲學家思考應如何選擇之始這種結論尚不明顯。

在此我們看見一種兩分法的選擇：選擇理智自身或物自身之路。哲學家應該如何選擇？費希特提示如下：

1.哲學家在此所依據者乃爲其傾向或興趣。一個哲學家選擇何種傾向或路徑，乃依據其爲如何之人所決定。

2.所謂傾向或興趣之意爲，若一哲學家可成熟意識在道德經驗選擇中所顯示之自由，其將選擇觀念論；反之則傾向於獨斷論。因爲所謂興趣乃「爲對自我之興趣」而非「爲了自我之興趣」。此點可預見爾後費希特如何透過知識論三個基本命題而發展出之道德意識理論。

此處應多提一插曲以證明費希特確實嘗試超越物自身所帶出之觀念論問題。當費希特提出上述論點時曾主張，即便康德於其著作內提到物自身也不可以爲其意，便是由物自身建構出表象以理解整體經驗世界，然此說法受到康德抗議。由此可見，其意欲超克物自身所帶出之困境。

（二）知識論三命題

　　為能說明意識之作用，費希特以知識論三命題作為基礎。知識論三基本命題按費希特所言，其最起初應根源於純粹自我的直觀活動。因為若一哲學家接受觀念論，則其進一步需考察理智自身，亦即哲學第一原理，其意義究竟為何。理智自身，或所謂純粹自我，可被認為來自康德的超驗統合。超驗統合提供知識普效性或普遍觀念之所以可能的根由。對費希特而言，當觀念論面對理智自身時就面對一需超克之問題，即自我是在由諸多表象組合，並受這些表象各種方式影響之客體所組成的世界內發現了自我的存在。那麼觀念論應如何解釋此一事實的產生？

　　我們現在對此一事實進一步釐清。就經驗而言，我們確能將自我對象化，並產生對自我之直觀或釐清，但當我們將自我對象化時，其對立之兩面仍預設一不能被對象化的自我存在。因為在「觀察者——被觀察者」的結構中，雖然自我已是被觀察者，但仍需一不能被對象化且超越的自我存在，始能對此對象進行觀察。這個不能被對象化的真正自我使一切對象變為可能，並統一一切意識以作為觀察之對象。此處這不可被對象化的自我即為理智自身、純粹自我、絕對自我或費希特所謂的哲學第一原理。

　　費希特對此絕對自我的認知為：純粹自我是進行理智直觀的基本原理，但我們卻不能對此純粹自我進行直觀。即便如此，但我們對我們的自我可以透過覺察（Awareness）之作用產生理解，而覺察即為意識之一要素。因此任何人若能意識到自己在活動，他就在覺察著自己的活動。此活動類似士林哲學所謂之反省：當我在反省自己之行為時，我能覺察我的反省而產生對反省的反省。費希特此處雖不認為這種覺察是一種神祕體驗，但其用字卻呈現這種傾向。因為純粹自我是不可經驗直接把握，所以哲學家要做的是邀請人進行意識反省。

　　我們需注意的是，對費希特而言，由於純粹自我是基於活動所產生且

先於活動本體，故純粹自我又可被稱爲超驗自我。這種先驗自我之由來與康德體系有關。在康德那裡，先驗自我作爲意識統一的邏輯設定，既不可經驗又不可觀察。但既爲我們在邏輯上所能把握與推導者，透過對意識之反省應可掌握其本質之內容。在此我們看到費希特對自我反省之倫理學傾向，因爲當康德以知識論之基礎反對我們對先驗自我的把握時，費希特以倫理學之基礎進行處理且肯定我們確實可透過反省掌握此先驗自我 —— 我們知道反省之行爲確實具有倫理或價值判斷之意涵於內。

　　爲此，費希特定規知識論三命題如下：

1. 第一命題「自我根源且絕對的定立自己之存在」

　　知識論第一命題所肯定者爲自我之存在，亦即獲得確定性的實在本身。其作爲最初且無受制之一切意識作用之根本，表現對自我的眞實肯定。這種意識之肯定乃根據哲學家對自我之反省所得。在其直觀中，純粹自我爲對自己之安置，在此反省活動中我們如同回到意識的最終根基。費希特用另一種方式說明第一命題在邏輯上如何可能，其方式爲透過不能被證明之邏輯命題，即同一律「A ＝ A」加以證明。當我們認知一對象A時，我們之認知僅提供我們理解A就是A自身，對其內容、指稱或存在來由即便毫無知悉，亦不影響我們已知其存在。因爲若有一個A存在，其必然是自我同一，且是在我作爲自我並通過自我之狀況下進行判斷，我始能知道此A之存在。換言之，在此判斷中自我肯定了自我的存在，以便能形成判斷，即便此時A作爲對象未被賦予任何實質內容。

　　對費希特來說，以同一律作爲媒介是爲說明／達至第一命題的路徑之一，我們需要注意：

　　(1)同一律雖能幫助我們理解第一命題，但第一命題並非同一律，而是較同一律更爲後設之自我純粹形式。

(2)同一律的應用讓我們注意到在士林哲學與形上學意義下認識論的第一原則，即不論對象爲何，我總是認識一個存在在那的對象。因爲認識的最原初對象就是存在。

(3)透過外在事物之肯定來肯定自我之存在的路徑，可回溯至笛卡兒身上，尤其是「我思故我在」之斷言。

2. 第二命題「非我絕對（定立而）爲自我的反立」

雖有自我之存在，但若非肯定一非我之存在，否則此自我乃空虛且無意義之內容。爲此，自我透過對非我的肯定以成爲對自我存在的對立面，並藉此獲得自我對自身之肯定。自我與非我之對立乃意識獲得成立之必要條件，若無非我則自我將成爲獨我或夢境般的非眞實，但若僅有非我則又無法解釋我們對自身自識肯定之可能。故在自我與非我彼此對立後，我們可解釋意識如何面對此世界並加以統合之過程。與第一命題相似，費希特以邏輯式「-A ≠ A」作爲對第二命題之理解。此被其稱爲對立的形式公理。當自我思考非A時其已預設A的存在，或可稱爲是對非A的安置預設對A的安置，故非A與A乃對立的反置行動。這種反置之能存在，需要在自我終始能設立。

3. 第三命題「自我在自我中對可分的自我反立可分的非我」

現在自我與非我之對立能在一絕對自我中獲得互相限制與肯定之可能。嚴格來說，費希特並非認爲只有一絕對自我之存在，而應該說透過絕對自我對他者即非我之肯定，絕對自我能解釋意識對世界產生認知的可能。雖然在邏輯式上，費希特以其所稱「根據公理」或「充足理由公理」之邏輯命題形式，即「非A部分是A，反之亦然」的形式呈現，並表明若能抽換所是者而代以變數，仍可導出非A所是。但更進一步而言，絕對自我唯有透過在其內產生自我與非我始能產生意識之作用。至此，我與

非我均為絕對自我所安置以交互作用對外在世界之認識。而我們可以下表
說明知識學三命題的基本認知內容：

命題	內容	邏輯式	內容	形式	辯證	範疇
第一命題	自我根源且絕對的定立自己之存在	$A=A$	無限制	無限制	定立（正）	實在性範疇
第二命題	非我絕對（定立而）為自我的反立	$-A \neq A$	受限制	無限制	反立（反）	否定性範疇
第三命題	自我在自我中對可分的自我反立可分的非我	非A部分是A，反之亦然	無限制	受限制	綜合（合）	限制性範疇

（四）命題的演繹

　　上述知識學三命題可進一步進行演繹，並進一步區分為下述兩命
題。在此二命題之討論與開展下，費希特以此解釋觀念論體系的建立為
何。

*命題一：自我定立自我為非我所限制者，於此自我採認知態度。此命題
為一切理論之學的基礎。*

　　在費希特觀念論中，所有活動均根源於自我，而非我僅為意識存
在。若非我存在且能影響自我，則無異承認觀念論為假。但費希特須面對
一經驗事實：獨立於我們以外的那些事物確實影響我們。在此情形下，觀
念論應如何指出這種普遍意識的產生便成為須解決之課題。

　　費希特認為，能產生獨立存在之非我觀念之能力仍在自我之中，連
非我之觀念也依賴自我。唯有如此才能使得非我產生之活動仍為自我的活
動。就經驗而言，自然界乃被給予之物，對一般人來說為有限自我安置自
身的環境。自我因具有想像力（或稱想像的生產性能力／生產性的想像能

力）而能產生自我與非我間的連結。因為自我乃自發的限制自身活動，並把自己安置為如同被動或被影響那般。這意謂自我在向外的直觀中，把感覺歸諸在一個非我之上。就此狀態，想像力產生空間與時間之形式已能使自我直觀外在（之非我），不論空間或時間也非有意識而故意安設。這些活動在我們反省自我的當下已經完成，亦即唯有透過反省能力，我們才能得到那已經具有時空形式且具有意識之自我。這預設人具有理性，然理性在費希特所指為進行反省之抽象能力。雖然如此，但即便我們反省自身時，我們仍不可能達至純粹自我：不論從我們個人經驗或費希特理論而言均不可能。因為反省一啟動，自我即已並非純粹自我。

*命題二：自我定立非我為自我所限制者，於此自我採行為態度。此命題為一切實踐之學的基礎。

所謂實踐之學基礎，可謂想像性工作中絕對自我依其本性進行無限制奮鬥的產出。費希特認為，奮鬥乃基於對某物追求所進行。然若我們預設非我為奮鬥目標則將重新導入物自身之需求，故正確而言應為自我基於奮鬥之本性，讓想像力安置非我作為奮鬥之目標。意即，若絕對自我作為活動，其本性就為無限奮鬥。但奮鬥需預設一可被克服之對象，故自我安置非我作為對自我的限制，以滿足來自絕對自我的無限奮鬥本性。

無限奮鬥本性採取意識以下之衝動力量作為其表現形式，此形式本為「為了自我」。然為了自我僅為一衝動結果，對事物無法產生實際影響作用。當自我安置非我後，這種為了自我所產生出之衝動即可具有明確目標對象，此時這種衝動可被視為對於對象之衝動。因我們的力量呈現在我們對世界的感受上，當我們感受到阻擋時，即可感受到衝破阻擋的衝動力量。唯有在此情況下，作為力量的衝動感受能夠開始反省作用，並感受到自我感受的內容。這種衝動力量後來可為費希特倫理學提供基礎，因絕對自我的無限奮鬥若要能自由與滿足，就需在其所安置之非我的世界中進行

一系列確定的道德行動與實踐。這意味所有個別有限主體均具備一共同目標且朝此目標前進。

　　傅偉勳認為，上述兩命題乃回應康德《純粹理性批判》與《判斷力批判》（*Critique of Judgement*）之內容。其中第一命題乃基於《純粹理性批判》，將認知可能成立之條件回歸到自我之內，而《判斷力批判》則被應用於第二命題以符應倫理之踐行。然費希特超克康德所遺留物自身之困難，並將物自身改變為自我所設立之非我，並透過自我與非我間之交互辯證為意識取得安身立命所在。

（五）知識學系統的開展
　　依上述知識學之基礎，費希特定規從理論哲學進入實踐哲學之過程。其開展過程亦為自我與非我間之對立建構而成。我們可以用下圖概略說明其間之過程：

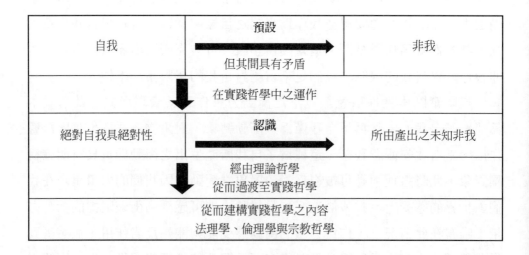

自我	預設 但其間具有矛盾	非我
	在實踐哲學中之運作	
絕對自我具絕對性	認識	所由產出之未知非我
	經由理論哲學 從而過渡至實踐哲學	
從而建構實踐哲學之內容 法理學、倫理學與宗教哲學		

自我既為能具表象能力之理性內涵，則其唯有在預設非我之前提下始能讓

此表象能力具有意義。自我既預設自身之存在，則其自身在自我與非我間如何避免矛盾從而得到主客間之對立？爲避免矛盾，有必要依據絕對自我之絕對性，透過對如同認知障礙之非我的預設——即由自我定規所成立之預設——並在其間建立與之對立的障礙。此時理論自我應當放棄對立與限制再將自我吸收回自我之內，以使之成爲絕對自我之實踐。我們需注意，在這種理論自我與實踐自我間的差異能形構從理論世界過渡至實踐世界的可能性，因這種可能性應被視爲絕對自我所設立之理想世界建構出與之相對的感性對抗：建構理想世界乃作爲自我之必然傾向，然與之對抗的使命在此感知世界亦爲無止境之實踐內容。爲此，費希特建構其實踐哲學之內容，且爲法理學、倫理學與宗教哲學等從自我出發後與他人甚或超越界產生關聯的哲學內容。

二、謝林（Fridrich Wilhelm Joseph Schelling, 1775-1854）[6]

謝林在德國觀念論發展歷程中，可說是修正費希特主觀觀念論系統而出現之哲學家：其哲學體系並非封閉且單一，而是隨生命與發展歷程逐步修正並調整其哲學內容，並包容不同系統或哲學家之理論成爲其哲學內容之一部分。傅偉勳在論及謝林時依據19世紀德國哲學史家Albert Schwegler之論述，將其哲學區分爲六個時期：繼承與超克費希特哲學、自然哲學與精神哲學之發展、斯賓諾莎主義同一時期、非理性主義、貝美式之宇宙論建構、積極哲學。基於對知識論探討，我們在此僅討論前三時期之觀念論哲學發展過程，以爲爾後黑格爾哲學之探討進行準備。

---

[6] 謝林相關資料較少，最簡易的入門資料可參見鄧安慶，《謝林》，臺北：東大出版社，1995年。

（一）路徑的選擇

　　謝林哲學受費希特的影響，但他亦嘗試調和在斯賓諾莎與費希特之間的差異。對謝林來說，在面對「主體—— 表象—— 對象結構」的關係上，他提出應當在獨斷論與批判論之間進行選擇／調和的可能。我們可以比較這兩者的差別如下：

獨斷論	批判論
以斯賓諾莎爲例 （呈現對斯賓諾莎的同情）	以費希特爲例 （表達對費希特潛在不滿）
對非我的絕對化，在此人被化約爲無限客體之分殊表現並排除自由，其並未被自由留下餘地	最終仍與獨斷論相同得到類似的結果，且相同在知性直觀中其行動與自我爲相同者，只是與獨斷論以不同方式加以解釋
直觀到自我仍等同於那被設想爲絕對客體之絕對者的直觀	自我乃等同於作爲主體並被設想爲純粹自由活動之絕對者
主體在終極上被化約爲客體	客體在終極上被化約爲主體
有限自我被斯賓諾莎化約爲絕對客體	有限自我被費希特化約爲絕對主體
有限自我應捨棄自我，並由神性實體的絕對因果關係來擺布，捨棄自由以使神聖實體居首	人應經由常恆之自由活動把握絕對者在他自己的實現
斯賓諾莎的哲學要求自我認知一已知之存有學狀況	費希特認爲有限自我與絕對自我同一且非僅須認知之存有學情況

原則上雖然謝林是從費希特哲學繼承並開展而來，但從行文間我們可清楚感受他對費希特隱含的敵意與對斯賓諾莎的寬容。然而從另一方面來說，獨斷論與批判論之間的選擇乃是在非存有與存有之間的選擇，及對自我究竟爲如何認知：捨棄自我存留在神性實體上，或者依據自己之天職以自由活動而成爲道德行動實踐者，且若一個人接受批判論就必然拒絕獨斷論。但從實踐路徑來說，兩體系雖然不同但仍能導致相同之結果，唯一差別在於其道德實踐上的落差。

（二）反省的能力

　　上述對獨斷論與觀念論的區分預設人類對自身的反省能力。通過反省，人引入主觀與客觀的觀念，並明瞭觀念界與實在界間的差異。反省作用在使人不再以爲／相信自然與人的一體性，故反省作用能使人區分客觀外在的自然世界，與主觀表象的自我意識確有不同。爲此，在反省活動後自然與精神截然二分，彼此對立。但這種處置將使人與自然界產生疏離，且若個人自我反省越多，則其行動性就越少。然而雖僅有人能反省（動物確無此能力），但若要將此對立面彼此統一則需更高層次之反省，我們可說：對立由反省能力產生，解決對立亦需反省能力處置。

　　謝林認爲，反省有以下幾種可能性：

　　1. 透過因果關係加以解決，即認爲事物之存在獨立於心靈以外，爾後產生表象於心靈中。這樣的說法將產生新的問題，即若我作爲一精神實體，外在世界如何透過因果關係作用於我之心靈內？

　　2. 可透過康德學說，即認爲主體將其認知形式放置於被給予的經驗資料上，但這種說法在康德那裡已產生物自身之難題。況且若不討論事物被主體所賦予的認知形式，其究竟應被認爲是什麼？

　　3. 依據斯賓諾莎之論點加以說明，即獨一實體具有不同屬性，固可產生平行現象。但事實上斯賓諾莎對實體如何分殊並未提出合理解釋。

　　4. 依據萊布尼茲之法，訴諸預定和諧之理論，以解釋對立面的統一。但事實上萊布尼茲是以一預設理論處理尚未解決問題。且不論斯賓諾莎或萊布尼茲，學說均蘊含觀念界與實在界最終彼此融合這一觀念。

　　上述論點預設觀念界與實在界其實爲統一之一體的概念。因爲自然界乃可見的精神而精神爲不可見之自然界。此自然界順應於理性是可被理解

且為觀念之存在。謝林認為證明這種觀念界與實在界彼此交融的最佳明證為絕對者的形上學理論，因此絕對者為純粹之同一，且反映在其對自然界與自然界對己之知識的貫通當中。為能說明此絕對者將主客體認知合一的過程，謝林提出絕對者認識三階段：

第一階段	絕對者將自己客觀化於觀念的自然界內	絕對者將自己表現為所產自然
第二階段	作為客觀的絕對者將自己轉變為主觀的絕對者	絕對者將自己表現於表象的世界中，並成為我們所能把握的客觀知識，因此所產自然產生出我們所能認知的兩個層次：客觀的自然界與觀念的表象界
第三階段	絕對客觀性與絕對主觀性成為同一的絕對性	在此被領悟的實在界與觀念界相互貫通

我們可說，絕對者為一永恆觀念或本質般的存在，其先將自己客觀化於自然內，爾後再作為表象世界中的主觀性而返回自身。絕對者即為一永恆的自我認識行動。就此意義我們或許可說謝林就是一客觀觀念論之代表，因我們對世界的觀念雖為表象，卻具有一絕對者作為被認知的客觀基礎。為此，人對自然界的知識即為自然界對自己的認知。

（三）自然哲學之意義

整體自然在謝林哲學體系內的意義與自然科學所見不盡相同。透過謝林對自然的解釋可讓我們注意到德國觀念論所具有的不只是主觀觀念，還包括自然這種絕對者所向人類展示的過程。在謝林所謂觀念論內，自然並非人的自我創造產物，而是永恆觀念所呈現的內容，並通過在人類內心的展示使人得以在心靈內自我反省。因為對謝林而言，世界乃一自我發展的有機統一體；且為上文所言，是作為永恆行動或意志之絕對者的自我客觀

化表現。在此前提，整體自然具有以下兩個應被理解之面向：

1. 自然界乃一目的性或永恆觀念的自我展開，因此較低層次存有者之解釋須從較高層次方面獲取。就當代自然科學或與謝林同時期的唯物論來說，低層次存有者乃高層次存有者之根基。但就邏輯演繹角度來說，高層次才能產生低層次之物件。這並非指兩種路徑彼此矛盾，而應說在自然作爲一「有機統一體」的前提下，主客對立可被消融。故整體世界可被稱爲一世界靈魂之本體——這並非意味此世界靈魂乃有意識之理智，而應被理解爲是一種將自身展示的組織原理，且通過人的自我並在其中達到意識本身。

2. 雖有如此預設，但謝林對自然發展過程卻呈現一種獨斷之面貌，其建構原理如下：

(1)第一建構乃自然爲絕對者的客觀自我顯現，不受限之力量在此因受牽制之故產生最低層之自然，並形成世界的一般性物理結構與系列。

(2)在此物理結構上產生第二層建構，爲一動態歷程。自然在此將此動態歷程呈現爲電磁或化學過程等內容。

(3)通過第二層建構，有機體作爲第三層建構得以通過本來的潛在力量，實現在感覺性或刺激性等相關之作用內。

謝林的目的並非如自然科學般解釋科學原理，而是在此背景下展示絕對者／永恆觀念如何建構整體世界之歷程。因爲自然哲學之概念爲其先驗觀念論之所以可能的展示。

（四）先驗觀念論的建立

謝林在爾後的哲學發展繼續考察了自我意識的連續歷史。謝林對先驗觀念論的理解很大程度受到費希特之影響，其自我意識之發展被謝林以「自我」加以稱呼。當謝林闡釋自我觀念時，其並非指任一個人的自我，而是指作爲自我意識一般之行動的那個全體。按照其對先驗觀念論體系之闡述，意識歷史可區分爲三個階段：

1. 第一階段爲從原始感覺以至於生產性之直觀，其與自然世界的物質相關。

2. 第二階段從生產性質觀乃至於反省之過程，強調自我意識在感覺層次上所具有之意識。

3. 意識在第三階段達至頂點，及意識透過自我抽離並反省主客體而自我覺察爲理智本身。

謝林所闡釋的這種意識發展歷程，相當大的程度與費希特探討議題重複。一方面這可證明其受費希特之影響，另一方面謝林站在費希特之基礎上繼續發展接下去之意識／觀念論哲學系統。雖然意識有其發展之歷程，但嚴格來說在知識論之層面上主體與客體乃爲同一且指向那絕對者之路徑。故謝林提出兩條對知識反思之路徑如下：

就知識本身來說，主體與客體爲一體的	
第一條路徑：從客體走向主體	第二條路徑：從主體走向客體
提問問題 無意識之自然界如何成爲被表象者？	提問問題 客體如何成爲對主體而言 具有存在意義的對象？
發展自然哲學 展示自然如何將自身發展 並得以反應於主體之條件	**發展先驗觀念論體系** 展示意識的終極實在如何產生 客觀世界以作爲自我意識之條件
兩者反省方向必然且互補 因絕對者作爲客觀及主觀之同一者能從任一端發展 成爲與另一端互補之原則 自然哲學與先驗觀念論能彼此互補	
（謝林所闡釋之）自然科學發展 即爲自然科學被表象之過程	藝術哲學爲先驗觀念論最佳之代表

作爲**絕對者** 其爲主觀性與客觀性、觀念與實在之純粹同一者 絕對者作爲理性之呈現 被設想爲主觀與客觀的全然無差別者之理性 因絕對者爲觀念的觀念，爲一神性觀念

　　需特別注意的是，在先驗觀念論體系中，藝術哲學爲其表現之代表。謝林認爲藝術在兩方面具有特別之意義：

　　1.藝術所具備之能力爲生產性直觀的能力，此能力爲先驗觀念論不可或缺之能力，因先驗觀念論對意識之整理需此類能力的整合方稱完整。

　　2.美感直觀能力展示意識與無意識、實在與統一之間的根本原理。就藝術開展歷程來說可能是有意識的進行，但就精神之呈現而言則爲無意

識之進行。

上面兩種開展雖路徑有所差異，但結果卻相同導向絕對者之存在。這也使謝林哲學的發展最終導向類似斯賓諾莎類型之體系內容。

（五）邁向斯賓諾莎

現在問題是，絕對者在謝林的體系中究竟具有如何的意義？如果按照「主體──表象──對象結構」的關係而言，我們可問「表象背面是否具有一實際存在物作爲支撐」這樣的問題。這樣的問題並爲超克從費希特以來在自我與非我之間擺盪的困難。費希特雖嘗試以自我與非我之關係解決康德以來的困難，但物自身的陰影始終跟隨在主觀觀念論的推導上：因爲在絕對自我方面物自身仍具存在的可能性。

爲能超克費希特理論之限制，謝林提出前述絕對者／絕對理性之存在，作爲主客體分化前無差別性的合一原理。這種「絕對者──主體／客體」實爲斯賓諾莎論述神具有思維與擴延兩屬性的延伸。爲此，謝林能理解世界萬物爲自然與精神兩主要側面的交錯。然誠如上文所言之自然哲學與先驗觀念論實爲自然與精神兩者的殊途同歸，則主客體間並不存在質的差異而僅爲量的差異。爲此，絕對者所具備之邏輯結構爲其自身，並以同一律形式「A = A」作爲其表現內容。其餘萬事萬物原則上均可被認爲是通過此同一律之分化或展現而呈現之結果。若要理解此處所謂絕對者之概念，則不論分析或綜合等方式均非恰當，唯有透過理性直觀之方式──即在上文提及藝術哲學中所展現出那種觀念論所必備之能力／工具的存在──始能正確直觀此絕對者之內容。當謝林提出此種論點時，我們可說其確實已通過援引斯賓諾莎理論來超克費希特理論之困境。

最終謝林的客觀觀念論完成於斯賓諾莎體系，並爲後來發展提供基礎——就其自身而言，當人必須以直觀始能認識這超越者時，其已爲自己日後走向探討天啓與墮落的哲學路徑提供方向指引；另方面，從康德以來經費希特與謝林所亟欲超克之物自身問題，甚至他們的努力，都爲黑格爾哲學鋪好預備的道路。

三、黑格爾（Georg Wilhelm Friedrich Hegel, 1770-1831）[7]

德國觀念論至黑格爾爲止，已開展出新的高度。透過綜合並修正前人的論點，其以辯證體系向我們展示既然「思想即爲實在，實在即爲思想」，則我們的所有認識乃基於絕對者向世界展示自我之歷程。在開始說明黑格爾如何解釋絕對者與意識間的認識關係前應先說明：1.黑格爾作爲一古典哲學體系的最顛峰，其辯證之嚴密原比此處所展示之更具嚴密的演繹過程。爲能化繁爲簡呈現此嚴密的演繹過程，本節將多用表格以呈現這種「正反合」歷程的三段推論過程。2.就其哲學體系而言，要將任何一部分從其整體系統中單獨拆解說明實屬不易，然爲避免篇幅過長，此處將越過黑格爾在客觀精神中對國家政治權力甚或倫理議題的探討。

（一）德國觀念論之繼承

就整體德國觀念論發展歷程而言，黑格爾承繼自康德並歷經費希特與謝林的哲學論點，並嘗試超克從康德以來所遺留下之二元對立難題。

---

[7] 可參見Peter Singer著，李日章譯，《黑格爾》，臺北：聯經出版社，1984年；查理斯・泰勒著，張國、朱進東譯，《黑格爾》，南京：譯林出版社，2002年；其重要著作《精神現象學》已於2013年於上海人民出版社出版。

根據他在《費希特與謝林哲學體系之差異》（*The Difference Between Fichte's and Schelling's Systems of Philosophy*）中所表示，康德、費希特與謝林之哲學體系各有其突破之優勢，但亦因其超克之內容帶出困境而留待爾後一位加以處理。根據該著作，黑格爾繼承自德國觀念論之精神如下：

哲學家	突破	困境	超克
康德	翻轉過往哲學認識架構，使我們面對現象與本體、感性與認知等二元對立。	留下物自身困境，以及前述二元論無法調合之困難。	費希特取消物自身，為哲學思考的一項重大突破。
費希特	理智直觀乃哲學真正穩固基礎及唯一根基，其對同一性之理解能使哲學為自己的反省對象。	雖哲學為終極之統一，然同一性並非體系之真正原理，其體系一建立則同一性立即消失。為此，其演繹所得僅為對客觀世界之觀念而非對世界本體之確實理解，此仍讓我們流於一二元對立中。	謝林將自我與自然之對立統一為主體於客體間的合一關係，客體即為主體之呈現，即以同一性為整體系統之絕對原理。
謝林	同一性既為絕對原理，則主觀性與客觀性為絕對者之觀念，且不斷成為各部分之主導性原則，為此自然不是觀念，更為實在地與看得見之精神。	若對絕對者要有所理解，則需透過反省之工作，但當反省為自由自在時其將傾向於知性作用，此時主客體之彼此融貫須被提升至理性層次。	黑格爾之後走出謝林建構起統合德國觀念論的精神現象學。

柯普勒斯頓認為，黑格爾的哲學體系已開始拒絕並超越謝林，此點可從《精神現象學》（*The Phenomenology of Spirit*）前言看出──為此謝林似乎感到不悅與受到傷害。對謝林來說觀念與實在乃同一的；但對黑格爾來說，因為有限者乃無限者生命中的一個片段，所以構成絕對者的乃一種單調形式主義與抽象的普遍性。從這點已經可以看出黑格爾對謝林的超克。而對黑格爾來說，我們之所以能理解絕對者乃是藉由對絕對者所展示出來的確定內容，即其在自然與精神中自我發展生命之呈現所得。

（二）哲學之作用：認識那絕對者的絕對哲學

我們上述不斷提及絕對者，但應注意不該把絕對者直接等同於基督教的神：此點在前文已經提及。對黑格爾來說，絕對者是整體世界亦爲實在之總和。嚴格來說，整體實在爲一目的性歷程，所以作爲整體實在的絕對者就其本質來說乃一結果。當我觀察整體實在之發展與運作時，我們就能明白絕對者自身所呈現之內容。因爲絕對者在黑格爾的觀察中，同時又爲主體又爲客體。其作爲思想，思想的對象就是思想自身。所以黑格爾認爲絕對者爲「精神」（Spirit），是自我意識之主體：這種觀點讓人回想起亞里斯多德的定義，但卻帶有柏拉圖對理型的理解。我們對其之認識乃是絕對者對自己認識的過程：其作爲自我反省，是通過對人的精神之認識而達至自我認識之結果。因爲自然界乃人一般意識之場域，爲人認識的客觀領域；但另方面自然界又爲絕對者自我展現的主觀過程。爲此，主客觀之相互所得結果爲：在人的意識中絕對者返回精神（即絕對者自己），而哲學史就成爲絕對者自我認識的過程，哲學史工作乃在透過有限者的自我實現將無限者的活動有系統地呈現出來。

若按黑格爾所言，那麼我們可以以下列表格說明對黑格爾來說，絕對者究竟如何自我表現（或絕對者的實際運作爲何）：

永恆觀念 / Logos 自我呈現於自然界與精神界內	自然界內Logos表現爲客觀性或物質世界這種與之對反的對象	
	精神界內Logos返回精神自身，成爲其本質上之所是	
▼ 呈現之哲學內容		
邏輯概念	自然界	精神
被稱爲是邏輯的形上學	自然哲學	精神哲學
研究「在己」	研究「爲己」	研究「在己並爲己」
三者合併爲對絕對者生命之解說		

從上述說明來看，絕對者對自我之認識乃為我們對自然或精神認識的所有基礎。這表示整體實在界，從邏輯至精神呈現，均為有目標且與實現自我之歷程。為此，既然絕對者乃思想自我之思想，則在絕對者中主客乃同一且事物的本質與實在也為同一。其對自身之認識乃對自然中各階段自身之認識，其既認識自身為差別者中之同，又認識自身為所有階段同一的統一體。這種類似宗教語言的表達乃是表示，哲學的目的在釐清其他各領域資料所告訴我們的，絕對者在此以如何方式進行活動，也就是在我們作為有限者的歷程中如何呈現出絕對者之歷程。

從這點我們就可以理解為何黑格爾所謂哲學乃為必然之演繹體系，雖此必然體系並非所謂機器構作出之演繹體系內容，而認為是心靈／意識為能理解那絕對者所產生之必然結果。因為絕對者對自我的認識是透過我們有限者的心靈而能認識，在此過程中我們也能因認識絕對者而認識自我。但我們對絕對者之認識是否合理甚至如何可能？就哲學史來看，認識過程中一些概念乃彼此排斥不能併容，如同一與多就為彼此排斥。黑格爾認為我們的心靈在理解上確實不是恰當工具，但透過諸範疇所呈現之架構，心靈可以看到在實在背後所呈現的矛盾對立。為此，心靈在辯證過程中應當提升自己不是單純理解，而是提升自己對概念如何過渡至對立面，爾後又如何再度過渡而成為下一階段。透過此方法我們可以理解絕對者如何自我展現甚至參與在絕對者中。而這種方式可以在黑格爾的《精神現象學》中看到其向我們展示的過程。

（三）意識現象學[8]

黑格爾認為，心靈之目標在逐步上升以致參與絕對者的自我認識。心

---

[8] 此處精神現象學之分類整理乃根據F. Copleston《西洋哲學史》卷七第244-255頁之分類。另可參考《精神現象學》之內文。

靈作爲對絕對者之認識或絕對者呈現自身之場域，其主要目標在於理解絕對者的知識與絕對者對自身之知識乃同一事實之狀態。因此，意識要從最低層次逐步向上攀升，最終達至絕對知識的眞正領域內。爲此，黑格爾向我們展示意識如何從低層一如向上之過程。經由柯普勒斯頓整理這整段意識發展歷程，我們可將此歷程列爲表格如下：

意識之正反合上升階段，目標在獲取／分享絕對知識

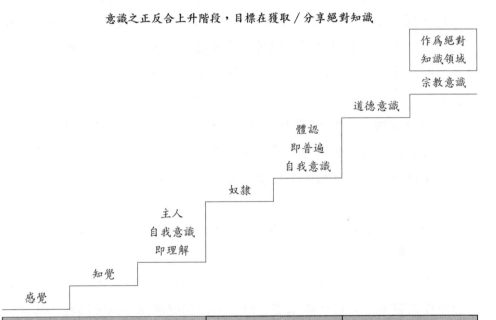

意識階段	自我意識階段	理性階段
感覺確定性／素樸意識	作爲主奴關係 呈現爲斯多亞意識	不幸意識 攻克自身矛盾 成爲普性自我意識
知覺層次之過渡	過渡至懷疑論意識	狹義之意識 察覺客體
心靈因產生正確理解本身 故將意識轉入現象幕後之實在 而成爲自我意識	因發現主僕奴役 過渡至不幸之意識	宗教意識 進入絕對知識

在進一步理解上述表格前，我們需注意三件事：

1. 黑格爾的整體展示綿密且謹慎，但對讀者而言卻非容易理解之內容。爲此，上述表格將黑格爾意識發展歷程區分爲兩部分，上半部無表格處爲意識從低至高連續上升之階段，對應下方有表格者則爲在單一階段內黑格爾所闡述之意識發展歷程。

2. 根據黑格爾所謂邏輯規律，所有變化乃依據辯證律之正反合階段進行，任一階段之「合」即爲下一階段之「正」，故上表中央所出現「即」者，乃指上下兩詞指涉相同，差別唯在對應階段。如理解乃針對意識階段所言爲「合」，其等同自我意識，然自我意識乃爲普遍自我階段之「正」。

3. 黑格爾將其意識現象學區分爲三個主要階段，分別是意識階段、普遍自我意識階段，與理性階段。每一階段又各自有其發展規律階段／歷程。此點符合前述黑格爾所謂哲學乃爲必然之演繹體系之語。

基於上述三項前提，我們可理解黑格爾所謂意識現象發展歷程如下：

1. 在意識階段：意識發展以感覺之確定性爲起始，此乃感官對特定對象所作之覺察。其內容雖基礎且豐富，卻無疑最爲空洞，因我們無法以明確語詞加以指稱描述。爲此，意識需過渡至知覺內，即能對不同屬性與性質之核心加以分辨的某物加以認知。此時心靈發現我們乃在調和兩對立之認知結果。既爲調和，則心靈能掌握那認知到現象幕後之實在，此實在即爲意識本身。這種眞切之理解乃成爲自我意識。至此，心靈從意識階段過渡至普遍自我意識階段。

2. 在普遍意識階段：意識在理解後形成欲望的態度，即欲使對象隸屬自身心靈以獲得滿足。這種欲望在面對與自我相對立之他者時將遇心靈困頓，因他者之所在乃爲意識成立之必要條件，即在自我 —— 他者之結構

中，心靈能藉此認知自我性之存在，從而滿足眞正的自我意識。但當自我面對他者乃取對抗態度時，其將以主人之姿藉由取消／消滅他者以達成對自我之維護。然在自我摧毀他者同時，其主體際性亦將同時受到消滅。在此條件下，自我對待他者之態度就以主奴關係建構而立，作爲主人之自我強加自身價值於他者身上，奴隸則爲在他人內在見到眞實自我的自我。普遍意識依此產生不同發展階段：

(1)斯多亞階段：此階段主人並未正視奴隸乃一實存個人，故主人貶抑奴隸爲非人狀態；奴隸反之則因執行主人意識而將自身物化與客觀化。

(2)懷疑論階段：不論主奴均因達成內在自我滿足而將發現彼此之矛盾對立，故產生被黑格爾所稱不幸意識之狀態。唯有察覺彼此在彼此之中所具備之自我性與自由，此階段始能被超克而不再自我疏離。

(3)通過前兩者，主體終能上升至普遍自我意識階段，以自身存在覺察不論自我或他者均具備之自我性，此認識能在宗教意識內被正視並提升對絕對精神之認識。

3. 理性階段：前述之矛盾在黑格爾所稱呼之理性階段內被超克，普遍自我意識階段所認知之片面認識，即僅對自我爲主體之認知，被充分察覺爲不論自我或他人均具有自我性。這亦意謂有限之自我乃與普遍者之無限自我彼此相關且可分享其無限之精神。此項認識作爲道德意識之爲完成體現能得到更高層次的認知。我們似乎可以這麼說，在理性階段黑格爾提示我們有一逐步上升之意識認識過程：

道德意識	絕對者的獨一意識將自己表現在社會中各具體對道德追求之過程內。
對道德意識之認識	因認知道德意識而明白對差別中之同一者的認識，差別中之同一者乃一精神於生命中之表徵。
宗教意識	此生命表徵乃獨一神性生命於一切事物內之向有限的展示。

藉由這種意識不斷上升與體悟前一階段意識內容之過程，意識得以克服並明白那不幸意識之產生。為此，理性階段可被認為是意識階段與自我意識階段之綜合，其綜合具有不同被認識的形式及內容：在（已完成的）宗教意識內，自我通過與神之結合而與其他自我結合，並視自然為神性對自我的呈現；在宗教意識上，絕對者透過象徵／圖象意識表達真理；在最終絕對知識上，真理乃透過哲學形式被表達而出或被反省的領悟，於此時主體理解自己乃絕對者／絕對思想中之一個片段，並明白自己乃精神自我實現歷程前進活動之一個階段。這意謂這種上升具有其辯證過程，黑格爾認為這種辯證過程如下：

階段	內容	精神呈現	對應時期
未反省的倫理生活	在此生活人僅隨從團體內所具之習慣與傳統	理性的	辯士時期（及其前）的古希臘道德
文化形式	通過文化形式，主體開始對上一階段提出批判與反省	反省的	雅各賓恐怖時代
發展完成的道德意識	精神綜合前兩者，而形成統一體的普遍意志，並形成社會作為一意志整體	統一的	宗教之呈現

4. 邁向絕對知識：透過上述內容，道德意識逐步辯證過渡到宗教意識內，意識能體現絕對者對其所進行之既作為特殊者之呈現，又作為結合性的內化。宗教內呈現出其邁向絕對知識的路徑，而絕對精神也在此間明白自身。然而，即便在宗教之呈現內，黑格爾還是提出宗教自我辯證與認識之歷程如下：

(1)自然宗教：以知覺對象或原本所具之自然現象的形式看待神，如原初宗教體系。

(2)藝術宗教／優美宗教：神透過身體呈現並連結了自我意識，具體

表現爲擬人化之神明（如雕像），代表則爲希臘宗教。

(3)絕對宗教：在此自然爲神言之表現，爲神聖精神之絕對體現，故絕對精神被依其所是那樣地被認識，代表爲基督宗教。

爲此，基督宗教在意識現象學整體認知過程中被認爲是絕對眞理的具體呈現。但此處基督宗教與其說是信仰代表，反而應該被認爲是絕對精神在辯證體系中的絕對眞理呈現方式，其既以與宗教意識相關的想像或圖象加以表達，則在哲學中此已謂爲絕對知識。在絕對知識中，絕對者通過對人精神的認識而認識其自身內容，因此絕對者作爲一存有能在整個開展的歷程中逐步認識自己。作爲意識的主體透過參與絕對者的上升逐步體會絕對知識是如何呈現於辯證體系內。在此過程，絕對者透過把握自我認識者一形式並進一步掌握關於眞理之全貌而認識了自己。

（四）絕對精神之體系

經由上述意識辯證，我們可以說所有萬事萬物被認識，乃基於精神作爲絕對者之呈現，而表現出既爲萬事萬物又爲認識之可能的那個基礎。我們固然可以說，黑格爾提出精神之目的是爲解決康德物自身的困難，但是精神作爲構成世界萬物的最基本成分，世界乃是由精神不斷辯證所得到的結果，所以精神可以說就是神的本性。這是黑格爾在參考斯賓諾莎泛神論系統後，建構並超越斯賓諾莎而得出之觀點。藉由精神，黑格爾得以建構其作爲全體精神開展體系之哲學辯證內容。

1.絕對精神之體系：精神之呈現既爲絕對者通過對自然之外化所產生回歸到自我之中的體現，精神哲學則依正反合之辯證過程成爲主觀精神、客觀精神與絕對精神。在此：

(1)主觀精神：即爲我們所理解之精神相關意義，爲我們所具有之心靈、意識與精神所言。主要呈現爲人類所具有之主體特性。

(2)客觀精神：爲絕對理念之潛能，乃精神自身客觀化後產生的自由辯證型態。主要呈現與主體相對之客體。主觀精神與客觀精神之關係類似費希特所謂我與非我間之關係。

(3)絕對精神：乃絕對者在歷史中展現並超越自我之過程，其揚棄主觀與客觀之對立而復回歸自身之精神絕對性。其呈現爲超越主客觀對立所展現的普遍事實。

按傅偉勳於《西洋哲學史》中所表列之黑格爾精神體系，黑格爾的精神體系系統可歸納爲右頁表格：關於此表，表格最左邊範圍越大，越往右則項目越細緻與具體。從表中我們不難理解爲何黑格爾被稱爲是「百科全書哲學家」。然在其體系中我們應特別注意的是邏輯，因爲邏輯乃爲整個黑格爾哲學之基礎。

2.作爲基礎與範例的邏輯學

上述觀念論體系乃依據黑格爾邏輯所進行。邏輯作爲哲學之一部分，常被認爲是對觀念的推導或語詞之辯證。但在黑格爾這裡，邏輯乃絕對者對自我認識的可能，並作爲整個黑格爾絕對觀念論體系的基礎。爲此，我們此處以邏輯爲例，說明黑格爾這種絕對體現建構如何與知識論產生關聯。

我們注意到，黑格爾定規絕對者爲純粹思想，爲此邏輯之作用乃討論絕對者作爲純粹思想之在己知識的學科。此點與黑格爾取消康德物自身觀念有關：若無物自身且世界爲我觀念所建構，則難免出現本章開頭所言之唯我論的危險。故黑格爾以絕對者之純粹思想作爲我們對認識的建立，即在將康德的範疇轉化爲此處所言之邏輯定規。用較爲廣義之態度說明，則

主觀精神	心靈=人類學	自然心靈	體質、體變、感覺
		感覺	感受、感情、習慣
		現實	
	意識=精神現象學	意識	感覺、知覺、理性
		自我意識	欲望、自我承認、普遍意識
		理性	
	精神=心理學	理論精神	直觀、表象、思維
		實踐精神	實踐感情、衝動、幸福
		自由精神	
客觀精神	抽象法	財產、契約、非法	
	道德性	企圖與責任、意象與福祉、善與惡	
	倫理學	家庭	婚姻、生計、家庭之解體
		市民社會	欲望、司法、警察與團體
		國家	國內法、國際法、世界史

絕對精神	藝術	美		
		藝術類型	象徵藝術、古典藝術、浪漫藝術	
		分殊藝術	建築象徵	
			雕刻	
			浪漫藝術	繪畫、音樂、詩歌
	宗教	一般宗教		
		特殊宗教	自然宗教	魔術
				實體宗教：中國宗教；印度宗教、佛教
				向精神之個體修行宗教：祆教、敘利亞宗教、埃及宗教
			精神個體宗教	猶太宗教、希臘宗教、羅馬宗教
		絕對宗教=基督教		
	哲學	哲學史，朝向終極哲學前進		

康德的範疇在此處即爲黑格爾所謂之邏輯。而邏輯之工作乃在將絕對者本無時間性之內容表達，依據時間之方式向有限精神展開其過程。爲此，黑格爾的邏輯內容如下：

邏輯對象	說明	內容	對應範疇
存有邏輯	由一物之本性／質，確定之特定量度。	存有 非存有 變化	質 量 度
本質邏輯	乃意識之反省並穿過存有產生認知，產生對反之兩者。	本質與存在 力量與表現 實體與附體 因與果 作用與反作用	關係範疇 反省範疇 實際性
概念邏輯	存有邏輯中我們關切獨立範疇，但思想辯證破壞其獨立性；本質邏輯我們關切彼此範疇，但範疇間之過渡需要綜合。爲此在概念邏輯建構出這種過渡內容。	主觀性：普遍概念、判斷、三段論證 客觀性：機械論、化學論、目的論 觀念：生命、知識、統一	

如此，在黑格爾這裡，不論開頭或結尾都是絕對者向世界的自我呈現。作爲最基礎的邏輯學，其呈現出來的是絕對者向世界開展的基礎；作爲絕對知識，其呈現的則爲意識如何逐步通過精神之上升而達至最終對絕對者的眞實認識。

（五）關於黑格爾之小結

在黑格爾這裡，知識論與形上學是統一的，其並貫徹思想與存在一致性原則此一從希臘哲學家巴曼尼德斯（Parmenides）所來的基礎認識原理。但我們注意到，黑格爾乃基於其辯證之體系而建構起一意識上升之路徑。此辯證體系帶出之問題爲，體系對世界之解釋優先於此世界被我們

所理解之樣貌，即觀念論真正產出之認識結果。由於其強調精神爲絕對者（或者說是神）之本性，那麼神與萬物之間也就沒有實質的區分。這種辯證體系優位的知識論解釋，導致黑格爾在解釋一些我們熟悉的認知訊息時，會產出與平時認知不同的觀點。例如，在解釋基督宗教部分教義時他主張：A.耶穌是約瑟與馬利亞所生的人子；B.耶穌心中的神性意識爲神人同體之概念，以及C.道成肉身的真正意義是神與宇宙合一 。

　　觀念論在黑格爾這裡發展到極致，古典哲學也是。但當古典哲學到達黑格爾這樣的高度時，其也被敲響喪鐘——因爲黑格爾已終極性地統一了一切。既然思想即爲實在，故當我們認識時就是在認識那實在之所謂。既然思想與實在統一，則主客關係也以統一，甚至過往所有哲學問題之探討也在此被統一。

四、叔本華（Arthur Schopenhauer, 1788-1860）[9]

　　與前述德國觀念論哲學家相較，叔本華自認爲真正繼承康德哲學，並認爲包括費希特、黑格爾等哲學家之哲學錯解康德（此點可由他著作中對這些人不留情之批判看出）。然而要清楚說明叔本華的知識論系統並不容易，因爲其認識論與其對人生的理解有密切關聯。爲此，我們首先從他的博士論文〈論充足理由律的四重根〉（On the Fourfold Root of the Principle of Sufficient Reason）作爲出發，爾後進入其代表作《作爲意志和表象的世界》（*The World as Will and Representation*），以理解

---

[9]　關於叔本華的入門資料可參鄧安慶，《叔本華》，臺北：東大出版社，1998年。其名著《作爲意志和表象的世界》中文版則可見石沖白譯，新雨出版社，2016年出版。

其如何探討人對世界的認識。

（一）〈論充足理由律的四重根〉

　　叔本華認為自己確為康德哲學的繼承者，其博士論文〈論充足理由律的四重根〉明顯可看出康德對其之強烈影響。他在論文指出，我們所在之經驗世界為現象世界，為主體對象。就我們作為主體言，其為我們心靈表象之世界。這些呈現於我們心靈的世界均以特定規則與其他表象連結，其連結之根由為知識與科學。然而作為知識與科學之體系，其所形成之知識的普遍原理需一充足理由加以說明。在此，叔本華以沃爾夫所言之任何事物無不具其所然之充足理由，以探討四種充足理由內容。我們可將這四種充足理由列舉如下：

類別	對象	理由	內容
第一類	物理	生成理由	說明經驗直觀之對象變化及關聯，表象間之生成變化通過時空形式與因果關聯而受定立，並使自然科學得以成立。
第二類	抽象概念	認知理由	涉及抽象觀念之運作，此部分屬理性功能，並表現為矛盾律或排中律等邏輯律則。
第三類	數學	存在理由	此部分涉及對象為時空等內外形式之先然直觀者，就時間而言其表現為算數（繼起法則），就空間而言則為幾何學（每空間相互制約生成之根本法則）。
第四類	自我	行為理由	對象為作為認知主體之意志主體，即作為行為主體之人的存在者，此律則與動機賦予有關，且在此律則內無意志自由可言。

叔本華在日後著作《作為意志和表象的世界》中指明，要理解該部作品需先理解〈論充足理由律的四重根〉之內容。在該著作中其提出著名陳述「世界即我意志之表象」，因整體世界（或所謂經驗之總和）乃主體認知對象，其實在性正顯給主體或為主體所知覺。

（二）世界爲我意志之表象

上述論文所言之存在世界即爲意志生存與展現之世界。我們對這個世界的認識，一如康德所提示我們之重點，是作爲實際世界之先驗條件的時間與空間能被我們直觀。由於我們能直觀時間與空間，故我們可進一步直觀整體世界之表象及其所有可能條件。按叔本華所言，雖然人與動物都可以直觀世界之表象，但只有人類具有抽象觀念。雖然人與動物擁有一共有之現象世界，且人與動物都可以直觀那在時空條件內的某物，但唯有人具有理性或抽象之能力。確實，動物可以察覺因果關聯（如制約反應所呈現那樣），但動物並不能反省時間、空間或因果關係。更進一步，動物不能反省自己之身體，或推論出「既然世界爲我之觀念，則身體亦爲我之觀念」這樣的結論。動物確實在時空中，但唯有人能夠發現觀念與表象的世界既包含知覺者，也包含被知覺者，且整體世界乃物質與理直所共同構成爲的觀念世界。此觀念世界即爲康德所謂之現象界。

在更進一步解釋叔本華所言主體對世界的認識之前，我們需注意：除了康德（其自詡爲康德的眞正繼承者）思想外，叔本華也受到東方思想如《奧義書》的影響。爲此，他將其表象與觀念世界的理論與Maya這種用以表達世界乃一幻象之教義加以連結。並在此基礎上建立其對世界認識與超克的方法論。

1.意志的意義

我們在前文看到叔本華定規世界爲我意志之表象，那麼何爲意志？其如何影響我們對世界的認識？此點可從叔本華對抽象概念／作用之說明作爲起始。

人除了直觀表象的能力外，也擁有抽象觀念。抽象概念由理性形成且預設經驗爲基礎。人之所以需要抽象概念是基於實用之作用。此處所謂實用與人之認知理論相關，因爲知識乃意志之僕役，且因作爲滿足身體需要

之工具亦成爲身體的僕役。叔本華的解釋與其對生物學之理解有關：自然界預定理性作爲滿足需求的工具，並隨個體甚或種族之身體需求培養繁衍所需知識。雖然此處言理智／知識按其本性爲意志之僕役，但於人內在需求中仍能發展至足受客觀觀照地步——雖然叔本華確實主張，我們擁有的概念並不能提供新的知識內容，唯有直觀始能如此，但他也同時主張唯有將直觀提升爲概念時，直觀始能成爲哲學。

　　在此意義下，康德的物自身就不再是那不可知卻需預設存在之對象，而變成獨立我們知覺而必然存在的對象，爲其本來所是之存在者。叔本華以意志（Will）加以命名。這種意志爲獨一者，既爲超現象之實在或物自身，故數量上僅能爲一。內在於世界的意志僅爲一，但外在世界卻能是由雜多對象組合的表象。這種推論乃根據對內在自我意識之反省，並在反省中查驗原來我身體之行動並非與意志相異的另一物，事實上我的身體與我的意志乃同一事物：身體的行動爲客觀化後的意志若且唯若成爲表象之意志。雖然叔本華以「意志」說明自我之存在，但此意志卻並非過往哲學家或倫理學所言之意志：因爲叔本華所謂之意志實乃力量或能力之代名詞，是一種永無止盡追求的欲望，也是一種不具知識且盲目不中斷之衝動。叔本華使用此詞純粹因其相信，我們應從我們所熟悉之事物得到合適之描寫名詞。

2.悲劇的世界觀

　　上述之意志爲叔本華所謂形上之意志，其爲盲目且永無止盡之追求。爲此，我們可說在叔本華哲學中意志與「求生意志」實屬同一。但若意志爲永無止盡之追求，則其不可能達至滿足或平靜。這種特色在人生命中之自我客觀化表現明顯。因爲作爲一求生意志之存在，其必然爲自身生存而犧牲其他事物。爲此，我們面前之表象世界爲一意志和與自己不合之本性彼此衝突的場域，並在其中自我折磨之意志本性。這種衝突基於其作

爲求生意志之本性，不論何種領域均可發現：包含人類的戰爭、奴役，甚或動物間彼此相食等均爲此類表現內容。這種狀況完全無可避免地在其形上學意義之意志下加以表現。爲此，當我們說物自身即爲本來所是之存在者時，其並非單純帶來對事物之描述，更多應被認爲是帶有我們必然發現之實際陰暗且罪惡之側面。因爲所有惡的根源乃意志所奴役者，及屈服於求生意志之下的產物。

3.超克惡的問題：美感與倫理的認識路徑

若按叔本華所言，我們對此世界所認識之眞相爲悲劇之世界觀，則自殺豈不爲一恰當之處置作爲？爲叔本華而言，自殺正是屈服求生意志之表現，爲受意志奴役之產物。若要眞正超克惡之問題，當透過美感默觀與棄絕之路，始能讓人從意志奴役下得到釋放。

(1)美感默觀：在美感默觀中人成爲無利害關係之觀察者。當人成爲無利害關係之觀察者後，因美對我不再成爲有利害關係，故我不再爲意志之僕役，故我能暫時逃離受意志奴役之狀態。這種理論與柏拉圖的理型論相關，即意志將自我直接客觀於個別事物所模仿之觀念（Ideas）內。在此美感默觀內，人得以超克原本意志與欲望支配下的認識活動。

(2)棄絕之路：基於求生意志將自我表現爲衝突與罪惡，故叔本華提供一徹底棄絕之法，讓人得以從意志之奴役中解脫。意志繼將自我客觀化，則意志亦使自己受到罪惡影響，這種表現爲性格決定論的狀態，一個人仍然可能透過對求生意志之考察或否定，逐步看透Maya之眞貌，並看透個體性與多數複雜之表象世界。就理智能力來說確實可以達至這樣的結果，即個人能看透Maya後，讓自己不再透過傷害或否定他人肯定自己，甚至能認識一切個體的合一性而表達出對他人的無關心之愛，最終達至對事物的不再眷戀，以致死時能不再受抑制，奴役得到眞正解放。

　　叔本華的理論在最終有種傾向於神祕主義的味道，雖然他自己可能並不如此解釋。其對觀念論的解釋與費希特、謝林或黑格爾等不同。他正視康德的物自身，雖然他的做法是給予新的解釋，並從不同方向發展表象之世界，進一步與倫理之認知產生結合。然而後世對他哲學之理解較偏重於意志哲學之理論，如尼采（F. W. Nietzsche）便深受其哲學啓發與影響。

本章小結

1. 觀念論乃認知理論的翻轉，以主體爲出發的認識能力爲主要探討對象。爲能解釋觀念的建構，其中引入包含絕對者在內的論述以解釋認識之可能。

2. 我們可以用下列圖表來說明德國觀念論的發展過程：

康德
主體將其認知形式架構在客體之上
故客體被認識乃因符合主體認知架構
此認識論留下物自身之難題

費希特
以知識學三基礎學原則超克康德物自身所留
下之難題

謝林
以先驗觀念論之自我觀念解釋世界的生成變
化與認識問題

黑格爾
以絕對精神概念解釋何為「思想即存在，存
在即思想」

叔本華自己認為在康德到他之間沒有眞正的
哲學，只有在大學裡冒充內行的伎倆而已

叔本華
世界爲我意志之表象
建構出具倫理意涵之觀念論價值

第五章　我們能認識超越世界嗎？

　　我們前四章探討之知識論內容可被概略稱爲普通知識論。稱爲普通並非指其爲一般性探討，而是指其探討對象爲我們感官與理智所能直接把握者（雖然不同立場有不同主張及結果）。與此相對，我們的生活中總有宗教信徒聲稱他們能夠知覺或認識超越感官經驗的對象，但這些對象並非我們感官所能直接把握。他們的認識（過程）是眞的嗎？他們聲稱的認識（過程）具有合理性嗎？這些疑惑就是在問我們是否能認識超越世界，即宗教領域所宣稱的神、天使、魔鬼等非感官知覺能直接把握的對象或經驗。此章我們將依序討論以下內容，首先我們先說明神祕經驗知識論內容爲何，其次我們將說明人類能夠認識超越世界的主張，一種是從基督宗教內神祕主義發展而出的神祕經驗知識論，另一種則是從基督新教加爾文以來的改革宗知識論（Reformed Epistemology）系統。

壹、神祕經驗知識論[1]

西方啓示宗教（含猶太教、基督宗教與伊斯蘭教）的宗教架構中建構
創造者與受造者間的絕對差異。雖有這種差異，但啓示宗教認爲人可透過
超越者的幫助達至一種與神聖本質相同的高度而直觀其本質。這種論點在
宗教內被稱爲神祕主義（Mysticism），與此宗教經驗相關的知識論系統
則被稱爲神祕經驗知識論。

一、神祕經驗知識論：意義與分類

神祕主義一詞就其字義上而言，Mysticism一詞源於希臘字 *Muste-*
rion，該詞用以描述希臘神祕宗教中的神祕主義者。「神祕主義者」在希
臘文中特別指：當一個祕密宗教成員入會並被授予神聖事物相關神祕知識
時，他當閉口不語且避免外傳，傳授過程中連他的眼睛也需緊閉。*Mus-*

---

[1] 神祕經驗知識論相關中文資料可參羅伯‧法森著，陳建洪譯，〈何謂神祕體驗：歷史與解釋〉，收錄於《歐
洲哲學與宗教講演錄》，頁126-158，北京：北京大學出版社，2000年；甌邁安著，蔡秉正譯，《靈修神學》
上卷，臺北：光啓出版社，1995年；張奉箴，〈神祕經驗與天主教〉，《輔仁大學神學論集》第93期，頁429-
456，臺北：光啓出版社，1994年；陳文裕，《天主教基本靈修學》，臺北：光啓出版社，1991年；高天恩，
〈追索西洋文明裡的神祕主義〉，《當代》第36期，頁18-38，臺北：當代雜誌社，1989年；石田慶和，〈合一
の宗教——神祕主義〉，上田閑照、柳川啓一編，《宗教學のすすめ》，pp.400-415，東京：筑摩書房，1988
年。我在撰寫時尤其受到關永中之啓迪，可參見關永中相關論文，〈神祕主義及其四大型態〉，《當代》第36
期，頁39-48，臺北：當代雜誌社，1989年；〈神祕知識論及其三大型態〉，《臺大哲學論評》第17期，頁31-
55，臺北：臺灣大學哲學系，1994年；〈當代士林哲學所提供的一套神祕經驗知識論——與馬雷夏懇談〉，
《哲學論集》第31期，頁91-128，臺北：輔仁大學，1998年。J. Farreley著，謝惠英譯，〈論神祕主義的新思
潮〉，《當代雜誌》第八十期，1992年12月；沈清松，《物理之後——形上學的發展》，臺北：牛頓出版社，
1987年。
另可參見E. Underhill, *The Mystics of the Church*（Cambridge: Christian Classics, 1975）；歐文‧辛格著，高光杰、
楊久清譯，《愛的本性（第一卷）——從柏拉圖到路德》。

*terion*與動詞*Myo*有關，意指「閉上雙眼」，用以描繪入會儀式的動作。
另有學者認為該字詞來自希臘文*Mustikos*，意指「關於神祕事物的」。
此詞從古代到中世紀的基督宗教均被賦予意義而轉變成*Mysticus*，意為所
說的事物超出人所能理解的神聖。按照此處所言，神祕主義字詞發展，其
涉及一種特殊知識的授予或傳承，但此特殊知識不可對外人言說，僅能在
團體內被傳遞。

（一）神祕經驗之核心：結合

　　關永中認為，各類型神祕主義有一共同旨趣：渴望與一「絕對境
界」合而為一。他也指出各派別與宗教都指向一個最終境域，以一最高視
野作為心靈的嚮往物件，個人盡全力向這個物件奔去，希望與這最終目標
合而為一，結合意謂著人的認知系統被改變。這種改變並非指人感官上的
特異功能（如神視），而是指人對世界的認知與普通知識論有所出入。普
通知識論認識的對象是眼前的物理世界，但神祕經驗知識論提供人對外在
世界另一種不同的認知方式、視域（Horizon）與物件。例如，一位神祕
主義者卡斯塔尼達（Carlos Castaneda）指出，一般人對這個世界的認知
是西方理性思考的固定模式；但是在巫士的世界中，他們對世界的認知透
過*Nagual*及*Tonal*兩者與一般人有極大的不同。

（二）分類問題

　　如果神祕主義指涉核心是結合，以及一個異於普通知識論的認知
系統，那麼神祕主義能否被分類說明？一些研究學者如史坦斯（W. T.
Stance）將神祕主義分成兩類：內向型與外向型神祕主義，並認為這兩
類神祕主義只有特徵上的差別，並無價值上的差別。蔡納（R. C. Za-
ehner）將神祕主義分成三類，包括自然論、一元論及有神論神祕主義，

其差異不僅在特徵與方法，亦包括價值的判斷：由低至高的分類方式。本文在此則依循關永中所言，將神祕主義分成四個類型：自然論神祕主義（Nature Mysticism）、一元論神祕主義（Monistic Mysticism）、有神論神祕主義（Theistic Mysticism）與巫祝論神祕主義（Shamanic Mysticism）。

1. **自然論神祕主義**：其特色在主張個體與自然萬物的合而爲一。《莊子》一些段落中可看到這種類型神祕主義的特色。這種與萬物合一的經驗是「萬物爲一」（All-in-one）的型態，但並非所謂泛神論的觀點。當神祕者進入與萬物合一的境界時，他體驗自己能與萬物溝通，此時的自我不再作爲存在的中心。除此之外，他也超出道德善惡的分別，體驗到不朽，即便死亡也不能使他害怕。

2. **一元論神祕主義**：一元論的代表是佛教中的神祕主義。一個一元論神祕主義者體會到自己與一種絕對境界合而爲一。「梵我不二」便是一例：個體的我與絕對體的梵其實本爲一，個體的我如同一滴水滴入大海那樣的廣大中。其次，一元論者能體驗到現世生活的虛幻性，並認知到所有現世生活中的現象或實在其實都爲虛幻。一元論十分特別的是強調自力修行的重要性。要與絕對體合而爲一，主要靠人的力量前進，以人自力達到合一的目的。

3. **巫祝論神祕主義**：雖然世界各地有許多不同的薩滿（Shaman）信仰，其內容與禮儀方式多有不同，但因其核心都爲巫師（Shaman），因而被通稱爲巫祝派神祕主義。其特色包括：巫祝派信仰來自其團體內被公認的通靈者或神醫；通靈者在肉體或心靈上有較其他人異常的特色；通常通靈者會有守護神的同在及幫助；通靈者通常是被命定或揀選的一群人；有些在入門時會經歷可怕的儀式；巫師或能出神與神靈溝通，或能神明附身；在受訓時會有一敵手相互搏鬥，失敗通常就會被毀；有一些附

法力的物件幫助自己等等。前述卡斯塔尼達所提之*Nagual*及*Tonal*，其所指為一個巫士對世界認知的兩種能力，且不為西方傳統知識論所理解或認可。這種關於西方理性認知系統的僵局，卡斯塔尼達曾在《力量的傳奇》（*Tales of Power*）中提及，而他的另一著作《巫士的傳承》（*The Second Ring of Power*）亦提及認知系統問題更超出一般人所能認知的部分。卡斯塔尼達所提一個與普通知識論截然不同的認知系統及能力正是在他一系列書中的主題，這種系統正是巫祝論神祕主義的特色之一。**2**

　　4.有神論神祕主義：這派標幟明顯以認為一位至高神的存在為主。在這類型中，其目的就是最終要能拋開一切，奔向至高神的懷抱中。按基督宗教／天主教的靈修神學來說，這一旅程可分為三個階段：煉道、明道、合道。

（三）基督宗教神祕主義

　　上述第四點所提有神論神祕主義即為本章所討論之重點。為避免失焦且能方便說明，本章將專門討論基督宗教神祕主義。

　　安德希爾（E. Underhill）在《教會的神祕主義者》（*The Mystics of the Church*）中指出，基督宗教教會採用和希臘文中*Mystæ*相同的意義，指稱那些一方面相信從神而來的神視，一方面過著高度標準生活，並且渴望神祕知識的人們。而在基督宗教的神祕主義者，神與基督並非單指信仰的對象，而是直接經驗到的活生生事實；神祕主義對他而言當屬一種奠基於與神來往（Communion）的意識，並為回應這種要求的生活。按照安德希爾的說法，基督宗教神祕主義重點包括：首先，神對一個基督徒而言是活生生的個體，而非單純信仰的對象；其次，基督徒努力而為的是

2　見卡斯塔尼達著，魯宓譯，《力量的傳奇》，臺北：方智出版社，1998年；《巫士的傳承》，臺北：方智出版社，1997年。

「回應」，回應的是那從神而來的愛。不論基督宗教內各種不同型式或等級上的神祕經驗來往，都爲一種愛的來往。

基督宗教神祕主義常以婚禮的象徵，或是男女間的情愛表達人與神結合的最高境界。特別是「神婚」（Mystical Marriage），被視爲是天人合一的最高境界。然而這與一元論神祕主義表現有所不同：一元論神祕主義恰如一滴水消失在大海中一般，基督宗教神祕主義則猶如陽光充滿於玻璃上的景況，人雖充滿神性光輝，個體性卻仍能保留。我們可以說基督宗教神祕主義是一種愛的神祕主義，人之所以想與神結合，並非出自想得到什麼利益，而是基於愛的回應。即便如此，基督宗教神祕主義仍指向一種非常態的認知，一如法瑞利（J. Farreley）所言，基督教神祕主義主要指透過個人經驗認知上帝的過程。普通知識論帶給人的知識是關於這個實在界的所有一切，基督宗教神祕知識論使人認識關於超越界的神、天使或一切超過理性所能直接把握的對象。因而基督宗教本身當然包括一種非於平常的認知活動。

爲能說明認知的階段，基督宗教常以煉道、明道與合道標示邁向神祕經驗知識論的三個階段。此三階段名稱已分別指出每一階段的重點所在。安德希爾指出，煉道、明道與合道三條「密契之途」，最早是被運用在新柏拉圖主義中，而基督宗教作者們借來使用在靈修生活中。她同時也提醒，不同的作者會在不同意思下使用這個詞。其基本意義如下：

1.煉道：是信徒靈修生活的開始階段，表示此信徒已經悔改歸向神，並不願意爲神之外的種種外在事物再度犯罪而得罪神。這階段的工作主要包括痛悔、補贖與克制偏情等等。就神祕經驗知識論的角度來說，這個階段開始一切對身體及靈魂的煉淨工作，使感官能從俗世向上出發。

2.明道：前一階段信徒雖然已走上跟隨神的道路，但他的愛仍不夠眞誠，也容易陷入自滿或再犯一些較小的罪惡。爲此他需要進入明道階

段以突破這些限制及心態。此階段任務包括避開一些看似無關痛癢的小罪，他默想神的方式也由前階段的官能推理進步到凝視或默觀（Contem-plation）。就神祕知識論的角度來說，明道階段開始出現神祕經驗知識論所討論之感官超性運作及其產生的超性知識。

　　3. 合道：若信徒能走到這個階段已可被稱爲神的知心朋友。神對此階段的靈魂來說不再是遙不可及，而是親近如臨在身邊的朋友。神祕經驗知識論在此階段所討論重點放在靈魂與神的結合與密契的景觀及意義上。

二、不是心理幻覺嗎？

　　上述對神祕經驗知識論的討論易使人覺得難以理解：一方面這種經驗非常人所能擁有，另方面這些經驗似精神疾病發作產生之喃喃囈語。這種狀況因爲兩個情形而更爲嚴重。

　　第一種情形是迷幻藥物之使用。1943年，瑞士的阿博特・霍夫曼（Albert Hoffman）在實驗室成功合成LSD這種新的迷幻藥。從這一刻起，迷幻藥的使用就和神祕主義彼此相關。特別在嬉皮盛行的年代，許多年輕人以吸食迷幻藥的方式達成出神或知覺改變的目標。對於這種現象，赫胥黎（Aldous Huxley）在《知覺之門》（*Doors of Perception*）中列舉LSD這類迷幻藥所能達成的效果。另一位研究神祕經驗知識論的學者史坦斯在《冥契主義與哲學》（*Mysticism & Philosophy*）中亦舉出他朋友N. M.的經驗爲例，因爲這位N. M.乃通過使用迷幻藥得到神祕經驗。史坦斯的評註是：「如果有人認爲嗑迷幻藥根本不可得到眞正的冥契經驗，我們歉難同意，因爲就現象而論，兩者幾乎無從分別。」（見該書

中文版79頁）就事實而言，神祕主義確實使用迷幻藥，但其原因在幫助
人體會何爲神祕經驗，且當人可以不再藉助藥物力量就能達此經驗時，迷
幻藥立刻被捨棄。當然，使用迷幻藥者確實也可完全依靠藥物效力進入所
需求知神祕經驗。例如，以卡洛思・卡斯塔尼達爲代表的巫祝派神祕主
義可爲此處說明：在《巫士的傳承》中提到，他的老師唐望開始訓練他
時，使用含迷幻藥成分的植物幫助他進入神祕經驗，純粹是因爲他「太笨
了」。等到他能夠不再借助藥物時，他所接受的教導也轉向實質巫師訓練
而非藉由外在藥物。

　　雖然神祕經驗確實能與藥物使用彼此相關，但兩者之間在經驗上卻有
不同。一般神祕經驗的追求者會承認，兩者差別僅在使用的動機及得到／
進入神祕經驗的過程。使用如LSD的迷幻藥而得到的神祕經驗現象與實際
的神祕經驗確實無異，但兩者的相同只存於在現象，本質上仍然不同：

明確神祕經驗與使用LSD或迷幻藥相似	
明確神祕經驗出現時，實行者本身的德行、品格及身體狀況處於一種較好的狀態。	使用LSD及其他迷幻藥，易與墮落、身體敗壞有關聯。
有些神祕主義類型雖會使用藥物加速此類經驗的產生，但藥物本身不重要，僅是一種引子。	使用迷幻藥以得到經驗容易變成依賴藥物。
	通常被稱爲「旁門左道」，並非眞正追求實踐神祕經驗的確實方法。

　　除了上述藥物使用問題外，第二種情形是精神失常的表現。在神祕
經驗相關的文字紀錄中我們常見令人匪夷所思的特殊經驗，這些經驗包括
醫治趕鬼、天眼通、神聽等奇異經驗。雖然綜觀古今，神祕主義者並不看
重這些附屬現象，問題是精神疾病中常見此類經驗。若我們觀察部分精神
疾病患者，他們也能說出看見神明或靈界對象之語言。更爲嚴重者，一些
具有神祕經驗者往往是（心理或精神）受創後產生此類神祕經驗。爲此部

分反對此類經驗眞實存在者主張，神祕經驗與其說是宗教靈性提升，不如說是自我催眠或心理防衛機制。確實，神祕經驗可能與心理狀態有關，但我們似乎不能百分之百肯定神祕經驗就是心理狀態問題——雖然我們確實也無法百分之百確定神祕經驗具有絕對準確性。然而，我們或許可以藉由以下方式說明神祕經驗所具有的準確性：就過往各宗教在靈性上的追求而言，其似乎具有一共同方向，即承認在有限的經驗世界外，確實還有一靈性世界。雖然我們對此靈性世界或許無法以語言清楚表明，但歷來衆人對此靈性世界之描述卻大同小異，特別在扣除太過隱晦或過於奇特的描述後，此靈性世界的輪廓能爲我們以意向性方式概略描述。換言之，在其至少通過東西方不同宗教卻相同描述的狀態下，靈性世界的存在或許具有其可被認知的可能。對此我們或許應採取開放態度，而非直接拒絕或以有限經驗作爲抗拒理由——畢竟在第二章處，我們已透過哲學史注意到，我們的經驗確實有限。

　　爲此，本章態度爲透過觀察過往發展或討論神祕經驗知識論之哲學家的著作，提出對神祕經驗知識論這一超越領域的理論說明。然因作者信仰與能力所限，此章將置重點於基督宗教信仰方面。這並非指其他宗教不具此類神祕經驗知識論，因爲在多元論（Pluralism）的觀點下，各宗教的神祕經驗如同登山的不同路徑，山頂便是神祕經驗知識論所欲進入之境界，一如上文所提之分類內說明的不同理論一般。

三、基督宗教神祕經驗知識論：基礎方法理論

　　我們此處以基督宗教神祕主義知識論爲說明範例。該理論內不僅包含上述三道之理論或對神的認知，其特性之一亦爲認知內容與實踐相輔相

成，其中任何階段都與某項宗教經驗或禮儀實踐有關。基督宗教神祕主義一般慣於將邁向神的階段以登山或旅程做比喻，除上述煉、明、合三道外，方法上則可區分爲肯定之途、否定之途與超越之途三種。這裡所提三個階段與三種方法都是權宜之計，因爲和普通經驗知識論相同，神祕經驗知識論對人的生命來說是完整整體，區分階段和方法僅是爲說明上的方便。

在討論肯定、否定與超越之途的方法上，生活時間約爲5世紀的托名戴奧尼修斯（Pseudo-Dionysius）可算此方法論上的奠基者。這三條途徑雖然並非他首創的分類方式，但在他的理論中卻被完整與豐富。就現今留傳下來的托名戴奧尼修斯相關著作而言，托名戴奧尼修斯的系統大致上能夠以下列的分類方式進行分析：

《論聖名》—— 肯定之途
《神祕神學》—— 否定之途
《天階體系》、《教階體系》—— 超越之途

這種分類方式並非絕對的，只是採用該著作較爲明顯的特徵進行分類。因爲《論聖名》（*On Divine Names*，以下簡稱DN）與《神祕神學》（*The Mystical Theology*，以下簡稱MT）這兩本著作本身具有互補的內容；而《天階體系》（*The Celestial Hierarchy*）與《教階體系》（*The Ecclesiastical Hierachy*）爲前兩本著作的應用，因此其中所提及的實踐往往與前兩本著作的方法論有關。

（一）肯定之途

按照柯普勒斯頓的解釋，肯定之途目的在於把受造物中的完美歸諸

於神的本性。然而這種完美與神所擁有的完美是截然不同的 —— 因爲限制仍然存在於創造者與受造者之間的差異 —— 因此人所能擁有對於神的知識與眞正屬於神的相關知識仍有極大的差異。雖然相較之下，托名戴奧尼修斯在《論聖名》一書中對於肯定之途的描述容易給人一種自我限制式的討論。特別是當他開宗明義地指出，在用語言談論神的時候應當順從的是《聖經》上已經啓示出來的事物，而非透過人的智慧來言說（DN 1: 1, 585B1-588A2），但這種看上去對自我的限制引導出托名戴奧尼修斯相當特別的肯定之途方法論。例如，在經過漫長的討論後，他於《論聖名》一書結尾提出一組如同悖論式的結論。首先是在第13第3節中，他先宣稱沒有任何名詞或表述可以用來指稱於神，原因在於創造者與受造者間存在一種無法跨越的鴻溝。他說我們甚至連用「善」這個概念來形容神都是不可能的（DN 13: 3, 981A8-10）。但接下去他卻話鋒一轉，指出在尋找合適於指稱不可言說本質的語詞時，應該先把最受人敬重的名字保留給神。托名戴奧尼修斯認爲這種做法是最合適於《聖經》所指示的方式（DN 13: 3, 981A10-13）。

　　對托名戴奧尼修斯來說，肯定之途在《聖經》的啓示外應該還可以找到另外一種達至肯定的方式，即透過某種作爲象徵的記號或符號來表達屬於神聖本質。這種說法可透過《教階體系》得到證實。托名戴奧尼修斯在該書提出六種教會儀式，並透過每三個部分爲一組的結構闡述其意義：

1. 第一部分說明儀式本身應該如何進行。
2. 第二部分說明該儀式所具有的靈性奧祕何在。
3. 最後對該儀式產生「默觀」以說明其如何與神聖本質產生關聯。

在這三重結構中，「象徵—奧祕—默觀」形成一整體概念。這種從象徵作爲出發的方法，可說是肯定之途的實踐。

（二）否定之途

通過肯定之途，人僅能夠獲得用以指稱神的象徵性符號。但是按照托名戴奧尼修斯的說法，如果要更進一步地與神合而為一，那麼就應該進入否定神學之中。因為否定之途提供了一個對於超越者的最終認知。托名戴奧尼修斯認為通過否定之途的靈魂能得到合一的境界與知識，他說：「這時，他放棄了一切心智可理解者，完全被包容在不可觸及和不可見者之中，他完全隸屬於那超出萬物者。在此，人不再是自己，也不再是任何別的東西，被一個全然不知而無知的所有知識的終止而最高地統一起來，通過什麼也不知而超出心智地認知。」（MT 1: 3, 1001A5-10）。

否定之途所提供的方法論採取的是否定外在的作為，以致最終能夠達到最幽暗的光明之中。在這裡，否定是一個序列，通過一個序列以達至最終的目的。為此，托名戴奧尼修斯要求否定一切、以從離神最遠的觀念開始進行否定，接著否定那些神所擁有的那些受造物的屬性，最後達到超越本質的幽暗之中。這意味我們必須否定語言的可用性，因為當靈魂越向上飛升時，將越發現語言的不足與無知。最終甚至在與幽暗者合而為一時會發現語言根本無法描述那種狀態。我們可以從以下這段說明看出端倪：「事實是，我們飛升地越高，我們的語言越侷限於我們所能形成的觀念；所以當我們進入到超出理智的黑暗中時，我們將發現自己的語詞不夠用，而且實際上是無言與不知的。……但是現在我的論證從下者向超越者上升，它攀登得越高，語言便越力不從心；當它登頂之後，將會完全沉默，因為它將最終與那不可描狀者合而為一。」（MT, 3, 1033B10-1033C8）。因此在最終，我們僅能藉由否定透過感覺與概念的方式來描述不可言說者的可能性。

（三）超越之途

　　嚴格來說，托名戴奧尼修斯並沒有明文指出有一種方式名爲超越之途。在一些哲學史的研究中也似乎可如此證實──即便如此，我們仍可看見後來多瑪斯（Thomas Aquinas）所使用的那種超越之途的方法論影子出現。以《教階體系》爲例，其著作透過固定結構與模式說明在一個教階系統底下應當如何進行所有儀式，並在名爲「默觀」的段落解釋內在意義。其固定結構第一部分與第二部分中採用的方式基本上是肯定之途與否定之途的交互應用，並通過這兩個部分的討論，托名戴奧尼修斯將討論帶入默觀層次。在默觀中托名戴奧尼修斯解釋爲何這些儀式應當如何進行。從他的討論可以發現，這些實際禮儀充其量僅是象徵符號，背後眞正意涵在於超升這些符號之所能指涉的內容。以聖餐爲例，托名戴奧尼修斯認爲這些聖餐的符號目的在於其象徵了神性中的「獨一、單純、不可區分」，並通過擴充自身以包容所有教階體系的形象，把人提升到內在的「一」之中，並在其中經由默觀使得人的心智走向太一，得以直觀實在物的最終基本統一。這段討論中已經看得出來超越之途的某些意義，包括被超升的符號或象徵，以及超越於肯定之途所得到的那種合而爲一。換句話說，超越之途爲托名戴奧尼修斯而言是超越在肯定之途之上的，因爲超越之途涉及到有無神恩典的加入與幫助，並能得到較肯定之途更高的結果。

（四）作爲認識神的方法論

　　通過前面的描述，可以勾勒出托名戴奧尼修斯所認爲認識神的基本方法。原則上即通過肯定之途、否定之途與超越之途所達成。沈清松使用這三條路來說明神的完美性對於多瑪斯的意義：

1. 肯定的層次：吾人以及萬物所具有之完美，神皆有之。

2. 否定的層次：吾人以及萬物所具有之完美，皆非神之完美。

3. 超越的層次：神之完美優越於吾人以及萬物之完美。

如果我們把多瑪斯與托名戴奧尼修斯理論相連，可進一步把作爲基督宗教神祕經驗知識論最高等級之一的默觀知識放入這三個層次中：

1. 肯定之途：吾人所擁有對於默觀的觀念即爲最完美的知識。

2. 否定之途：吾人所擁有對於默觀的觀念均非默觀的觀念。

3. 超越之途：從神聖恩典而來的默觀觀念遠超過吾人所能擁有的觀念。

　　從托名戴奧尼修斯開始，到多瑪斯・阿奎納，以及日後的聖十字若望（John of the Cross, St.），基督宗教神祕經驗知識論的系統從方法論奠基到知識論系統開展，最終達至高峰。爲此，我們接下來將分別說明多瑪斯與聖十字若望在此如何解釋默觀此一概念作爲系統性知識的意義。

貳、多瑪斯・阿奎納：默觀作爲知識

　　前文在第三章曾提及多瑪斯的認識論基礎，強調人是由靈魂與身體組成的混合體，所以人能同時認識物質與精神兩方面的對象。就判斷能力的運作來說，當外在事物與內在判斷符應，人的理智得到肯定判斷的同時，人的心靈也得到了暫時的滿足。然而，人不會因得到暫時的滿足便心滿意足，因爲人也想認識那些超越在認識能力以外的事物。多瑪斯認爲，能夠滿足人這種欲望的只有默觀。從知識論而言，多瑪斯視默觀爲一種超越的知識，且爲所有知識中最高等級的知識，但這種知識卻不只是單純的知識，還包含倫理學意義──因爲默觀意謂最終且眞正的幸福，是人最終應當追求的目標。爲此，我們將說明多瑪斯在知識論立場上如何解釋默觀的觀念。

一、默觀的概要

　　在討論多瑪斯的默觀概念時，我們需注意他並未以專門著作，一如前述托名戴奧尼修斯或之後所提到的聖十字若望一般，其對默觀的探討散布於不同著作中，特別集中在《駁異大全》（*Summa Contra Gentiles*，以下簡稱SCG）與《論眞理》（*De Veritate*，以下簡稱DV）內，且常與靈智實體（Intellect substance）──如天使──的認識模式相比較。此外，他對默觀的探討同時具有新柏拉圖主義色彩與信仰生活的實踐面，這些因素使他對默觀的討論有豐富且多元之面向。有鑒於我們的探討與知識論有關，在此我們僅聚焦於默觀作爲知識論對知識探討的面向。

（一）認識神的可能性

前文說明多瑪斯認識論內容時，我們曾借用郎尼根（Bernard Loner-gan）的話指出，多瑪斯從亞里斯多德那裡承繼了「經驗—理解—判斷—抉擇」的認知結構。但若單純透過亞里斯多德認識論，人對於神的認識在理論上並不可能：因為人的知識依靠感官知覺，觀念亦從受造物所引申，語言的表達是為了表達這些觀念，這些都指涉且受限於經驗。來自經驗的限制就意謂著這些知識、觀念與語言的使用都只能被限制在經驗中。多瑪斯意識到這個問題，也明白人的理智所得到的知識均是經由人本性中對感性對象認識所得到的，但這種感性能力無法直視神聖實體，因為這種直視超越所有感性事物，並且對所有事物而言均不適合，一如多瑪斯自己所言：「人的理智，其本性為從可感事物中得到知識，無法經由自身得到關於神聖實體的知識，因其超越在所有可感事物之上，並且確實超越在所有其他其他事物之上。」（SCG, IV, 1: 1）我們並不是說多瑪斯認為人不可能認識神及其神聖本質，因為在基督宗教信仰內還有啟示或其他不完美的認識途徑，但這些認識途徑若從亞里斯多德認識論角度來看，均為類比性知識——雖不錯誤但不完美。

與此相反，多瑪斯肯定人具有最終目的，其目的在對神有所認識，而人作為一個受造物也有確實可行的方法使他能產生對神的正確認識。因為神安排一個完美事物所能依靠的確定秩序，故人可通過由較低事物出發的爬升而達到對神的認識。多瑪斯認為，人的完美之善表現為他在某些部分上能認識神，並擔心自己作為一理性受造物會沒有心靈的目標，因此神給他一個明確途徑並經由之使他能被超升至關於神的知識——如此，既然事物的完美從所有事物的最高頂點——即神——經由一秩序下降，人也能藉由較低等級的事物逐漸超升至接近神的知識（SCG, IV, 1: 1）。為此，多瑪斯使用*Ascendens*這個詞以表達人向神前進的常識，因為這個詞在神

祕經驗知識論中既可表達一種向上的動作及所達到的高度，又可表達出一種朝向完美的意涵。多瑪斯認為人有三種認識神的方式：

1. 人藉著自身理性之光，經由受造物而上升至關於神的知識。

2. 藉由神聖真理——超越人理智之上——透過啟示降臨於人之中，然而不是如同某些被清楚看見的事物，而是如同以文字傳述而被相信的事物。

3. 藉由其以使人的心靈將被提升以至凝視被啟示更為美好於萬物之上的對象。

在此，我們看見多瑪斯將亞里斯多德哲學體系進行轉化的痕跡。多瑪斯的認識論確實是從亞里斯多德的知識論出發，但當他要開始討論超越在理智能力之外的對象與知識時，他將肯定之途、否定之途與超越之途援引進他的哲學體系中——從這裡開始，就進入了托名戴奧尼修斯的思想領域。

（二）默觀神聖本質的途徑

由於多瑪斯在知識論探討上，在普通經驗知識論以亞里斯多德為基礎，但在神祕經驗知識論上卻引用托名戴奧尼修斯思想作為支持，所以他在《駁異大全》第2-63章探討默觀時呈現出雙重結構，每一個結構都以肯定之途作為開始，再提出否定之途加強，最後則以超越之途作為總結：

章節	認識神的方式	摘要
2-25	肯定之途	肯定所有受造物必然朝向一個最終的善前進，此最終善必然為神聖自身 5-15章：插入附論，探討關於惡的種種問題

章節	認識神的方式	摘要		
26-36	否定之途	探討不能稱爲人類眞正幸福的種種對象		
37-63	超越之途	37	肯定之途	肯定默觀爲人類眞正的終極幸福與目標
		38-50	否定之途	否定並反駁對於默觀的錯誤理論與見解
		51-60	超越之途	人於默觀中種種將會發生與面對的情形
		61-63：關於默觀生活實際層面的討論		

《駁異大全》這段文脈所呈現之雙重結構如下：從探究何爲幸福的整體來說，2至25章爲肯定之途，此部分肯定所有事物必然朝向一個善的目標前進。即便中間插入第11章關於惡的討論，多瑪斯也在「惡是善的缺乏」此一基礎命題上，加上認爲「即便是惡，也是行動者將之誤視爲善的目的」作爲討論。26至36章中透過否定之途，將常見之人所認定之幸福列舉後加以反駁，以證明人的幸福不在世上可見的事物之中。37至63章中可以看見超越之途方式的討論，在此多瑪斯明指只有默觀是人在此世中所能得到的最高幸福。之所以爲超越的，是因爲默觀不能由人憑藉其本性達到的高度，唯有神的能力才能成就此事。在37至63章的討論中則見另一層次討論。第37章多瑪斯以肯定之途方式說明默觀之所是，此章可視爲多瑪探討的基礎。其次38至50章以否定之途討論何爲默觀。此間多瑪斯逐一反駁其他對於何爲認識神聖本質的看法。在否定之途的討論基礎上，多瑪斯於51至62章開展他的超越之途，指出默觀是確實可行而非幻想空談，其證明就是63章的踐行。我們以下將按照多瑪斯的文脈，對默觀作爲擁有神聖知識之途的觀念內容提出概略說明。

二、肯定之途：對於默觀的總論

根據《駁異大全》卷三第37章，多瑪斯首先指出，世上所有一切都不足以成為人真正幸福的由來，唯有默觀才是人類能真正擁有的幸福。默觀是：

1. 唯一適合於人的能力，且人無法與其他動物分享。
2. 默觀的目的不是別的，因對真理的默觀本身就是自己的目的。
3. 由於此運作能力僅能被神及靈智實體運作，所以人在運作此一能力時只能以超越於他自身的方式進行。
4. 在此運作中，人將透過一些方式與更高等級的存有者產生認知。
5. 由於此運作將使人超越於自身之外，故需要外界實存之物的協助。
6. 此運作實際上為人所有能力之最完美者，故需要外在所有事物的配合，並排除一切可能的阻礙。

簡言之，默觀之所以適合於人而非其他動物的原因在於人靈魂的非物質性。由於人的靈魂具有非物質性的特性，所以能夠對於精神性存在（即神自己或靈智實體）產生認識活動，此點是為其他動物所缺乏的。此外，默觀觀念雖然奠基在人的理智之上，但此一奠基並不意謂默觀單單依靠著人的理智。由於默觀的對象超越於理智之外極遠，故人的認知原理無法提供對神默觀的可能。而默觀雖是一個人此生的完美目的，但進入默觀不過是開端而已。默觀來自於人本性的要求，而非人對於真理追尋所得到。為此，默觀雖可被稱為是一門學科（*Scientia*），但不是處理較低等級事物的學科。

三、否定之途：默觀之所不是

　　《駁異大全》卷三第38-50章的部分，多瑪斯排除對默觀知識的錯誤理解，他主要的對手是我們在第三章所提主動理智發展史中對亞里斯多德提出特殊解釋的理智統一論者們。多瑪斯在此透過排除錯誤的方式，逐步說明默觀之所不是。他排除的錯誤包括：不當的認識途徑與錯誤的認識途徑兩大類問題。

（一）不當的途徑

　　默觀並非我們所熟悉那些關於普遍對神的認識，或是那些近似於常識的知識。我們雖然能透過推論研究與神相關的知識，甚至在信仰中獲得啓示內容，但該數種知識無法達到如默觀知識般的高度——這裡並非指這些知識內容有誤，而是指就默觀而言方法不恰當，因爲這些知識都具有某種的不確定性。

（二）錯誤的途徑

　　多瑪斯在《駁異大全》卷三第41-49章中展示他所謂錯誤途徑的內容。這裡所謂「錯誤」對多瑪斯來說，確實就是指人在理解上所犯的錯誤。在多瑪斯的時代，有學者認爲可以透過對靈智實體產生認識，進而達到默觀神本質的主張。靈智實體指那些與靈魂相似卻無需與身體結合即能獨立存在的存有者，他們是非物質性的獨立存在，不由形式與質料結合。這些存在對象有時被以天使或魔鬼等不同名詞稱呼，而他們的認識能力，多瑪斯認爲與人並不相同，因爲人的認識能力不論需要圖象的幫助以便進行思考，或是需要主動理智與被動理智的合作以達至心語的階段，都預設了身體的存在。但靈智實體沒有身體，也無需主動理智與被動理智的

合作。因此，當多瑪斯比較靈智實體與人的靈魂時認為，靈智實體基於其可認識的形式而使自身趨於完美，但人的靈魂仍處於一種被動的潛能狀態而已。由於靈智實體擁有與人的靈魂不同的認識方式，為此，一個靈智實體認識自己的本質，並能以一定範圍內進一步認識高於自己或低於自己的對象。當靈智實體認識高於自己的對象時，按因果律的說法，靈智實體便能認識自己的（產生）原因。既然如此，那麼當人能通過圖象而對靈智實體產生認識時，人便有可能在此生中產生對於靈智實體本質上的認識。進一步來說，藉由對這些靈智實體產生認識，就能夠參與到這些靈智實體對於神本質認識的模式，進一步產生擁有對於神本質的認識。

多瑪斯認為，那些主張透過認識靈智實體即可得到默觀者，其實錯誤理解靈智實體的實質，所以混淆了對神認識的方式。多瑪斯也指出認為這種知識無法帶給人真正的至福，原因在於，所謂的至福具有必然的普遍性（*Felicitas utem est quoddam commune bonum*），但經由靈智實體所得的至福卻只能為少數人所擁有，由此可見這種觀點本身所產生的矛盾。為此，通過靈智實體無法得到真正默觀的知識。此外，亞維洛埃斯（Averroes）等人的理論是基於亞里斯多德的學說所提出，但多瑪斯在分析亞里斯多德的說法時指出，亞里斯多德對於人得到至福的主張與亞維洛埃斯的主張不盡相同。雖然亞里斯多德擁有這方面的主張，但主要得到的路徑不是透過如亞維洛埃斯所宣稱的通過靈智實體所得，而是通過沉思的思辨活動所得。

四、超越之途：屬於神的特殊祝福

作為知識，默觀雖不是人能憑己力達成者，但多瑪斯仍強調此知識

需要神與人的共同合作。就人的角度來說，多瑪斯認爲人必須有兩重的預備，以便使自己可以進入默觀的狀態：

1. 第一重預備是意願上的預備，指人必須有所願意以進行如此的高度。

2. 第二重預備則是行爲上的預備，在此多瑪斯較多的部分是指行爲上的潔淨（To Cline），一如後世所提的煉道（Purgation）的意義。

多瑪斯的意思是，一個人不可能完全不準備便可達至默觀的高度。而不論在哪個部分進行準備，多瑪斯都強調靈魂眞正的幸福不在透過自己所能使用之途徑而擁有的對於神的知識，因爲即便是這種知識也使靈魂繼續渴求於對神眞正的認識。眞正的幸福仍然是在理智的操作中才會出現，因爲唯有理智才會有渴望理解眞理及眞理自身的意欲；理解的目的在於爲了得到愉悅，然而沒有其他任何的事物可以取代這種因爲直觀眞理自身而得到的愉悅感，唯有默觀自身。因而多瑪斯認爲，人最終要選擇的終極幸福必然是在默觀中，而人也需要爲這種默觀做好準備。

從神的角度來說，多瑪斯還是依循知識論的意義對此討論，而非如一般神祕主義者透過神聖之愛的角度來討論。默觀是人最終的幸福或目的，但默觀又是人本性無法達到的高度，所以若沒有神聖行爲（actio-nem divinam）的幫助，默觀就是不可能達成的目標。所謂神聖行爲，爲多瑪斯而言就是神的意願。神聖實體不可能藉由任何受造物的理智而被看見，如果神聖實體能被看見，必然是神的理智自身經由自身看見自身，在這樣的直觀中神聖本質一方面是被看見的，另一方面又是看見所藉助的。多瑪斯似乎把這種狀態視爲是一種典型對神直觀的結果，而唯有在神那裡才會出現「眞正的」看者與被看者同一的狀態。因此，人若是要對神產生直觀的知識，就必須藉由神的意願，即一種神聖行爲的幫助。神聖行

為對人默觀的參與，首先來自認知結構上的判斷部分。對神而言，神自己就是完美的認知，在祂的認知當中主客體乃是同一的。完美的認知就是認識到真的本質，在可理解的種（Species Intelligible）上，真的本質就是純粹可理解之真的形式（*Intelligibile erit ut forma tantum in genere intelligibilium quod est veritas ipsa*）。

就人的角度來說，人的理解能力就是對「真」產生正確的理解。但是人的理解對於真僅是把握或是參與其中，因此就本性來說無法默觀作為真理自身的神聖實體。神作為第一因，對祂來說若以可理解的種之方式參與在人的理智中，一方面確實能使理智驅向完善，另一方面卻仍能維持經由自身以理解自身的結果。多瑪斯在這裡明顯認為人的理智中有一個部分仍為神參與其中而被保留，因為他說，可理解的種與理智的結合是由神聖本質所進行的作為。

從這個角度來看，在超越之路徑上對默觀的說明還應當包含以下數點：

（一）默觀是最黑暗的光

多瑪斯主張，人之所以能被提升到一定的高度默觀神聖實體，就是因為榮耀之光（*Lux Gloriae*）參與其中的緣故。光照理論在基督宗教有其根源，例如，第一章我們曾提到奧古斯丁（Augustine of Hippo）光照說強調人的知識乃因神聖之光的照耀，因為他認為人不可能認識事物的不變真理，除非這些真理如同被太陽光光照一般。對奧古斯丁來說，神聖之光由神而來以便光照人心。神就是「理智之光」，在神之中、藉由神並通過於神，使得那些對理智而言本是黑暗的東西都變成光亮的。光照對奧古斯丁而言是一種靈的作用，可見心智所看見的不是光的本身或睿智的太陽——即神自身，而是因為神的作用使得心靈得以看見永恆真理的必然

性。而多瑪斯也認爲亞里斯多德的主動理智就具有光照的功能／意義，因爲主動理智使事物可以被人理解，一如光照般的狀態。就此來說，人受造的理智本身無法憑藉自己的能力達到對神聖實體的直觀時，必然需要外在的力量好使受造的理智可以被提升到直觀於神的高度上。

另外，「默觀是最黑暗的光」這樣的論點也可視爲是多瑪斯明確繼承托名戴奧尼修斯論點的證明。在托名戴奧尼修斯那裡，這個論點最初被用在指稱神聖之名的場合中，但多瑪斯卻更進一步地將這個方式應用在對於終極幸福的描述之上。在《神祕神學》裡，托名戴奧尼修斯最一開始描述否定之途是放在與神合而爲一的脈絡下進行。他勸告朋友提摩太必須「丟掉一切感知得到和理解到的東西，丟掉一切可以知覺的和可以理解的事物及一切存在物與非存在物，把你的理解力也放在一邊；……通過對你自身和萬物的全部澈底的拋棄：扔掉一切並從一切之中解放出來，你將被提升到在一切存在物之上的神聖幽暗者的光芒之中」（MT, 1: 1, 997B8-1000A3）。這裡所提的否定之途是建構在實踐的意義之下。到了這篇論文的第三章，托名戴奧尼修斯進一步就理論層面說明否定之途的意義爲「我們飛升得越高，我們的語詞越侷限所能形成的概念；所以當我們進入到超出語詞的黑暗之中時，我們將發現自己不僅語詞不夠用，而且實際上是無言和不知。……但是當我們否定那超出一切的否定事物時，我們必須開始否定那些與我們期望達到的目標最不相像的事物。難道說神是『生命』和『善』不是比說祂是『石頭』或『空氣』更加眞實嗎？否定祂會『罪』或『怒』，它不比否定祂有語言或思想更正確嗎？」（MT, 3, 1033B10-1033C1, 1033C14-1033D1）

這裡的理論基礎建立在「創造者─受造者」此一結構上無法跨越的鴻溝。雖然受造物的最終目的在於對神產生認識，然而因爲本性上的不相似，導致對神的言說產生困難。此處所謂對神言說產生困難，意謂連認識上都有其困難，故而人需要默觀的恩典幫助他對神聖實體產生認知。然而

神聖實體產生的光過於強烈，致使人在默觀的光中仍覺一片漆黑。這種狀況並非沒有光照之作用，而是一如我們看見過強之光時因感官不適合所產生的暗黑幽冥。這種暗黑幽冥的概念始於聖經，例如，《出埃及記》20章21節提到「於是百姓遠遠地站立，摩西就挨近神所在的幽暗之中。」此處所言幽暗並非指神的幽暗，而應當被理解為神的聖光過於強烈，致使萬事萬物在祂那裡都變為黑暗之意。

　　基於上述根源，我們可以說對多瑪斯而言，默觀是一種具有存在等級高低落差之意義的行為。在一個存在秩序上來說，神必然是最高的那個源頭，所有受造物則依不同的受造原理與分受程度區分出不同的與神之間的距離。受造的理智無法憑藉自己的能力達到默觀的高度，特別在他後來的討論中指出一種當時的懷疑，即認為在創造的理智與受造的理智之間存在著相當性距離的鴻溝時，理智的本性不可能在幾近於自力的狀態下達到這種高峰。為能說明這種照耀，多瑪斯進一步以類比方式說明榮耀之光究竟為何？在普通知識論中，當人要得到可理解對象的知識時，是從感官作為出發以便能得到所需要的感覺與料，其中視覺最為尊貴，但視覺卻不可能脫離光而得至其運作。所以多瑪斯增加第二個前提，即主動理智有類似於光照的能力。基於這兩個前提，多瑪斯在這裡推出一個類比式：

視覺　→　經由光線　　　→　見到可見的事物
理智　→　經由榮耀之光　→　見到神聖實體

這個類比式中，多瑪斯重點在於使對象可以被看見（*Sicut lux facit quodammodo visibilia actu*）。身體的視覺幫助人對於外在世界產生理解，借助的工具是一般的光線；理智的視覺如果想要看見超乎自己之上的神聖實體，也相同需要類似的媒介，這就是榮耀之光。雖然我們可以這樣理解榮耀之光，但我們必須記住：神的本質已超越了理智之光的範圍。為

此，榮耀之光屬於恩典的範圍。

（二）三個額外問題

雖然多瑪斯提出默觀的理論，但是有榮耀之光的參與，人就真的能夠直觀於神嗎？多瑪斯透過問答提出解釋：

Q1 雖有榮耀之光的照耀，但人的本性適合於默觀嗎？

多瑪斯並未否定在神與受造理智之間存在著這種巨大的差異。確實，人不可能憑藉任何感官能力——包括視覺在內——去直觀神的本質。但多瑪斯肯定並堅持在榮耀之光的照耀之下，人必然能夠被提升到足以默觀神的高度，例如，他說：「既然受造理智是藉由一明確而超自然的光而達至對神聖實體的觀看……沒有任何受造理智的本性是如此低下以致於不能被抬升至這樣的觀看。」（SCG III, 57: 1）。這個問題可能被連結到另一問題，即多瑪斯理論有可能變成泛神論嗎？事實上，多瑪斯對於默觀的觀念中，似乎並未出現關於因為默觀而使本性完美化的想法；他的想法應該被解讀為透過默觀，理智得到了最後真正的快樂。

Q2 就算人的本性適合，是否人就真的能夠達到默觀的高度呢？

受造理智對最終目的參與程度有多少，其渴望的多與少將會影響到默觀伴隨的不同程度，而主客體關聯性也與此有關。對多瑪斯來說，從人的角度來看，客體——即從神那裡而來的榮耀——是相同的，雖然確有等級上的不盡相同，但並不否認其相同受到照耀的榮耀之光。因為在榮耀之光的照耀之下，一個受造理智將越來越接近神自己。雖然如此，在受造理智的方面還是存在著相當性的差異，因為在受造理智的這一側會有其意願或欲求上的不同與差異。所以多瑪斯不但未否定不同的人將有不同的默觀結

果，反而認為每個人在本性上都適合於默觀，卻因為參與程度的不同而產生了不同的結果。

Q3 達到默觀高度時，是否能洞悉一切的一切？

按照多瑪斯的說法，就認識主體而言，人的理智與感官是不同的兩種官能。感官基本上並未幫助人達至完美。但理智不同，因為在理智認識的過程中，理智經由認識到事物之所是而幫助人朝向完美。對於理智來說，當其在某個最終的目的呈現出可理解對象的完美性時，其理解作為正是對於實現事物的正確理解。所以當人經由榮耀之光照耀時，人可以經由直觀神的本質而正確地認識一切的一切，因為神已理解了一切，在宇宙中受造而在其自身中完美的存在事物。根據這個說法，人可以在榮耀之光中產生類似於神認識作用的理解方式洞悉萬物。所以就認識過程來說，認識的主體與過程都達至某個多瑪斯認為可以解釋的結論。

不過，多瑪斯所謂的「一切的一切」並不是真正一切的一切，而是有限度的達至一切。當多瑪斯說「一切」時絕非指人可以如同神的方式來洞悉萬有，因為神對萬有的洞悉是通過對自己本質的觀看而產生理解，此點為人而言卻是不可能的。人與神的直觀是不同的，人最多只能直觀事物之所是，但神還能直觀事物之本源。

即便如此，多瑪斯仍未否定人可以直觀神聖本質的事實，雖然直觀是有限的，但這種有限基本上讓多瑪斯免於落入泛神論的危險中。多瑪斯所強調的觀看與一般認識過程所提的不盡相同。在這裡，多瑪斯比較像是為了說明上的方便而將默觀的過程分開符合認識的過程，以能詳細分析整個過程是如何發生的。但多瑪斯論證說，默觀的發生並不如認識過程那般造成改變，而是一瞬間就完成的事情。理由在於，人所默觀的對象是神聖本質，但神聖本質本身單一不改變，所以不可能在觀看的時候還需要某種程度上的過程，一如學習一般。多瑪斯的說法是，在理智直觀神聖實體

時，其一瞬間默觀萬物而非沒有間斷，但這個瞬間僅具有／呈現時間上的短暫性。而這個觀點也相當符合於一般對於神祕主義的觀察，即認為在達至合而為一境界時會失去時間感（或擁有共時性）。

五、踐行的生活[3]

默觀的概念雖如前面所言，可透過神祕經驗知識論的角度進行分析。但對多瑪斯來說，默觀的概念不只是放在知識論的角度下討論，還包括實際生活中的實踐。在靈性生活方面，一個默觀者將成為預嘗永恆生命的參與者。從認識對象這個角度來說，默觀中的認識對象乃永恆不變的對象，永恆意謂不再變動且沒有中斷。此外，神聖實體同時也是永恆實體，所以在認識到神聖實體時，默觀者就參與在永恆生命之中。由於參與在永恆中，使得默觀者將失去關於時間的感受——這就是默觀者所謂的共時性問題。又因為默觀者成為永恆生命的參與者，所以多瑪斯認為默觀者將（不願）永遠與之分離。理智的最終目的就在默觀中得到其最後的渴望，所以當理智達到最終目的，即默觀神聖實體時，就不會再與之分離。多瑪斯並不是認為默觀後人就永遠不用回到現實生活中，而是指在靈性上已趨向完美。因為在此生中人還暫時無法存留永恆之內，必須等到與身體分離後才有可能。

---

[3] 關於多瑪斯如何討論默觀的實踐性，可參閱：Ralph McInerny, *The Question of Christian Ethics*（Washington, D. C.: The Catholic University of America Press, 1990）；F. Copleston著，莊雅棠譯，《西洋哲學史》第二卷；潘小慧，〈多瑪斯的幸福觀作為輔仁學派的人生最終目的芻議〉，《哲學與文化》第368期，臺北：五南出版社，2005年1月；傅樂安，《托馬斯·阿奎那基督教哲學》，上海：上海人民出版社，1990年。

（一）踐行之善

多瑪斯在《駁異大全》卷三第16-26章中採取的論證模式，是一個多次被提及的標準論證模式。馬金納瑞（Ralph McInerny）在《基督教倫理學問題》（*The Question of Christian Ethics*）中透過對於亞里斯多德倫理學的探究，論證多瑪斯把人終極幸福的位置放在神身上。馬金納瑞提到，在亞里斯多德那裡本來屬於哲學問題探究的部分，在多瑪斯這裡必須被區分為哲學的與神學的兩個部分。然而即便在哲學的探究中，也可以得出這樣的結論：的確，一個人不只是朝向善，更是朝向善自身，本質的善其名為神，只有神能夠使善的理性（*Ratio boni*）完美。只有神是人的終極目的。

這個論證同樣地可以在柯普勒斯頓那裡看見。他稱多瑪斯的理論採取了與亞里斯多德相同的立場，即幸福論與目的論的立場。但他也觀察到由於多瑪斯強調的重點與亞里斯多德不同，所以在論述上出現了差異性：確實，人的活動在道德領域內是自由的活動，他可以根據理由自由地選擇，這種活動同時也使人有別於動物。這種選擇道德活動是來自於意志的行為，然而意志所欲求的為普遍之善，而非僅停留於個別之善而已，因此人必然會嘗試去尋找普遍的善，並以之為目的。對亞里斯多德而言，這普遍的善最終停留在對思辨性學問的探索，對多瑪斯而言則否，因為思辨性學問的完美性僅能是此生的完美，不能是真正絕對的完美。真正絕對的完美不會是受造物中的任何一種──這也是下一部分將要討論的，否定之途的討論，真正完美的幸福就是神自身。一如柯普勒斯頓所指出：「神就是那具體而言的普遍的善，雖然他是萬物──理性的和非理性的──的目的；但只有理性的受造物可藉著知識和愛來獲得最高的善：只有理性的受造物可以看見神──完美的幸福只有存在於那裡。」

（二）否定之途的表述

多瑪斯在討論善之踐行時，特別通過否定之途說明究竟終極幸福所不是之內容。《駁異大全》卷三第27-35章中就依序列出終極幸福之所不是的選項，包括：肉體的愉悅、誠實、榮耀、富有、權勢、健康，甚至不在道德行為的價值或名譽、藝術活動中。當然，就倫理的角度而言，完美的幸福不存在於任何受造物中，只能在神的裡面。所以如前所言，他會稱亞里斯多德所提倡的幸福是一種不完美的幸福或暫時的幸福。但這是自幸福的角度，或應該說是從倫理角度的看法。然而多瑪斯自己在《駁異大全》中說，人的最終幸福存在於對神的認識裡。他的論證是：理智實體的終極目的是神，而人關於幸福與快樂的運作都在於得到神，這種運作是理智的作用，因為人無法意願所無法得到的對象。這可從多瑪斯所言「理智實體的終極目的就是神。所以人的運作在實際上是為了他的愉悅，或是他的幸福，不論如何均為其可藉之以達至神。這些都是理解的能力，因為我們無法意欲我們所不理解的對象。所以人的終極幸福存在於藉由理智實際性的對神認識……。」（SCG III, 26: 16）中看見。換句話說，多瑪斯在談論終極幸福的同時，一方面強調了認識上的傾向，但另方面也強調倫理學上的意義。

除靈性生活，多瑪斯另外還強調實際生活中的踐行。一個進入默觀生活的人必然會表現出所謂公民生活所需要的種種對象，包括德行生活、誠實、為人的榮耀，甚至是健康。為多瑪斯來說，這是人的諸多渴望中的其中一種——另外三種是對萬事萬物的渴望、對愉悅的嚮往，以及對個人整體的保全。多瑪斯認為這些事物背後所代表的是一種對於自身幸福的追求與滿足，而這些事物最終都將在默觀中達到所需要的真正快樂。因為在默觀中理智得到了真實的幸福，並在默觀中這些欲望都得到了真正的安息。換句話說，多瑪斯所強調的默觀生活不是單純的理論推測而已，還包

括了回返到現實生活中人最深層的渴望與想法。

（三）實踐的選擇

　　經過肯定之途與否定之途後，人對於幸福的觀點就必需經由超升的概念而超越在現世之中。這種超越的結果來自於一方面理智肯定神為人最終的目的，但此最終目的在達成上卻有困難；另一方面理智承認，所有現世中的幸福都不是真正的幸福。這種超越之途的方式具有強烈目的論的色彩。潘小慧在〈多瑪斯的幸福觀作為輔仁學派的人生最終目的芻議〉一文中就指出，這種在多瑪斯倫理學中幸福論所具有極為強烈的目的論傾向：所有的人性行為都必然朝向一個目的，而所有人都只能有一個相同的最終目的，即終極的幸福。但是這個幸福不是別的，正是人的最終目的。此一最終的幸福即享見於神的本質中。然而這裡必須提出一個多瑪斯對終極幸福說法的轉折：終極幸福不只是意志的行為，還包括理智的認識活動。就實際層面而言，此點涉及到如何對多瑪斯的終極幸福進行解釋。但就抉擇的倫理學意義上來說，此種終極幸福最終就是基於選擇的肯定而得成。

　　我們可以這麼解釋：多瑪斯把至善與神連結在一起，因為只有神才能符合多瑪斯倫理學意義中的至善。人必然追求神作為至善的目的，並通過使用亞里斯多德的幸福論與目的論建構出神才是人真正追求的目標——雖然此種真正的幸福只能存在於來世。這可以從以下多瑪斯著作中看出端倪：

　　1. 在《論靈性生活之完全》（*De Perfectione Vitae Spiritualis*）一書中清楚地記錄著這種默觀的生活是確實踐行的結果，在書中他列舉如何達成默觀生活的初步指南。

2.多瑪斯在《斥反對敬禮上帝與宗教者》（*Contra Impugrantes Dei Cultum et Religonem*）一書中多次論證默觀生活就是宗教生活的其中一部分，是現世生活中必然能經歷到的宗教生活。

3.《駁異大全》多瑪斯強調終極幸福的概念與其說是意志的結果，不如更正確地說是理智的運作。這個觀點來自於人擁有與神相似的能力，即對於對象產生理解。所以多瑪斯論證說：「既然至福是適合理智本性的善，至福必須藉由某種合於其本性的理智所獲得。現在，欲望並未取代理智的本性；相反地，其表現於萬物上，雖然在不同事物中有不同的方式。這些差異性來自於與知識不同的關係上，因為一事物若缺乏知識就僅存欲望而已。若是事物主要擁有的是感官知識，換言之，感性欲望在其中則可朽壞與物質的能力便被包含其中。但擁有理智知識的事物同時也擁有著關於欲望能力的知識，這就是意志。所以意志並非藉由欲望的價值而取代理智本性，而是依靠著理智的能力。然而，理智在其自身，適合於理智本性的。因此，幸福或至福，在主體上或原則上都應該被認定為理智的活動，更勝於認定為意志的活動。」（SCG III, 26: 8）

從多瑪斯的文脈可以清楚看到，其對默觀的意義清楚地標示著一種知識的傾向，使得終極幸福必須放置在理智的意義下探討多於意志的層次進行說明。理智既具有抉擇的可能，那麼默觀所帶有之倫理學意義即可不言而喻。換言之，實踐需要選擇，且需要具體實現。

六、出神

　　透過前面所提概要，多瑪斯提出默觀的最高峰，即「出神」（Rap-ture，見DV, Q13A1）。出神是一種與人本性相反的事情，因為每種受造物都有其適合於自身的活動，即便是火與石頭也一樣。對人而言，最適合的活動在於對事物產生一定的理解，不論此種活動來自於內在原因或外在原因。其中特別合適的活動就是對事物產生理解。然而人的理解能力必須建構在感官與想像能力的媒介（Mediation of sense and imagination）上，因此若出現了超出人的理解能力之外的對象時，人的理解能力就受到相當限制。但人的認識過程有時候會因受到外在神聖力量影響，而產生超乎本性中所擁有的相關能力。此情況由神聖力量所引發，並使人被提到一定高度之上，使其處於較平日高於人之本性的狀況內。基於此，多瑪斯認為出神是指人「處在與本性衝突的高度」（DV, Q13A1, sed contra），或是「……可將其定義為如同一種運動，「高度」給予其類別，「較高本性的力量」給予其動力因。「來自根據其本性便與人本性相反的那個對象」則給予開始及運動的關係。」（DV, Q13A1, respondeo）。在此狀況下，出神屬知覺能力，且在欲望對欲求對象的表達不同而產生變化。一般欲望是以推動者與被推動者的方式表達其傾向。若是出神的狀態所強調關於其原因時，則欲望的能力就能被納入其中。因為其狀態對於使其出神的原因必然有其所欲求，而使之有這樣的傾向。

　　至此，我們可以為多瑪斯默觀觀念提出概略輪廓：多瑪斯的默觀概念可以透過知識論的角度進行分析與討論。他的默觀觀念採用肯定之途、否定之途與超越之途的方式進行討論。在肯定之途中，多瑪斯肯定默觀是人此生中最高也最榮耀的知識；在否定之途中，多瑪斯認為世上一切的知

識都無法與之比擬；在超越之途中，理智之所以能得到這種知識是需要榮耀之光的照耀才得以實現。而默觀的知識不是僅有在理論層面的探討，還是一個可以實踐於現實生活中的觀念，並能滿足靈魂深處所有的渴望與需求。因爲多瑪斯將*Ultima Felicitas*與*Contemplatio*的概念彼此連結等同，認爲踐行的生活與默觀的生活得以並列：一方面人的生命可以區分爲踐行的生活與默觀的生活，但另一方面兩者仍然相輔相成。踐行生活追求的爲至福，而默觀生活使人被提升至默觀於的生活中，兩者相輔相成，使得默觀成爲人生命中眞正的至福。此點又與前面所提，默觀作爲人的最終幸福彼此不違背。因而多瑪斯認爲，在此生中不會有任何別的事物能夠取代或超越這種因爲默觀而得到的完美幸福。然而對眞理的默觀雖在此生中開始，卻是在未來達至高峰，在那裡是踐行與公民生活都無法超越其限制而達到的所在（SCG III, 63: 10）。

參、聖十字若望的登山指南[4]

　　在十字若望這裡，我們看到基督宗教神祕經驗知識論的頂峰。十字若望以詩歌表達「黑夜」（Dark Night）的概念，並在解釋所著詩歌的過程中向我們展示黑夜經歷中的煉、明、合三道過程。十字若望在《登上加爾默羅山》（*Ascent of Mount Carmel*，以下簡稱*Ascent*）中告訴我們，登上這座（加爾默羅）山——即一個神修過程的象徵——要經過三個夜晚，雖然他也告訴我們，所謂三夜其實是一夜的三個部分。爲能說明黑夜的概念，十字若望用大量詩歌與象徵系統解釋這座登山路程過程及內容，例如他曾手繪一幅地圖作爲指南，說明登上這座山會發生哪些不同之狀況。故我們將從以下部分理解聖十字若望黑夜作爲神祕經驗知識論之符號的內容指涉：煉道、明道、合道，以及登山之後究竟能看到什麼？

　　在開始之前我們應該說明：十字若望認爲認知的真正根本在靈魂，人的身體僅是一種輔佐工具。靈魂是精神體，且不具部分或全體的分別。其像物質性的身體，能在某處接受比其他地方更明亮的光照，而是以一種強或弱的程度接受光照。彷彿空氣被光照，是按其所受光照的程度。爲此，在討論神祕經驗知識論的過程，十字若望以「靈魂」作爲討論對象，這將使我們以下的說明常是以靈魂作爲主體。其次，十字若望秉持基督宗教靈修學史的象徵傳統，視靈魂與神之間的關係類比爲新娘與新郎間的關係，所以（按十字若望原意）我們會以女字邊的她作爲對靈魂的稱呼。另外，除上述《登上加爾默羅山》外，十字若望著作尚包括《心靈的黑夜》（*Dark Night of the Soul*，以下簡稱*DN*）、《愛的活焰》（*Living Flame*，以下簡稱*Flame*）、《靈歌》（*Spiritual Canticle of*

---

4 此處所用的十字若望版本爲：St. John of the Cross, *The Collected Works of St. John of the Cross*, Trans. By Kieran Kavanaugh, O. C. D. and Otilioo Rodriguez, O. C. D., 2nd paperback, 1979, ICS Publication.

the Soul and the Bridegroom Christ,以下簡稱*Canticle*)與諸多書信及
詩歌,爲同時顧及讀者閱讀與查閱上的方便,以下引用均以簡稱稱呼。

一、煉道[5]

　　十字若望從未否認世界的實存性。以知識論的角度來說,十字若望是
實在論者,且肯定外在世界就如一般人感官直接接受的那樣實在;然而十
字若望的確將屬世與屬神做了價值上的區分,認定屬神的等級較屬世等級
爲高,在靈肉二分的原則下也傾向認定靈魂價值比肉體高。爲此,靈魂爲
要能與神契合,需要透過煉淨階段。

　　若我們考察煉淨的概念,有的學者認爲可以在哲學史中至少追溯到
畢達哥拉斯學派的淨化,或是也可以在恩培克利多哲學中發現。比較清
楚的,是自柏拉圖(Plato)的理型論中首先發現這個概念。在柏拉圖的
理型論中,靈魂必須透過道德修養的操練使自己一步步地返回理型的世
界。這個觀念被新柏拉圖主義的斐洛(Philo)所接受,導致他認爲走向
神的第一步方法,是與柏拉圖相同地用道德教化以使自己淨化。在新柏
拉圖主義集大成者普羅丁諾(Plotinus)的理論中,淨化仍是採用道德與
理智的路徑前進,使得靈魂得以返回*Nous*,甚至是太一當中,但這時的
淨化已經依著某種更高的實在而進行,且將使靈魂回歸於*Nous*。在早期

5　關於煉、明、合道的哲學史發展歷程可參考:E. Underhill, *The Mystics of the Church*(London: Clarke & Co. Ltd,
　　1975);黃克鑣,〈早期希臘教父神祕思想〉,《神學論集》116期,臺北:輔仁大學神學院,1998年;歐邁安
　　(Jordam Aumann)著,香港公教眞理學會譯,《天主教靈修學史》,香港:香港公教眞理學會,1991年;王
　　曉朝,《神祕與理性的交融——基督教神祕主義探源》,杭州:杭州大學出版社,1998年;范明生,《晚期希
　　臘教哲學和基督教神學——東西方文化的匯合》,上海:人民出版社,1998年;安德魯‧洛思著,遊冠輝譯,
　　《神學的靈泉——基督教神祕主義傳統的起源》,北京:中國致公出版社,2001年二月初版。

希臘教父的密契主義系統裡，這個觀念系統化已經成形：在奧力振（Origen）和額我略（Gregory of Nyssa）中特別明顯。首先，在奧力振的密契主義中，三個階段裡的第一階段，即道德修養階段，便在要求信徒專心於內心的淨化與道德修養；其次在額我略密契主義的三個階段裡，第一個階段，即他自己所說的「光」的階段，同樣是指人的煉淨工作：在此階段中人放棄自己錯謬的思想，轉向神的正義與真理。奧力振與額我略在這個階段中雖然使用不同的稱呼來說明或描述，但內容上兩者十分接近；簡言之，奧力振是以一種淨化功夫漸漸進入不同等級的默觀中，額我略則是由光明至黑暗漸漸進入超越認知與理智的默觀中。值得注意的是，雖然兩者的路徑有差，但都以淨化為第一步的工作。淨化的概念更進一步地在托名戴奧尼修斯那裡得到完全地發展，尤其是他的《天階體系》與《教階體系》二書中，他清楚地指出走向神的第一步就是淨化的工作。之後如文都拉（Bonaventura）的《邁主神途》（*Itinerarium Mentis in Deum*），把淨化認為是邁向神的旅行中的最初步工作。

　　這個觀念明顯在十字若望的黑夜概念吸收且被認為是第一夜的工作。第一夜可視為邁向默觀的第一個階段，主要工作為煉淨。為使人能朝向與神結合的目標前進，人的感官須先煉淨藉以除去感官或欲望上的需求（DN I, 8:1）。關於煉淨我們可以注意兩件事：首先，雖說煉淨「階段」，但並非指此階段有結束之終點，因為煉淨工作為整個黑夜階段之必經過程，即便至合道階段靈魂仍在接受煉淨工作。其次，煉淨可被區分為感官性與精神性的煉淨。兩種煉淨相同重要，卻有性質與程度上的不同。以下我們針對煉淨階段提出說明：

（一）感官黑夜（Sensitive Night）

　　此階段主要工作為煉淨感官，使人可以朝向明道及與神結合之目標前

進。從感官黑夜已可看出十字若望神祕經驗知識論同時包含知識論與倫理
學實踐層面。此特點可從感官黑夜的對象及作用看出端倪。

1.煉淨對象

感官煉淨主要目標為靈魂「三仇」，即世俗、魔鬼與肉身三者。十字
若望以「野獸不怕懼，我要越過勇士和邊際」作為象徵加以描述應當避開
這些對象（Canticle, 3）。其中具體罪行為七罪宗（DN, 2-7）。七罪宗
說是感官欲望在煉淨前的具體犯罪行為，並作為需煉淨對象的具體象徵代
表。七罪宗主要指驕傲、嫉妒、憤怒、貪饕、色欲、懶惰與貪婪，十字若
望在此賦予此途上七罪有關朝向契合之途的意義：

(1)驕傲：宗教活動或態度上的傲氣。

(2)貪婪：追求外表事物新奇性的欲望，特別是對輔助宗教器具的追
求。

(3)色欲：基於對感官或肉體的喜好使人無法向神前進，僅能順從欲
望。

(4)憤怒：靈修者因失去神的慰藉而發脾氣，或因老毛病不斷重犯使
其急燥不安。

(5)貪饕：靈修者在開始靈修時領受從神而來的恩惠，卻因極度渴望
這種從神而來的恩惠過了應有節制，導致行為隨便甚至任意。

(6)嫉妒：因著別人屬靈的進步而讓自己感受難過。

(7)懶惰：因疲倦感所以想遠離靈性上的練習。

從七罪宗內容可看出這種同時兼具知識論與倫理實踐內容的特性：感官與
知識論有關，但與感官相關的知識並非只是獲得認知與料的手段，還包
括在具體生活中與自己或與他人間的關係。這是神祕經驗知識論的特點之

一，即知識不只是單純認知對象，還包括具體實踐面向。因爲神祕經驗知識論可說是透過具體行爲幫助個人獲取認知內容的系統方法；另外上述需煉淨之對象若無具有處置將造成個人靈性上的困擾或影響（Ascent, I: 6-10）。例如，欲望使人盲目，特別因爲欲望矇蔽人的理智，而人的記憶或意志乃依理智而行，因此人的記憶或意志將呈現混亂及無秩序的情形。近而此刻理性只是將人導引至滿足欲望的目標，以致即便此時行在眞理中也因欲望矇蔽故視而不見。

2. 作爲開始

感官黑夜轉入精神黑夜具有特定靈性特徵。不論《登山》或《黑夜》均提到靈修者具備特徵，藉以排除罪惡引誘或生理失調的可能：我們可稱之爲「神枯」，並可將三者並列加以討論：

《黑夜》I: 2所提特徵	《登山》II: 13所提特徵
對於關於神的任何象徵沒有任何興趣，同時對任何受造物也沒有興趣。	對於內外在事物已不再有特別情感或想像，也已不再有意將興趣放在外在事物上。
靈魂的心思集中於神身上，並擔心自己不能繼續服事神；當他覺得有上述標記狀況時，甚至擔心自己正在退步（十字若望明確認爲這既非懦弱、冷淡，也非生理失調）。	靈魂喜歡神對他的愛與關懷，獨處時若沒有官能運用也不會再特別思考內容，卻仍存著內心的平靜與安息。
雖然努力像過去一般，卻無法再自由運用想像力以便反省與默想。十字若望認爲在神枯中，無法用普通推理方法進行默禱，因爲此方法已不適用於此刻靈魂與神的直接交往。	雖然用想像力默想與推論，卻無法如過去一般興趣盎然；就算在過去他能發現神美好的習慣性感官活動，現在也只會感到枯燥乏味。

兩組標記其實爲同一組內容，只是十字若望針對不同對象提出不同的說法。上述表格特徵順序略有調整，主要爲呈現相似特徵的內容：普通經驗知識論在認知神聖本質上呈現出能力貧乏，此點也符合士林哲學實在論知識體系的規範，即合適官能才能獲取合適對象。此階段目的也在幫助人擺

脫感官（被罪惡）的束縛。因為當一個人開始走上靈修之路時，首先需要去除先前惡習、過失與不完美。

（二）精神黑夜

通過感官黑夜，人將進入精神黑夜。其過程困難艱苦，但對靈修者而言更為重要。因為感官與精神雖共同連結在一個身體上，然而無論感官的煉淨多深，精神部分都尚未煉淨，故單有感官煉淨仍不算完整。感官煉淨雖能幫人更加體會到神聖美好，但因感官虛弱無法承受強烈經歷，導致進步中的人仍會感到痛苦與虛弱。為此感官黑夜煉淨外，仍需精神黑夜煉淨。精神黑夜雖是必要，開始時間卻可能與感官黑夜相隔，特徵可能也不甚明顯——當感官經歷到如同過去一般的神枯、乏味、憂苦，甚至比以前更加強烈的時候，通常就是精神黑夜來臨的前兆。雖然有這些徵兆，但經歷徵兆的時間不會比精神黑夜本身更長（DN, II, 1）。我們雖可將兩者分為前後兩夜，但另一方面區分階段是硬生生將一個過程拆開以便說明及理解上的方便，整個神修過程其實是一個整體。

1.內容

精神黑夜較感官黑夜為更加可怕的折磨，因為不論感官或精神，在神注入神聖力量使其充滿時因超出心靈可容納能耐，這神聖之光超過靈魂的能耐，將使靈魂失去理解能力進而阻礙他的行動，所以靈魂感到精神性的黑暗——這可藉由十字若望常引托名戴奧尼修斯「默觀是最黑暗的光」作為證實。此時靈魂也面臨來自本性、倫理與精神的缺乏，加上經歷過來自於人與神兩極的結合而極度痛苦（DN, II, 5-7）。

除認知上的痛苦，另外靈魂感到自身低微不潔，曝在光明中也引發痛苦與黑暗。十字若望於此處呈現出語言描述的困難，他表明雖然精神黑夜痛苦既多且可怕，但不論他如何描述都和真實經歷相差甚遠。此時靈魂

也失去感官、情感與理智的普通功能。其理智受蒙蔽、意志不堅定，亦失去記憶與普通知識。因爲靈魂要與神結合前，這些官能需先受默觀之光籠罩，爾後靈魂要放下對受造物的所有知識與喜愛。這種默觀之光透照靈魂時，因著其強度的緣故，剝奪從理性之光而來的一切自然知識，也剝奪官能的本性與超性能力，使靈魂進入黑暗中。

2. 作用

十字若望認爲精神黑夜對靈魂有其益處。就神祕經驗知識論來看，感官及精神方面有諸多不完全所在，爲應受煉淨對象。神讓人的內感官處於黑暗中並剝奪一切，以使靈魂失去面對事物的認知能力而無法靠自己得到成果。這使理智因超性之光照耀與神結合；意志因著神的愛而轉變成只以神的方式去愛；記憶亦然，因爲已完全隨神所安排。在此意義下，這個靈魂是完全屬於神的，而非屬於人世。因著一切官能及活動的暫時停止，靈魂得以從較低等的、自然的認知方式朝神出發（DN, II: 13-14）。當黑夜對應於人的靈魂時，可以分成部分感性與精神性兩部分，其作用可依下表說明兩種煉淨不同（DN, I:8）：

煉淨的種類	感官的煉淨	精神的煉淨
目的	煉淨感官欲望	準備與神合一
發生者	普遍，屬大多數人 特別是初信者	人數較少 大多爲靈修上已精進者
困難	對靈魂而言可怕的	對靈魂而言艱苦難熬
秩序	較後者優先	較前者少也更爲困難

（三）煉淨的操作

按十字若望的提示，煉淨操作可分爲積極主動之道與消極被動之道

（Ascent, I: 31）。前者特點在人可透過特定方法主動進入黑夜。十字若望建議應當習慣性效法基督的言行，並持續使那些不是爲了神榮耀的感官習性滿足持續於虛空的狀態。

（四）煉淨的景觀

當靈魂通過煉淨作用，其普通知識論能力雖未失效，但因煉淨而能準備得到屬神的奧祕知識。此時普通經驗知識論的基本能力如同失去本來能力並落入黑暗中，甚至普通知識論所提供對知識的形成過程都無法再提供思考能力，心靈所能經驗到的只有黑暗與虛無。但與此相反，心靈卻可以歡樂，因爲任何感性方面的羈絆現已脫去，黑夜對他而言反而是幸運的。十字若望建議此時處於默觀中的修煉者應該讓自己心靈平安寧靜，因爲黑夜後，靈魂將從被身體欲望監禁的情形下得到釋放，所有的感受部分都將得到眞正平靜，不再任由欲望牽引影響。此時靈魂才能眞正與神契合（Ascent, I: 15）。煉淨的目的是「愛」，這也是基督宗教神祕主義的特色之一。煉淨並非消極地去除罪惡，更是朝向默觀能力的開始。

二、明道

煉道的主要工作在使感官及精神兩方面能被煉淨，脫離世俗的一切；進入明道後人的官能比較顯著地產生超性運作的情形，使靈魂能夠進一步認識神，使得感官超性運作時靈魂將接受超越現世的知識。明道的概念在哲學史或神修學史上來說，托名戴奧尼修斯算是正式定名的啓始者。當然，在他之前的額我略已經於著作中出現類似的觀念。他在第十一號關於雅歌的講道中談到，靈魂在進步中，理智遮掩一切感受而準備默想

關於神的種種。明顯地，托名戴奧尼修斯將煉道、明道與合道三階段作出區分，但除了《天階體系》外，托名戴奧尼修斯並未將這三階段實際運用在基督徒的生活中。奧古斯丁在〈論靈魂〉這篇論文中所提第四到第六階段可說具有明道意義。除了奧古斯丁之外，額我略一世所指出的第二階段，道德與神學德行上的進步、多瑪斯所指出個人修練的第二階段，即致力於修德，以愛為首都屬於明道的意義。但是在波拿文都拉的觀念裡，明道的意義不只有修道這件事，還包括了思想從神而來的祝福與思想基督為人所受苦難與死亡。德國方面的密契主義者，如蘇瑟（Henry Suso）遵循著這煉道、明道與合道的區分方式，將明道列於基督徒成全之路上，呂斯布路克（John Ruysbroeck）明道意義則傾向修德的觀點，認為此時應效法耶穌基督的生活。（不過他所謂「德行的生活」反而是指靈魂重建統一的第一階段）。之後，利喬的丹尼斯（Denis of Rijkel）依據文都拉的想法，將靈修生活區分為三步，其中第二步就是明道，靈魂在明道中，他的整個心思都放在默想神聖事物上。在此應該一提的是嘉西辛乃羅斯（Cineros Carcía de），在他的作品中，特別於為明道作的準備中，整個重點在於預備妥當的悔罪，或默想聖人的生活等。由前面可知，明道的意義一般可分為兩種：一種是關於德行的操練與準備，而另一種是幫助人能更加認識神自己。若依十字若望的討論來看，明道階段主題包括認知視域（Horizon）與感官超性運作兩部分。我們於此處將專門探討理智神視（Intellectual Vision）與默觀（Contemplation）兩種能力上。唯應當注意的，超性神視並非僅有明道階段出現，而應該說此階段特別明顯，故才於此提出說明。

（一）知識系統的分類與認知視域

　　十字若望在《登山》卷二第10章提出神祕知識論分類（Ascent, II: 10）：

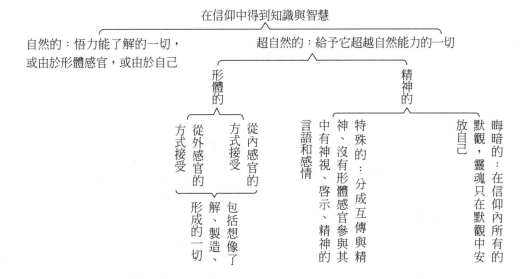

關永中根據十字若望的分類，依據實在論說明神祕知識論可以用被認知的
視域、外感官功能、內感官功能與靈的功能四個標題涵括如下：

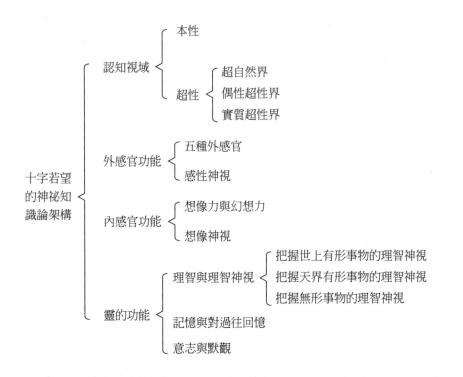

　　這個圖表能將十字若望的神祕知識論系統化。但什麼是「神祕知識論」？我們在此可根據十字若望的文本提出更爲明確的說明，知識論（Epistemology）一詞是由希臘字*episteme*及*logos*兩字所組成，前者意爲知識，後者意爲論述，這兩字合在一起，使知識論依其意義成爲一門研究。知識論既爲探討認知之爲認知的學問，故其研究的範圍廣泛，包括認知機能、過程與領域。其中認知機能包括有普通與特殊兩種運作，在普通運作中，人得以接觸自然生活的種種。若進入特殊運作中，人的認知能力會產生超性運作，所認知的領域也從自然現象進入神祕境界中——這就是神祕知識論及其所討論的範圍。

　　認知視域在此意指，十字若望就知識論立場來說是實在論者，其認定所見對象必然實際存在。但對他而言，人所能認識的領域不只有眼前的實在界。靈魂所能認識的視域分成兩部分，分別是本性界（The Natural）與超性界（The Supernatural）。人的感官在本性運作時把握本性界，這是普通經驗知識論的範圍；但在感官超性運作時則把握超性界，是爲神祕經驗知識論。理智能自然地（Naturally）或超自然地（Supernaturally）得到觀念。其中，自然所得的知識爲理智經由身體的內、外感官與反省的結果，而超自然所得到的知識是經由超越本性的方式與能力所得到的對象。我們可以以一個圖表說明十字若望所謂認知視域之範圍（Ascent, II, 10: 2-4）：

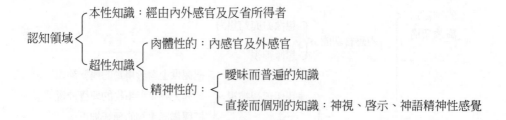

以下將依十字若望《登山》一書的章節爲主，以關永中對十字若望神祕知識論的分類爲輔而進行，依序討論三個部分：

1. 外感官功能，即本性五種感官知覺與超性的感性神視。
2. 內感官功能，即本性的想像力、幻想力與超性的想像神視。
3. 靈的功能，共分三組：
　(1)第一組是本性的理智與理智神視。
　(2)第二組是本性的記憶與超性的回憶。
　(3)第三組是本性的意志與超性的默觀。

（二）認知能力

　　十字若望爲能解釋神祕經驗知識論，在《登山》中用幾乎全書三分之二的篇幅討論靈魂在明道中各官能的本性及超性運作。十字若望的普通知識論運作模組接受士林哲學（自多瑪斯以來）的傳統，但賦予靈學神學的意義。

1.外感官功能

　　外感官在本性運作時即指五種感官且爲黑夜煉淨的對象之一：十字若望在此認爲肉體爲靈魂的監獄，故需要透過煉淨以使靈魂不受監禁所困。但當外感官進入超性運作階段後，雖其本性運作仍然進行，運作對象已不只存在實在界，還包括進入超越界，此時即爲外感官的超性運作。外感官超性運作的對象往往被常人認爲是超自然的（例如，十字若望認爲可看到已去世的聖人、天使及魔鬼等，見Ascent, II, 11: 1）。雖然這些事被十字若望認爲如家常便飯，他卻建議對這些事應當採取不相信，甚至完全避開的態度，畢竟人的身體，特別是感覺性的感官，在對精神性事物下判別時易被精神性事物中隱藏的陷阱所欺騙。總之，外感官在本性運作時

認識一般實在界的知識，而超性運作時則認識超越界的種種事物。即便外感官在超性運作所見的超越界事物可能來自感官本性運作上的病變，例如：因精神疾病所導致的特殊視見等。但不論是眞是假都不重要，因在朝向與神結合的道路上，這一切應當被放下不加理會。

2.內感官功能

　　普通知識論指出人有四種內感官功能：統合（Common sense）、想像（Fantasy）、記憶（Memory）與評估（Estimative power）。依十字若望在《登山》一書中所論述，內感官在本性運作時主要有兩種功能，一種是想像力，另一種是幻想力。在超性運作時就出現想像神視。而記憶對十字若望而言屬於靈的功能。

　　十字若望僅在內感官功能部分提到想像與幻想能力。他定義：想像能力爲在想像中進行推演，而幻想能力則是在幻想中形成想像，兩者互相爲用。十字若望在討論中並不特別分成想像與幻想兩種能力，凡是能接受並且造出內感官效果的都被稱爲是想像與幻想。它們的工作是利用形體的形象來轉變爲自己的形式，進一步提供給感官活動。若依產生來源來說，想像力與幻想力又能再分成兩種形式：第一種是自然的，是因著感官作用，主動地在人的身上製造出來；另一種是超自然的，無需感官工作就可以出現，此即被稱爲超性運作的想像神視（Ascent, II, 12: 3）。

　　雖然想像神視是內感官功能的超性運作，但十字若望認爲這種運作會自然發生。在想像神視中，一切所要被認知的對象都能超自然地在形象、形式或圖象的表現方式下出現於靈魂的想像中，而且其中能夠不具備任何感官運作。因爲想像與記憶就像是理性的容器，接受一切自外感官而來的種種表象，並進一步地將這些表象呈現給理智，交由理智判斷與思考。除此之外，還將在其中種種已有的表象加以組合，想像其他事物（Ascent, II, 16: 2）。一如感性神視，他要求靈修者在其中不應有太多

的羈絆。他對想像神視的評價是：若靈魂希望達到與神結合的境地，他就不應該安身立命於想像神視中，甚至不應該停留在任何形式、圖象或特殊知識中，因為這些事物不但不是達到與神結合的好方法，甚至可能成為靈魂與神結合的阻礙。

3.靈的功能

靈的功能在本性運作中包括理智、記憶力與意志三部分。理智在超性運作時產生理智神視，記憶力在超性運作時幫助人產生對超性經驗的回憶，意志在超性運作時連同理智功能產生默觀。

(1) 理智

理智為人的理解能力，其本性運作能使人進行對日常生活的理解與判斷，再者其為明瞭事物本性的能力，功用就在認識事物，使從外感官而來的印象能更深入心中，且進一步使人明白事物的性質：一如我們前面在多瑪斯·阿奎納那裡所述。但當理智開始超性運作時，靈魂將產生理智神視。其中除了神視外，還包括啟示、神的語言及精神性感覺。在廣泛意義下可以稱這些為靈魂的智慧或靈魂的視力（Ascent, II, 23: 1）。按十字若望所言，當理智超性運作時，其將能產生理智神視，而認知視域將能把握世上（所有）有形事物、把握天界中有形事物，以及把握無以形之事物等對象。由於最後一種可指神的神聖本質，故十字若望鼓勵靈修者應盡力把握（Ascent, II, 24: 3）。

(2) 記憶

記憶力在本性方面的運作主要負責對過去事件的記述，可謂認識以往事物的能力，其和想像力的差別在於時間這一要素上。對十字若望來說，記憶力的本性運作，就是人的五種外感官能力所感受之對象，在進入人的感官後印在記憶力這一能力中。一切與其相似的知識都將在記憶中形成且被靈魂發現，並包括感官記憶與理智記憶兩種（Ascent, III, 2:

4）。但在超性作用方面則被他稱爲「超自然記憶」，功能在幫助人記起超自然知識的內容。所謂超自然知識，包含神視、神的語言、啓示與情感。這些認知來自於超自然的方式，在靈魂的記憶或想像中刻印某種形式或圖象。十字若望認爲這些超自然記憶十分活潑動人，但仍應當對這些事作反省及思想。因爲靈魂爲了走向與神結合的方向，他必須拋下所有不屬神的事物，尤其是這些活潑動人的超自然記憶（Ascent, III, 7: 1-2）。我們在這裡看到神祕主義中與「倒空」有關的概念：十字若望認爲人不應秉持占有的欲望，因爲記憶越是空虛，靈魂就越能像神（Ascent, III, 15: 1）。此處與記憶超性運作相關的問題已不再只是認知功能方面的問題，更包括靈修神學所產生的實際操作。

(3) 意志

人類擁有意志，其幫助人對日常知識接受或排斥，可說是種意欲能力。意志的超性運作爲默觀，此爲十字若望所認爲神祕經驗知識論中極爲重要的認知運作內容，十字若望極鼓勵靈修者可以努力修習此一能力，並認爲這是神修中的最高目標。十字若望的默觀觀念直接受到托名戴奧尼修斯與多瑪斯的影響，這點可以從他在著作中多次引用這兩位哲學家的話發現。對十字若望而言，他在不同著作中提出不同對「默觀」的定義：

①《登山》與《靈歌》中，十字若望認爲默觀是種對理智來說層級較高的知識，十字若望甚至以「神祕神學」一詞來代表示這種知識的整體意涵（Ascent, II, 8: 6; Canticle, Stanza 27: 5, 39: 12）。

②《黑夜》中，十字若望認爲默觀是神對人意志進行愛的傾注，性質上是祕密進行（DN, I, 10: 6）。

③《活焰》中，默觀被十字若望定義爲理智與意志共同擁有對神祕密性的愛的知識（Flame, III: 49）

默觀在整個基督宗教靈修神學來說，實踐意義遠大於作爲知識論內容的意涵。即便默觀本身就是神祕經驗知識論的運作結果（甚至可說是頂峰），十字若望的討論仍然是從對信徒的提醒作爲出發。不論是《登山》或《黑夜》，他都提出從普通經驗知識論轉入默觀的標記：

《黑夜》I, 9: 2-9	《登山》II, 13: 1-4
不論關於神的表象或受造物都不再有認知上的興趣。	靈魂發現自己雖然用想像力默想與推論，卻無法如過去一般興趣盎然。
靈魂心思集中在神的身上並擔心自己不能繼續服事神，甚至擔心自己正在退步。	靈魂對於外在或內在事物已不再有什麼特別的情感或是想像。
無法再自由運用想像力以便反省與默想：因普通方式不適合神聖本質。	靈魂喜歡神對他的愛與關懷。在獨處的時候即便沒有官能的工作與使用就不再特別思考什麼。

上述三項特徵是同一組特徵的不同面向。十字若望對默觀的討論散布於他著作中的各個層次。故爲能說明默觀究竟爲何，我們可以歸納並指出以下六個特點：

(1)超性的（Supernatural）：意志本性運作時對世俗事物作判斷，並以爲其對象。但超性運作的默觀對象超越世俗事物，以神作爲核心與嚮往的焦點。所以默觀是種對靈魂的愉悅知識，內容是關於神所隱藏起來的知識，或關於神自身的祕密知識。且爲理智與意志共同對神保有的神祕知識。

(2)靈性的（Spiritual）：默觀的知識不來自感官，而是由神直接澆灌進入靈魂中。這種智慧單純而屬靈，以致當其進入靈魂時，感官和幻象並未被用作爲媒介讓知識的內容進入其中，因此在感官中未曾留下什麼形象。其能攔住內外感官的功能，使官能進一步地達於和諧。

(3)被動的（Passive）：就一般而言，依賴形式、想像／幻象或肉體感官的領悟是主動理智的工作，但在默觀的同時，理智只是被動地接受認識活動，理智在其中沒有任何主動工作或是作用。在默觀中靈魂已停止感官與推論反省的活動，只有神是唯一進行動作的那一位。這種默觀知識在被動理智內完成，並且僅被動地接受對於實體的認識，乃神所賜予。

(4)無區分的（Indistinct）：默觀中靈魂超越了時空的架構。當默觀的知識占據靈魂時，它將平日感覺與記憶力在時間之流中運作所依靠的型式（Forms）清除出去，致使靈魂在其中失去時間感。

(5)普遍的（General）靈魂在默觀中能得到平靜安穩的感受，且並不特別意會神作為自己的目標，而只是意識到神的親臨。靈魂因為被神愛的火焰所包圍而無法分辨對象的單一，因而對進入默觀的靈魂而言，普遍意謂著「神即一切」的意義。

(6)維繫理智與意志（Pertaining to both the intellect and the will）：默觀的知識是一種以愛為基本動力的知識。在此中因著愛的緣故使理智與意志合而為一。一開始靈魂被動地接受從神而來的知識時，雖是以愛為基礎，卻還是會發生理智已接受但意志仍在抗拒，或是發生意志已明瞭而理智仍不清楚的情況。但在進入默觀後，兩者能因著愛合而為一。

默觀的知識對十字若望來說，已是此世所能獲得的最高等級知識。十字若望以「神祕婚禮」（Mystical marriage）來比擬此人與神之間的最高結合階段（Canticle, 26:11），人在神祕婚禮中對神的愛與神祕知識的發展毫無止境。此階段的默觀已是現世最高智慧，只有死後的榮福神視（Beatific vision）才能超過（Flame, I, 27）。我們可以說：「默觀是一種關於愛與結合的經驗知識」。這個經驗的知識最主要的根基是來自於愛，也就是十字若望所強調的；沒有愛，默觀就沒有什麼意義。默觀是一

種關於結合的特殊經驗，其不只是愛的緣故，更是藉由愛而達成。默觀的愛產生於信仰中，信仰愛慕的對象是超越理性之外的神。

(4) 榮福神視

進入默觀這最高等級時，靈魂已達至榮福神視的境界，十字若望指出這已非今世所能經歷到的，因為那是靈魂離世之後才經歷到的種種。從神祕知識論的角度來說，此級已進入榮福神視的等級中。在榮福神視中，靈魂能夠以直接的方式面見神。過去一切不滿足與無法安息都將在此階段得到平息（Flame, I:27）。榮福神視是只能被期待的經歷，甚至連十字若望都只提出這種經歷而沒有對之多進行分析。整體來說，榮福神視可說是人所能擁有全部種類知識的總合，而榮福神視正好可以將對十字若望神祕知識論的探討帶向一個暫時的終點。

三、合道：山頂的景色

合道一方面是黑夜概念中，與神密契的最高峰，另一方面卻也是自煉道開始時就已出現的現象。若依十字若望所繪登山地圖，最終靈魂將會登上山頂與神面對面。那麼，山頂上究竟能看到什麼景色？

（一）結合的意義

所謂「結合」特別指靈魂與神之間在本質上的變化，並非常見狀況，是靈魂在神裡面的結合與變化。這種結合的發生條件是以愛為彼此的基礎，故又可稱相似的結合，或超自然的結合。之所以稱為超自然的結合，原因在神與靈魂的意志完全符合不相違背（Ascent, II, 5: 1-10）。雖然能因分享神聖本性而臻於完美，但這卻非指人在本質上變成神，而是

指因爲分享與神的結合而使其成爲一種純潔的改變。這時靈魂在純淨的面向上與神相似，找不到一絲絲瑕疵。此種結合並非消滅個人的個體性。十字若望以日光與玻璃的例子說明他所謂的結合意義。當日光射入玻璃時，如果玻璃上有塵土，日光則無法透過光本身照亮或改變玻璃，而使玻璃一塵不染；如果這片玻璃塵土較少，那玻璃自然會比較乾淨。日光無法使玻璃乾淨並非日光的問題，問題出在玻璃本身，因爲玻璃若完全潔淨，則日光自然能照亮它，使它發出光芒。但即便玻璃因乾淨而反射出日光，玻璃與日光仍然不同。玻璃只是因爲分享了日光才使它變得光亮（Ascent, II, 5: 5-7）。此例中，日光即是神本體的眞光，玻璃就是靈魂自己。如果靈魂自己充滿罪汙與問題，則神本體的眞光便無法與靈魂結合。但若靈魂煉淨後與神結合，這時靈魂被神所占有，神與靈魂之間就是一種分享的關係結合。靈魂與神的合一，使靈魂與其說像自己，不如說像神。十字若望甚至認爲，因著分享使靈魂「變成」神。但他仍十分強調，不論如何改變，靈魂與神之間仍不會彼此混合，一如日光照射玻璃時彼此不失自己的本體。

所以，對十字若望而言，結合的概念至少包含下面兩點：

1.雖然結合是兩者間的彼此合而爲一，但靈魂與神之間的結合是透過分享的方式，彼此仍保有屬於自己的本體，不相混合。

2.結合會因著不同的靈魂而在層級上有不同的程度與對神不同的認識。

第二點對神祕經驗知識論尤爲重要：基督宗教神祕經驗知識論既強調人認知能力在超性運作時對神聖本質的認知，則結合程度所意謂認識層級就代表認知視域的改變與對認知對象本質的把握。這種對神聖對象本質的把握在靈修神學中具有等級差異，十字若望在此以「神祕階梯」作爲這種等級

差異的象徵符號。

(二) 神祕梯階作爲符號

由於十字若望的神祕經驗知識論強調實踐意義大於純知識論層面,所以我們不意外他以梯子作爲實踐層面的象徵符號。在基督宗教靈修學史上,梯子或其他類似的比喻,如聖女大德蘭(St. Teresa of Avila)所說的七寶樓臺,主要都表達「上升」的概念。這種上升比喻表達了三個共通特性:首先,因是自世俗的低處向屬聖的高處漸漸上升,所以等級越高必然價值越高;其次,這種上升的象徵同時也與(神祕)神修的三階段彼此呼應;最後,這種區分有時與對基督徒身分的分類相關。此觀念象徵拯救靈魂的秩序,按這種秩序,神祕主義者通過自我洗禮使自己的靈魂昇華到上帝的思想境界。對於中世紀的信仰說來,天梯意味著有條理的進取,一步一步地通向一個先存的高度。

十字若望在《黑夜》卷二的18-20章提出向上攀升的十個等級。他認爲神祕智慧本身之所以是座梯子,是因爲梯子可以讓人爬上堡壘並且占領其中財富,這可用來比擬神祕默觀使人不自覺地到達並占有天上的財富;梯子可以用來爬升或下降,這可以用來比擬爲在默觀中靈魂的上升下降。最重要的是,神聖之愛灌注對神的神聖之事,可使靈魂一級一級上升直到與神結合。爲此,十字若望提出十梯階如下:

第一梯階 愛使靈魂在憂中成疾	靈魂對任何受造物都不感興趣,對俗世中的人事物都沒有興趣,念念不忘的只有神自己。
第二梯階 靈魂不斷尋找神	靈魂所想所思都是關於神的事,可形容爲靈魂到處追求她的愛人,所思所想盡是與愛人相關之事。
第三梯階 愛使心靈燃燒著永不熄滅的愛火	此階段的靈魂視一切爲神所做的事都微不足道,但在此階段,靈魂亦勇氣倍增,力求向上攀爬。

第四梯階 愛使靈魂不倦地為神受苦	此時靈魂不在神或是任何受造物上求取快樂，她一無所求，因為她看見自己已被神的恩典充滿。
第五梯階 愛使靈魂心中懷有焦急的愛並迫切追尋神	靈魂對神的渴望，就如新娘對新郎一般，急於與她的愛人合而為一，種種阻礙對她來說都是漫長而難以忍受的。
第六梯階 愛使靈魂一步步向神奔去，且得以追上神	因為愛的緣故，靈魂的希望得以堅定，使她能向神快跑而去；並因愛的緣故，她能久跑不疲，健步如飛。
第七梯階 愛使靈魂依靠神而大膽有為	在此階段，靈魂因為愛不再猶豫不決或是不敢前進，反而勇往直前。
第八梯階 愛使靈魂與神緊緊連結	因著愛，靈魂與她的愛人彼此聯繫，永結同心，靈魂的心願可說已經實現。
第九梯階 愛使靈魂燃燒甘美的愛	這是心靈被成全的梯階之一，這時靈魂心中滿滿燃燒甜美的愛。
第十梯階 靈魂與神合而為一	這是神祕梯階最顛峰的一級；在此級中靈魂沒有任何阻礙地與神面對面，融於神聖本質裡面；雖然這是神祕之愛的顛峰，但也不屬此生的境界。

此十梯階在神祕經驗知識論的意義上有兩點值得我們注意：

1. 此十梯階可被認為是登山指南的另一種解讀。十字若望的《登山》一書既以登山歷程比喻神祕經驗知識論的運作過程，則此處階梯相同可取其上升意涵，強調在每一階段可能產生的認知結果與所遇見認知視域。但我們需要注意，基督宗教的神祕主義也是一個以愛（神）為其核心的神祕主義，而非單純只是想認識不同的聖界或者終極實在。因為基督宗教的神祕主義極看重神與人之間的那份愛，而所有愛的神祕主義都有一點共通信念：基督不僅僅是上帝的合一之愛的理想，而且也是這種愛的對象，他同時就是模範與所愛者。

2. 在第九與第十梯階，靈魂必須離棄身體以能被愛完全煉淨。能達

到這樣的靈魂爲數甚少。就天主教教義來說，他們已不需經過煉獄就可以直接回歸於神，但是這些靈魂只是類似神，而不是與神相同：換句話說，靈魂分享了神的性體。靈魂到達這一梯階時，他已能像神一般洞悉一切，其認知能力已遠超越普通經驗知識論所能理解的狀態。

（三）靈性訂婚與神婚：山頂的美好

至此，靈魂已走向山頂並達致合道的境界。十字若望以豐富的象徵符號描述靈魂登山後的景況：包含婚姻的符號，以及最終靈魂的境界。

1.婚姻的符號

十字若望在《靈歌》中告訴我們，靈魂與神的關係可區分爲靈性訂婚、神婚與榮福婚禮。其內容與意義如下：

(1)靈性訂婚（Spiritual expousla）：在靈性訂婚階段，靈魂感受到萬有都是天主的，此時所有感官超升的苦難已經結束。特別是十字若望提醒，感官的運作在此成爲靈魂與神結合的阻攔。因爲靈魂的下層部分，包含內感官，即記憶、幻覺與想像的形式、幻象所匯集之處，與作爲與神交往的靈魂彼此對抗。若能通過此階段，靈魂將因著感官被煉淨，而產生唯一的痛苦：神的不在場。就認識的方面來說，靈性訂婚對神認識的可能來自被動理智，這理智被動地領受對神的認識，且這認識屬於理智的認識活動。此等級雖崇高，然而在今世還有比神婚更上一等的等級（Canticle 14: 1-15: 5; Flame 3: 24-26）。

(2)神婚：此階段也可以稱爲「神化的結合」（The Transformation unoin），其意義爲在主內的全然神化，這是雙方以某種愛結合的極致所在，一方面捨棄自己的全部，一方面完全順服於對象的一種結合。其開始始於靈魂被視爲下層階級部分已被煉淨後的結果。此時靈魂若仍使用普

通經驗知識論來理解或認知，就是在朝錯誤的方向走。爲此，十字若望認爲此時神要先停止一些靈魂的能力，包括兩個本性能力（即憤怒與欲望）、三官能（即理智、意志與記憶的相關對象），與四情緒即快樂、希望、懼怕與悲傷的感覺（Canticle 20-21: 4-10）。當神聖本性開始運作後，靈魂的情緒被馴服，本性的欲望也受克制。爲此，靈魂認識神是以默觀的方式，即直接得到屬神的神祕知識。神賜給靈魂直觀的能力，可以認識屬神的事。這個知識是經由愛而得來，愛使其全然愉悅。這個知識在接受時，無聲且寂靜，甚至會被某些靈修人士稱爲不知之知。屬於被動理智的工作，因爲靈魂在接受這些知識的時候只能被動而無法主動得到（Canticle 20-24: 14; 27: 5; 39: 12, Flame III: 44）。靈魂的三司也完全歸向神。此時靈魂以理智來理解事奉神的事，而意志能依戀神。此時靈魂是在意志與理智上與神緊密結合；靈魂的意志被神推動，自由無礙來到神的面前，因爲這時候的意志已經完全潔淨，不再對其他受造物產生情感；記憶中充滿著神性知識，其他幻覺或幻象都已經離去；理智成爲與神結合的所在（Canticle 28: 3-4; 31: 10; 35:6）。

　　(3)榮福婚禮：最後所達至之榮福神婚，已非今世所能經歷到的，因爲那是靈魂離世之後才經歷到的種種。在榮福婚禮中，靈魂與神之間不再有阻隔而能面對面在一起，是靈魂與神合而爲一的最高等級。從神祕知識論的角度來說，此級已進入榮福神視的等級。此時靈魂能夠以直接的方式面見神。過去一切不滿足與無法安息都將在此階段得到平息（Canticle 40: 7, Flame I: 27）。

2.山頂的景色

　　登上山頂，即進入合道時，並非如一般人所想像地完全都是神祕不可言說的部分，但這並不是說此處不含神祕的部分。此時感官活動趨於平靜，達至安寧與休息。靈魂不多受魔鬼干擾，對情欲與世界也一無所

知。神聖本質透過智力使靈魂指導自己直向神的德行，透過記憶及意志的運作使靈魂與信心相結合，向神邁進，並產生上述婚姻的象徵符號。但是走進合道後的靈魂，並不開始只進行特異功能的展示或表示其開始離群獨居。一個與神合一的靈魂其實就是日常生活中身邊的那一位，行事為人符合聖經的教導，這個人也留下一種典範使後人得以景仰遵行。但這向神邁進的靈魂身上，當他失去所有的道路與本性方法時，他超越思慮、形式、感受等等型態。神就是他所有的，因為他失去所有不是歸屬於神的。

合道已是登山的終點，是人與神合而為一的實現。這時的景觀，不但是與神合而為一，也是對神最清楚認知的時刻，此時就是靈魂在此生中所能擁有最高的福分，同時也是十字若望《活焰》卷首〈愛的活焰〉第四詩節所言之神與人甜蜜合一：

何其可愛柔輕！
爾醒於我心！
幽隱爾獨居；
爾之甜蜜噓氣，
幸福光榮滿溢，
何其溫柔，爾以愛情瀰我心頭！

肆、認知上帝是可能的嗎？普蘭丁格的改革宗知識論系統[6]

美國哲學家普蘭丁格透過知識論三部曲《準據：當前的論爭》（*Warrant: the Current Debate*）、《準據與恰當功能》（*Warrant and Proper Function*）以及《基督教信念的準據》（*Warranted Christian Belief*）嘗試為基督宗教信念提出其具有準據的說明。由於其論證過程龐雜，且對其論述正反意見鮮明，故此處將不按其原本順序，而是依據論述內容之過程逐步說明普蘭丁格所認為為何基督教／有神論信念是具有準據的。此處所提論證主要在《基督教信念的準據》一書第三部分「有準據的基督教信念」（主要為第6-9章），該處普蘭丁格從說明準據成立之條件開始，逐步開展其關於基督教信念具有準據之AC模型的探討。故以下除非特別說明，否則均為該書此處所提段落之內容。

一、基礎概念

為要說明普蘭丁格的論證，我們需先理解以下基礎概念：

（一）有效信念／知識的產生

普蘭丁格認為若一個信念／知識符合以下條件時可被稱為有效：

---

[6] 普蘭丁格著作主要參考：Alvin Plantinga, *Warranted Christian Belief* (Oxford University Press; 2000).

1. 這些信念是內在合理的。

2. 對比於信徒先前的信念，這些信念具有恰當的信念影響，即一切過程均為正常的。

3. 這些信念具外在合理性，因為不是經驗順流中或逆流中任何認知失常所導致之結果，他們在獲取這些信念時官能是正常的。

4. 這些信念可以得到準據，因為這是一個產生信念過程所導出之產品，其過程恰當地起了作用，所在認知環境亦為適切，且此模式設計導向有效獲得真實信念。

在符合上述四項條件時，我們可說這些信念通常能讓擁有者擁有「正面知識地位」，甚至是所謂基礎信念。所謂「基礎信念」是指，「當我們說一個命題p是自明的，即是說p的確得到準據或擁有證據，不用從其他命題獲取自己的準據或證據（即不用建基於其他命題）。簡言之，p是恰當的基礎信念」。

另方面，僅有在產生一信念的認知過程能有效導向於真理的狀況下，此信念才可被稱為擁有準據，即指這過程產生真信念的客觀或然率偏高（因假定這過程能恰當地起作用，且產生信念於一個屬它被設計為合適能正常發揮功能的環境）。就此情況而言，即便一信念為假，我們也不能說此信念並非經由一個有效導向真理的過程所產生。可能此認知過程在特定狀況下產出一假信念，但它產出其他真信念的或然率仍然偏高（此處固然預設其他準據的條件均得到滿足）。

（二）準據

上述準據一詞為英文Warrant之翻譯，為普蘭丁格所用，與前幾章所言之證成不同之信念／知識成立標準。根據普蘭丁格所言，準據具有被普

遍化之性質，因爲準據可被視爲信念成立與否之條件。一信念具有準據的意義是，如果一信念的形成是認知官能在適當環境起恰當作用，且此官能在根據其設計藍圖之前提下能導向獲取眞理並避免錯誤之目的，那麼該信念就可說獲得準據。在此官能／準據間之關係尙包括，該官能之被設計是否有效導向獲取眞理和避免錯誤，且同時可用以指引未能相信或不做判斷之結果──因爲不做判斷也是認知被設計所做之事，因此即便不做判斷也可被認爲具準據。在某些適合環境內，若認知官能恰當發揮作用，則有效導向獲取眞理和避免錯誤的設計藍圖會要求我們不做判斷。此時不做判斷仍可被視爲理性結果──在此理性所指，如果一信念是由恰當發揮作用的認知官能產生，這信念就是理性的。應用在對神的認知上是指，若有人無法相信神存在，可能是神聖感應不能正常作用，類似感官上失明失聰的情況一樣。不過我們需要注意，普蘭丁格認爲在他所提的阿奎納／加爾文論證模型（Aquinas/Calvin Model，以下簡稱AC模型）中，若不相信神是非理性的，即使不做判斷也無法得到準據。因爲稍後我們會注意到，AC模型在提供認知方面屬於極強的模型，致使即便有人不相信神的存在，都會變成或被判定爲不具辯證且非理性的決定。

　　但是，什麼信念具有準據，乃基於形上學與宗教立場才能確定是否具合理性之問題。這端視於我們認爲人是如何的存在，及在其官能恰當運作下我們能得到如何的眞理。如果人確爲神所造且神將認識祂之能力放在人的裡面作爲自然天賦，並將人對祂的敬拜與服從設爲自然傾向，那麼相信有神論爲眞就不是什麼奇怪的事。這種主張意謂從神而來的官能可作爲先天官能五感一樣，乃理性之衍生。但若相信人類只是進化的，則得出馬克思（K. Marx）或佛洛伊德（S. Frued）的認識理論也不足爲奇。

（三）以佛洛伊德為出發點

　　按普蘭丁格的解釋，佛洛伊德或馬克思對有神論信念的指控都在認定基督教信念缺乏準據。但普蘭丁格認為佛洛伊德或馬克思的理論屬於起源謬誤，因為他們常將「有神論是否為眞」與「為何有人接受」兩個不同問題混為一談。為此，佛洛伊德與馬克斯批評有神論信念之論據乃非理性信念且缺乏準據。更進一步可說，任何宗教信念都得不到準據──畢竟信念的起源與準據程度密切相關。

　　此外，有神論信念的起源與命題眞假值也有間接關係：我們假定享有準據的命題是他們可能為眞，或至少他們比較有可能為眞。如果有一信念對任何人都不具有準據，我們便沒有理由認為此信念為眞或信賴此命題，此命題也就不可能成為我們的信念。但普蘭丁格依此論據反駁稱，若佛洛依德主張「有神論信念為人一廂情願」此一命題，則他也必須提供足夠準據。為此，普蘭丁格認為，若要成功批判宗教信念，必須符合以下兩項條件的其中之一：

1.反對者必須指出有神論信念確實是產生於意願滿足機制

　　「意願滿足機制」乃普蘭丁格對佛洛伊德等反對者主張的稱呼，其強調任何宗教內之宣稱均為滿足信徒個人心志所需而產生。然普蘭丁格認為佛洛伊德提供的論證敷衍草率，所以難以證實。我們甚至可提出反例證實佛洛伊德所言為假，因為雖然宗教信念有時確實能滿足人類夢想，但從基督教教義來看，便宣稱所有人都墮落且極需拯救等恐無法滿足任何人的夢想。為此佛洛伊德或許可以反駁說，即便這種教義都可能基於一廂情願而接受，但事實是大多數人不喜歡「有一全能神監視著自己」這種論調，更遑論承認失去人類自主性或接受不但卑下且應該敬拜神的觀念。從另一方面來說，相信者確實很少一廂情願，更多案例反而看到他們被某種強烈感受驅趕。的確，這兩件事可能彼此不相干，因為佛洛伊德會主張這種滿足

機制乃潛意識內所進行。由於是在潛意識中察覺人類的痛苦處境，所以在潛意識中我們可決定應該放棄或選擇相信神，而我們選擇後者好使我們能面對困境。

　　普蘭丁格宣稱，佛洛伊德的證據似乎基於許多年輕人在父親權威形象崩潰下放棄信仰而得出如此推論。但這項證據與宣稱有神論信念為一廂情願間之關聯性，佛洛伊德卻未說明清楚。按佛洛伊德想法，當一個年輕人發現世界的殘酷時應該會更開始相信神的存在，但事實上似乎並非如此。嚴格來說，佛洛伊德的理論似乎無法得到充分證據，也無法提出更為合理之說服論證。其觀察或許只能指出年輕人因想表達自己之獨立而拒絕父母的信仰，但即便此點，佛洛伊德也未能提供更為深入與精確的討論。

2.反對者必須指出這種機制的運作不能導向獲取真理

　　即便我們接受佛洛伊德所言，並能證明宗教信念是人類的一廂情願（也就是說我們無法證明信仰所持信念具有準據），我們也必須證明這種一廂情願不能導向真理。人類認知極為複雜，某信念根源可能在一般狀況下無法導向真理，卻在某些特別狀況中達成。所以這一廂情願的想法也可能在一般狀況下無法導向真實信念，卻在某些特別狀況中導向真實信念。如果神創造人類時已將這類設計放在我們裡面，那麼儘管這信念是一廂情願的卻能導向真理。因為極有可能神幫助我們認識祂臨在與慈愛的設計正是憑藉我們心裡的強烈欲望，令我們願意相信祂的存在。

　　為此，普蘭丁格指出，佛洛伊德要如何證明「人類相信神的機制不導向真理」才是此處問題的關鍵。佛洛伊德只是假定「因為世界上沒有神，所以有神論都是假的」這種論述，爾後再找些理論解釋此類錯誤信念為何流行。其預設意願滿足理論之假定能指出此機制並非以現實為定位，即有神論之論述並非能產生真信念，所以這些信念都是缺乏準據。但

這對有神論信念來說卻不能算是有效攻擊，因爲佛洛伊德理論不能獨立於他所規範之規範性問題，即他的意願滿足機制。

二、AC模型與罪的影響

根據上述探討，普蘭丁格認爲，「不相信神」才是眞正認知功能失常，因爲不信是罪的結果。雖然人具有認知神的天生本性，卻因爲罪的影響使人認知功能無法正常作用。

（一）AC模型

普蘭丁格認爲，所謂「模型」意謂：爲一命題或事態S提出模型是指S如何可能或眞實的，這模型本身就是另一個命題（或事態），以說明：

1. 這命題可能是眞的。
2. 若這命題爲眞則目標命題亦爲眞。

由這兩條件我們得出結論，目標命題有可能會是眞的。據此對模型的定義，普蘭丁格提出阿奎納／加爾文模型（即AC模型）及其擴展。普蘭丁格認爲，因爲AC模型有可能是眞的，所以有神論和基督教信念可以是有準據的，這種準據乃認知上的可能，也就是強調基督教信念與我們所知的知識內容相符／一致。AC模型不但可能爲眞，且普蘭丁格認爲其尚未受到眞正有效的駁斥，因此可被用來繼續抵擋其他攻擊——雖然他自己認爲我們不會說AC模型已被證實爲眞，而僅能說其很有可能爲眞。

AC模型是指，我們發現不論加爾文或多瑪斯都認爲，人對神擁有一

種自然知識。根據多瑪斯，我們的本性中已被賦予一種能力，可一般性或模糊知道神的存在（*S. Th.* I Q2A1 ad1）。加爾文也在《基督教要義》（*Institutes of the Christian Religion*）中提出人對神有一種普遍的自然知識，也就是說，人有一種官能如五種感官般，能讓人藉此獲得關於神的眞實信念；這種官能可說是人類所具有的一種自然傾向、本能、習性、目的，能在不同條件與環境下產生有關神的信念。（《要義》1:3:1）加爾文進一步指稱，連拒絕神的主張或不要神同在的嘗試也都來自此種官能。普蘭丁格在綜合這些說法後主張，人有一種認知機制可被稱爲「神聖感應」（*Sensus Divinitatis*），其作用就是在許多不同的狀況下產生關於神的信念。普蘭丁格強調的概念爲：神聖感應是內在能力，不是我們選擇讓它出現，而是發現這些信念已經存在我們心中，雖然因爲罪的緣故致使此項功能產生錯誤。與其他官能相同，有此能力不代表就能用此能力，對神的感應尚需一段時間後才能成熟，或基於環境的觸發致使我們重新發現此項能力的應用。

（二）AC模型作爲認知的特性

普蘭丁格認爲AC模型確實能讓我們理解爲何我們具有對神的概念，因此模型具有以下特性：

1. 基礎性。按AC模型，對神的自然知識並非推論或論證所得，而是以更直接方式引發出來。嚴格來說，神聖感應類似於感知、記憶和先天信念，且非基於其他命題而產生。對神的信念是基礎信念，無需其他信念作爲證據也可以被接納。

2. 恰當性。AC模型以神聖感應產出的有神論信念爲基礎信念且爲恰當信念。恰當有兩個意思：第一個意思是指當一個信念對一個人是恰當的

基礎，這信念確實是基礎的（因爲無其他信念作爲證據），且他接受這個信念經過辯證——他接納這個信念沒有超出知識權力且沒有不負責任，沒有違反他對知識或其他的義務。

3. 具有與準據相關的恰當基礎。有準據的信念p可被主體S視爲基礎信念，因其享有應有的準據：對S而言，命題p是恰當信念若且唯若在S接納p爲其基礎信念，且當S如此接受p時，p對S來說是有保證的。感知信念是在這個意義下被接納爲基礎信念，這些信念一般都是如此被接納爲基礎信念且他們通常能擁有準據。就此來說AC模型提供的是由神聖感應產生有神論信念的結果，從準據的角度而言可以成爲恰當基礎信念。這信念可以提供準據，這準據很多時候足以令該信念成爲知識。而神聖感應是一個產生信念的官能（或能力與機制），在適合條件下會產生一些信念且不用其他信念作爲證據。所以普蘭丁格認爲這些信念是神「設計」的，被計劃用來建構有意識與智能的生物。神聖感應的目的在使我們獲得關於神的眞實信念，所以該官能恰當起作用時會自然產出關於神的眞實信念。這些信念符合準據的條件，且若產生出來的信念夠強烈時會成爲知識。

4. 能提供有關神的自然知識。獲取此類知識是我們與生俱來的能力，在人類被神創造時已具備此基本功能。按此推論，AC模型提供我們對神的認識是一種感知能力。感知意謂我們對於對象有具體感官圖象，雖然這圖象不一定爲我們感官熟悉，但仍是某類形式的圖象。普蘭丁格認爲，從實際經驗來看，不論信徒或非信徒都可能有過對神的感知，雖然此類感知並無圖象參與其中。

（三）罪對知識體系的影響

雖然AC模型可提供我們對神認知來由的說明，但根據基督宗教教義，此官能已受罪的影響（用更爲宗教的用語是罪的侵蝕），致使我們

在情感上喜好扭曲而不愛神，認知上則就狹義面指認識神之知識受到破壞。換言之，罪產生阻力使神聖感應官能失效：這就是前面所言恰當官能已不再恰當的狀態。

從加爾文以來，罪對知識體系的影響就是一個被不斷探討的問題：究竟罪對人的影響到何種程度？在此問題上，所有此方面哲學家唯一認同的大概僅有人的罪與原罪表達出，人出生便已處於罪的困境內，且此狀況能確實受到經驗檢證。普蘭丁格認為，原罪在認知上帶來的是盲目，此使人無法認知神的榮耀，且無法確定他生命中應當追求或對他而言何為真正值得之物。認知上的盲目也導致情感無法發揮正常作用，以致愛恨錯謬對象。情感失常也導致意志的失常：某人認知上是對的，但卻傾向於做錯的事或決定。然而雖然罪的作用使神聖感應受損，但並未到使其消滅的狀態。神聖感應在大部人身上還是能起一定作用：我們可概略感受到神（例如：求神問佛之本性），但這種神聖知識卻受到阻隔。

雖然教義探討上會問「罪自何來」這種起源問題，但此處並不探討人為何墮落的問題，僅是說明人已在罪中墮落，並影響其認知的既定結果。嚴格來說，罪對認知信念系統的影響主要集中在我們關於他人、自己與神的知識，且以不同形式影響我們對大自然與世界的知識。這些認知上的偏差，罪對我們認知他人的影響為驕傲，罪對我們認知自己的影響為看不清自己的真正身分，但最嚴重的仍在人不認識神，為此使人偏離正確的認知。普蘭丁格認為，罪對認知影響中最嚴重者便是影響我們對神的知識，因為若不是受到罪的影響，神的榮耀應該是明顯可見的。就此而論，神聖感應已受罪的緣故產生損傷，所以人無力感知神甚至憤恨祂。這些認知上的偏差均源於罪，源於人無法控制罪對知識信念系統的影響問題上，致使罪咎與損害兩者交替出現，導致神聖感應可被扭曲減少及繼續受到壓抑下去。

（四）反證：人的官能不能產生神的觀念嗎？

AC模型最重要的是指出我們與任何他人都是被神所創造，且需要依靠祂才能活下去——這種論點可能受到質疑，即認為此乃基督宗教／有神論者絕對預設。反對者或可認為，人類感官具一定可靠性，且能從我們既有知識中產出神的觀念。普蘭丁格以三個推論證明以人類感官／思想為基礎推出有神論的機率微乎其微：

1.就整體背景知識而言的貝斯推論

普蘭丁格接續了艾斯頓（W. Alston）在《感知上帝》（*Perception of God*）書中對道義論的解釋，推得證成意謂能在某個形式上獲得客觀機率：如果一個信念B能得到證成，那麼他是在根據G的基礎上被形成，以至於B相對於G的客觀條件機率P(B/G)是高的。根據此一基礎，普蘭丁格提出一個相反概念以證明有神論信念無法從一般常識推出。在經由文字推論後，他推得基礎為：G為上述基督宗教基礎信念的總和，所以存在E為耶穌基督教導與推得之G全部為真。為此，我們可以計算下列公式之概率：

$$P(E/K\&T\&A\&B\&C\&D)$$

其中P為機率，K為眾人所有擁有的基礎背景知識，T指神存在知識為真，A為上帝會向世人發出關於祂自己的啟示，B為在合理解釋與推論下耶穌教訓為G，C為耶穌從死裡復活，D為上帝藉由耶穌的死裡復活確認了耶穌基督的教訓。根據普蘭丁格的推估，即便每個變項都能得到0.7為基礎的計算平均值，公式P(E/K&T&A&B&C&D)要得出足夠高的機率有其困難。這意味基督宗教的基礎信念，特別是關於有神論的觀念，要從我們平常的背景基礎知識推論得出是困難甚至不可能的。

2. 從休謨不可知論立場的推論

　　如果我們接受來自休謨（D. Hume）的不可知論，我們可以預設命題R：

　　　　命題R ＝ 我們的認知官能可靠，命題R為真的機率有多高？
　　　　　　　 ＝ 與R相關的事實機率多高？

　　如果我們既需接受有神論信念，則我們可稱創造者期望此官能為我們提供真信念的或然率偏高；但若我們接受的是如自然主義所宣稱為隨機產生，那麼擁有這種可靠性的或然率則可能偏低，或可能不為人所知。

　　我們可以假設命題F為官能起源的相關事實，那麼對休謨來說P(R/F)是不可被推論的，因為其可靠性不可知。但若按照休謨這樣的說法，我對我的官能是否能信任，也就是我得到關於此信念的否定因子，既未被承認也並未否認，只能採取不可知之態度。更進一步，若我們對R採取不可知論，但我們的官能可以產生信念B，那麼我們對信念B在理性上也將採取不可知論，推到最後，我們所有信念都可能得到否定因子，即便否定因子本身也可能有否定因子。但我們相信官能可靠的原理，我們也有能用以辨別真假自然官能沒有錯謬的觀點，即是假定我們官能可以提供正確信念才能接下去推論其他事情（所以每個懷疑主義在他日常生活中得先假定其官能可起作用）。所以休謨的反駁不具力量，因為其形成官能與信念間的循環。

3. 針對自然主義推論的反駁

　　我們可以定義自然主義為：這個世界沒有神這種位格或任何相似的人事物。擁有有神論信念的人不可能與哲學或形上學的自然主義兼容。因為認知也是依此產生，是為生存所產生而非為真信念所產出。根據普蘭丁格

在《準據與恰當功能》的論證，這種自然主義雖具邏輯性但仍有其否決因子。

普蘭丁格認為自然主義的初步貝斯推論論證為P(R/N&E&C)，其機率偏低。在此公式中：

R ＝ 我們的認知官能可靠

N ＝ 形上學自然主義是真的

E ＝ 我們認知官能為當代進化論告訴我們的機制發展出來的

C ＝ 關於我們知識信念系統所未有的詳細闡明描述

但C可省略，故應被視為P(R/N&E)命題

若有人贊成達爾文並認為P(R/N&E)數值或機率很小，但又相信我們的官能是正確的，那有可能獲取反對自然主義卻支持傳統有神論信念的或然率論證。我們可以推論得出：

$$P(N\&E/R) = [P(N\&E) \times P(R/N\&E)]/P(R)$$

其中P(N&E)是對獨立於R的N&E所估計出來的或然率。

由於相信R，所以可給其或然率為1或接近1之數值，並另外給予P(R/N&E&C)機率不會大過1/2。所以P(N&E/R)不會大過P(N&E)的1/2，故數值極小。我們可以認為「如果自然主義為真，則我們的官能是從進化而來」或然率很高，並可認為P(N/R)機率偏低，但既然接受R為真，則有證據反對N，為此將使某人因為認知官能可靠而作為拒絕自然主義的理由。這意謂P(R/N)偏低或無法猜測，故接受N且掌握P(R/N)偏低者都有一否決R的信念，且對他認知官能而言都是一種否決因子，為此普通自然主義都是自我否決的。

　　我們在此先暫下一個小結，普蘭丁格的論點在於：不論何種主張反駁都無法駁斥這樣的論點——罪對知識信念的影響並不必然包括我們不能獲取任何知識。罪干擾神聖感應，也影響我們對神的認知，並使我們容易陷入休謨的複雜多重懷疑主義。但若他能掌握某些適切論證，就不能說他們毫無知識，頂多只是所相信的對象中沒有足夠準據使之成為知識。

三、擴展的AC模型

　　普蘭丁格引用加爾文對信仰的理解，指出信仰就是一種「知識」，因為加爾文認為信仰就是相信神愛我們那確實且肯定的知識，根植於基督白白賜下應許的事實，既向我們思想顯明，又藉聖靈刻印我們心靈（《基督教要義》II, 3: 2-7）。但如前所言，我們的神聖感應已受侵蝕，所以普蘭丁格建議以擴展的AC模式作為修補工作之用。之所以稱為擴展模型，乃因其具有三項作用：

　　1. 普蘭丁格認為我們可以用此模型證明基督教信念能充分擁有外在合理性與準據，且帶有一充分不被反駁的知識論論述。
　　2. 既然可證明基督宗教具有外在合理性與準據，則意謂我們可反駁認為基督宗教為非理性或無準據的信念。
　　3. 此擴充模型不一定是最好的，但對基督宗教信念的知識地位具有正面意義。

普蘭丁格的論證乃是根基於基督宗教所提出關於罪惡及其對知識的影響，所以不意外地在之後段落引出救贖問題。基於這種引用救贖作為根據

的作用，普蘭丁格認爲唯有透過耶穌基督的拯救才能恢復人所具備之神的
形象並進行修補。爲此他認爲擴充模式有三個主要修補路徑：聖經、聖
靈、信仰。這三者在擴展模型中的重要性還包括其能證明擴展的AC模型
相同具有準據，因爲此模型能指出所有具體與獨特的基督教信念都具有辯
護、合理性與準據。其不受限於無知的基要主義者，更包括那些受過高等
教育的當代信徒，他們清楚知道啓蒙運動以來對基督宗教的攻擊。普蘭丁
格想證明的是：如果基督教信念是眞的，那對大部分相信的人來說就是合
理且有準據的，也就能駁斥「即便基督教是眞的，其信念仍然缺乏正面知
識地位」的論點。

（一）三條主要路徑

　　按照普蘭丁格所言，人類雖是根據神的形象所造，並具有恰當情感
與對神偉大、榮耀的知識，但因著墮落使人類活在罪中，陷入認知上殘破
的處境而需要救贖。神爲此提出救恩計畫，使耶穌基督道成肉身，來到世
上爲救贖我們受死並且復活。所以我們能被拯救並與神和好。就知識論角
度來說，神要透過一個特殊且固定之途徑使不同時代與不同人都能知道此
事，並依此設立一個三重認知過程：

　　1.典籍，即聖經。雖是一系列由不同人完成之著作，但每部分都出
於神的特別啓示，所以神可被視爲眞正作者。其中心概念爲福音，爲神按
其恩典給我們的好消息。爲此我們可將聖經視爲一本書，閱讀聖經時我們
所得彷彿爲眞，故信仰的現象學就如一下即知某對象爲眞那般。這信念可
能是漸漸出現的，也可能是自幼年時期擁有而轉換的。
　　2.聖靈的內在性誘導，這是基督受死復活前的應許，聖靈可修補因
罪惡產生的破壞，並使信徒能夠認知福音偉大眞理。

3.信仰，一如重生，是神所賜給人的恩典。按加爾文所言，信仰具有一種知識要件，故信仰即為知識——知道救贖恩典已藉耶穌基督顯現出來，人只需要接受這恩典，就是向人心顯現的知識。故擁有信仰就是知道並因此相信某些事情。

在此普蘭丁格提出並回覆一個質疑：這會不會是基要主義的重複？他認為，「基要主義」這個詞其實未被明確定義且帶有強烈情緒，但情緒用詞不足以作為指責或反對意見。為此，我們仍可認為這三者在認知補救上具有效性。

（二）如何意義下信仰被稱為知識？

現在問題再次產生：拓展的AC模型能讓我們看見，因為聖靈工作所以有神論信念能出現在基督徒身上，並讓他們接受福音的偉大真理。這些信念並非感官自然運作，而是超自然的恩典。所以接受信仰恩賜的基督徒在相信這一切時仍擁有知識上的證成，他們的相信也並未違反他們對知識的義務。但我們如何說明信仰具有知識的正面地位呢？信仰在如何的意義下可被稱為知識？

1.信仰的意義

雖然這些信念具有上述知識的相關意義，但我們仍須正視「信仰」一詞的多種不同用法。普蘭丁格認為：真信仰不單是一種確實的知識，藉此我們能把握神在祂的話語裡向我們啟示的一切真理，同時也是一種真心的信靠，是聖靈透過福音在我裡面做成的，叫我知道靠著神的恩典，只因基督的功勞，神白白地將赦罪和永遠與神和好的救恩不僅賜給別人，也賜給我。為此，信仰是一種認識活動，卻又不只是認識活動，還涉及情感與執行兩方面的意志（即印記在我們心上的知識，也是向我們心靈啟示的知

識）。即使信仰不僅是認知，其至少是一種認知活動，是在相信某些事物（即加爾文所言的知識）。所以基督徒不只是認同基督教的故事，更是相信且視爲嚴肅眞理。

按普蘭丁格分析，人的相信需要某些命題，所以信仰需要命題。若按加爾文所言，信仰即有關神對我們慈愛的堅定確實知識，即確實知道不只別人，連我的罪也被赦免，以使我與神和好並得到救恩。這一些均是關於修補我們與神關係的知識。憑藉信仰，我能知道所有基督教教導相關的主題，及此普遍主題在我身上的實現。雖然信仰的起始與本質是實踐的，但信仰本身關乎信念而非行動，是相信一些東西而不是去做一些事情。

爲此，信仰的運作基本上是聖靈的工作，即聖靈將福音的偉大眞理顯明在我們心裡。從多瑪斯至加爾文其核心是相同的：心中的神聖誘導。此處有一個三重過程：信念、（聖經的）神聖教導爲相信的對象，特別的神聖活動使他人心裡產生信念。在AC模型裡，構成信仰的信念爲基礎信念，無需從其他命題證明或作爲證據，雖然有時我們也可透過其他信念而接受之。

2. 信仰作爲正面知識地位

普蘭丁格提出此一模型目的在於證明基督教信仰可享有正面的知識地位，即擁有應有的證成、內外在合理性以及準據。基督教信念是具有（義務論式的）享有證成。如果這個信念是聖靈在心中誘導的並思考過各種不同反對意見後，這仍然可能是眞的。一個人接受基督教信念其實並沒有違反理智的責任義務——當一個人聽到其他人不同的意見並深入思考後仍願意相信就不算違反義務。不論如何蒙受信仰的人是有福的，他們的信仰是恩賜，所以人應當歡喜領受。因此一個人在信仰內可以擁有證成，當我們相信一些反省過且覺得是眞理的事物時，我們就算擁有證成且沒有超過知識的權利。因爲不論從內外在合理性來說，信仰內涵均能符合知識要

求。

(1)內在合理性：內在合理性需符合兩個層面。其需要「經驗順流」的認知系統起恰當作用，也需要一個人在信念形成過程中盡最大努力。當一個人認眞考慮所有正反條件後仍願意接受基督教信念時，其已具備內在合理性。如果一個人的經驗察覺了聖靈見證，以致福音眞理對他而言十分明顯且必須接受，則接受這些信念並非失常或違反感官工作。如果此人還盡一切努力考慮他人反對意見，且反問過這些信念如何與其他信念吻合，那麼我們可說，在信念的成形上此人已盡一切責任，爲此在見證模型內基督教信念可具有證成與內在合理性。

(2)外在合理性所言「信仰是知識」：從加爾文來看，信仰與知識並非對立，信仰是（至少是典範型的信仰）某種特殊的知識。其特殊性在於關於其對象若被知道的事情其重要性無可復加，甚至可能是一個人所知道事情中最重要的一件；知道這些內容的方式很特別，是由一個不尋常的認知過程或信念產生過程引發的。就此而言，福音眞理確實符合此類論述。

爲此，普蘭丁格強調：如果一個人憑信仰的相信，可滿足準據的共同充分條件與個別必然條件。如果這準據的程度足夠高（即滿足了以上條件，由持守信念的強烈程度來決定），那麼信念就能成爲知識。而基督宗教經驗是直接得來的，是基礎信念，而非從推論或論證而來。不但是基礎信念，還是恰當的基礎信念，其恰當性具有知識價值：其可被證成，是合理的，且具有準據而成爲知識。在擴張的AC模型內甚至不需要歷史證據，因爲其中的準據並不建立在這些歷史證據，即其他信念上。

（三）認知的更新

　　根據上述說明，普蘭丁格指出，人類原本的本性是被創造的，但因罪的緣故而被損壞，聖靈的工作就是使其恢復。罪的破壞有兩方面：影響情感使我們愛自己勝於一切，影響認知使我們無法認知神的存在。藉由重生對認知的幫助，神聖感應得以被修補，讓原本設計產生信念的過程重新運作重見神。進一步也能讓人可以重新體會神的慈愛，以及罪的影響。爲此，我們能因此除掉自然主義的否決因子：若有人接受命題R「認知官能是可靠的」，就會產生一個對R的否決因子且不能被否認。這意謂仍存有認知上的缺憾，所以某人將擁有可擊敗自己信念的信念而落入非理性情況中。但聖靈能幫助我們認知：我們是神形象造的，從而否決那些否決因子（感覺上就是將神的創造視爲不可被擊敗的絕對預設）。因爲基督徒接受的不只是有神論，還包括基督教其他故事／記載的內容，所以基督徒的基礎信念R不致被否定乃因爲他們知道整個基督宗教故事，他們的信念享有很大程度的準據。因此基督教有神論信念：

1. 具有一種內在特性，讓相信的人在不同程度上都覺得這是眞的。

2. 這些信念具有證成。

3. 這些信念具有內在合理性，因爲是恰當作用下產生無失常問題。

4. 具有準據且由恰當作用之感知過程引起，處於對其有利環境並設計導向眞實信念。

四、小結

　　按普蘭丁格所言，AC模型所標示為，信仰是一種肯定與確實的知識，既向我們心靈顯明，也印記在我們心上。這印記包括令我們有正確的感情，其本質是愛上帝多於一切，並愛鄰舍如同自己。顯明與印記、知識和情感、理智和意志間，都有密切關係，他們的結合在有信仰的人生命中，是十分緊密和複雜的。這愛的一部分是情愛，包括我們所熟悉的思念和渴望。最後，人與人之間的愛（男與女、父母與子女、朋友）都是一些更深層的東西的記號或同類，那就是人類成熟的、對神的愛，另一方面，也就是神在三位一體中對祂的兒女所表現出來的愛。

　　對普蘭丁格的論證並不是沒有反對的意見，他在書中的第10章就提出他面對的質疑。例如，他面對大南瓜論證的質疑，即認為如果基督教／有神論提出關於自己的知識論體系，那麼依據所有大南瓜都長一樣的論點，若巫毒教宣稱自己有巫毒教知識論，豈不是也可宣稱自己的信念具有準據——普蘭丁格認為基督教／有神論的準據具有證成意義，且巫毒教從未建立屬於自己的知識論，所以他以大南瓜的兒子論證為反駁，強調有神論信念具有強烈且完整的準據。另外他也提出有人質疑他的有神論準據其實是循環論證，即在神的創造與知道神作為信念間彼此證成。但普蘭丁格指稱這並非循環論證，因為他僅是對（具可能性之）事態加以描述，且他探討的準據與可靠官能間的關係。總之，普蘭丁格的理論並非不受質疑，只是此處我們主軸在說明其理論內涵而不將重心置於此議題上而已。

本章小結

1. 在普通知識論外另有一種知識論，其探討對象為超越感官之對象。這種神祕經驗知識論各大宗教都有，且可區分為：一元論、自然論、有神論與巫祝論四大種類。

2. 基督宗教的神祕經驗知識論強調人與神的融合，在其中人的本質並未改變。從托名戴奧尼修斯正式定下煉道、明道與合道開始，多瑪斯針對默觀提出其根據普通經驗知識論所建構之認知內容，十字若望以登山為例說明逐步超升之過程。

3. 普蘭丁格認為人天生就具有認知神的內在官能，只是因為罪的緣故使人無法有正確認知。但通過基督教所言之救贖能恢復這種認知能力。

結語：知識論究竟為何？

　　經過前面的討論，許多讀者可能心中會有以下疑惑：爲何我們需要理解知識論？我們當然可以說因爲知識論乃基於我們理解自身的理解所產生之學問。然而知識論有如此衆多派別學說，甚至彼此矛盾：例如實在論與觀念論的主張彼此衝突，我們是否眞的需要理解知識論這種理論？知識論對我們究竟能有什麼樣的幫助？以下我們從兩方面說明知識論這門學科作爲本書總結：

　　一、透過前述諸多學說，知識論是否能有一個明確的結論？

　　二、若以本書探討內容爲基礎，知識論會有如何的進階與發展之可能？

一、知識論究竟爲何？

　　任何事都不可能擺脫「認知」的基本概念，只是我們有無對自己的認知提出反省及思考，或者是我們有無意識到正在對認知提出反省或思考。就知識論角度而言，只要我們提出「這是眞的還是假的」就已是將知識論實踐在生活中──雖然我們不一定了解。知識論議題現在也與醫學研究等自然科學產生關聯：藥物對感官的影響、精神狀況對認知的干擾或對意義解釋的問題等，都擴張了知識論的內容、領域與範圍。即便不討論這些比較複雜之內容，知識論其實也讓我們面對生活中最重要的一個問題：當我接收資訊時，我如何確定這資訊之意義？

（一）經驗的問題：網路資訊作為範例[1]

　　資訊的確認在網路時代變得更為困難。我們每日從網路上獲取大量資訊，獲取過程卻又無法確認其真假。其中一種網路資訊特殊產物「懶人包」可作為此類資訊代表。懶人包的意思為讓沒時間和沒精力的懶人也能用的封包，特別是有人熱心地將一個事件整理成完整的簡要說明，以利於一般人快速了解。[2]近年來，許多重大政策爭議因涉及範圍過廣，以致不少網友將事件進行整理後並簡化為數分鐘內（通常是三分鐘）可以閱讀完畢的資料，爾後便以懶人包之名放置於社群網路上，提供大眾參閱。這類不屬複雜電腦工作的製作方式具固定結構（包含主題或主旨／主要訴求內容／攸關此事件之訴求／呼籲閱聽者之實踐），但在這些固定結構內包含特定價值取向或行為導向，不論篇幅、主題、圖片與文字，均受到製作者的影響，甚至懶人包可說是由作者極主觀選取資料所製成的成品。就此而言，懶人包代表某種主觀經驗而無法確定其普遍性，故不一定具有知識論所需要的普效性。然而就使用網路資訊的經驗來看，此類資訊之獲取卻為我們獲得與生活周遭相關經驗直接的媒介。

　　這些所謂的個人主觀經驗，我們可以概稱為視域（horizon）。此為郎尼根（B. Lonergan）對認知所提出的說法，是經由個人經驗建構而成的私人世界。每個人的視域有其重疊處，但也可能無所交集。因為視域所建構的世界並非單純物質世界，還包含特定意義的建構。視域所標示之世界，或許是一個人在視域中特別關注的、正為此人所認為重要的對象。因此，某人認為不重要的物件並非確實不重要。因為某人在視域中所見的世界，是已被完成的世界（has-ready world），這個世界受到一定程度的

---

[1]　此處部分內容曾在2014年以〈公民價值的符號與偏執：以網路懶人包為例〉發表在11月14-15日於政大舉行之公民素養與通識教育國際學術研討會。

[2]　Ffaarr，Lon著，《PTT鄉民大百科》，臺北：時報文化，2013年9月，頁59。

組織化，足以處理與面對來自相對外在世界的種種。爲此，若要將某人的視域改頭換面，不啻意味著主體需要對外在世界產生重新認知的傾向。[3]
這表示每個身處多元文化內的單一主體均具有自身的視域，每一主體也在自身視域中不斷強化或解釋自己的日常生活。這些單一主體自身的視域在某些部分彼此重疊，但某些專業部分可能完全不重複。郎尼根以卡車司機作爲例子，說明個人從孩兒時期到長大成人的過程中，因爲主體的關注決定他的視域，而他的視域選擇了他的世界，所以卡車司機與一個上班族的視域可能在某處重疊，卻在自己工作的領域內沒有交集。這些視域除了影響個人生活外，也受到外在社會文化或環境的影響與干擾。就日常生活來說，這些可能彼此衝突的視域或許可以通過尊重與包容相安無事，但是在教育現場來說，觀念的傳遞與個人視域產生碰撞時，就引發出價值符號的衝突。

　　郎尼根所提的視域觀念很大程度反映出他受康德（I. Kant）觀念論的影響。視域的存在對單一個人來說，因爲是他所處的世界，所以容易被（這個認知主體）賦予特定意義，但此意義可能與外在世界產生某種程度的和諧與衝突。郎尼根哲學中的康德因素在此處被特別突顯出來：康德哲學所造成的知識論哥白尼革命，將主客體彼此顛倒，接受康德理論的郎尼根在解釋視域時也有類似的狀況。不過基於郎尼根士林哲學（scholasticism）的背景，他並非單純認爲世界完全由主體所決定。主體對外在世界能有正確認知，但當主體回頭對外在世界賦予符號、意義與解釋時，卻對主體如何看待外在世界產生重要影響。這個問題可反映在第一章所提到之知識的普遍性問題上。

---

[3]　The Human Good as th developing subject, in *Collected Works of Bernard Lonergan*, Vol. 10(Toronto: University of Toronto Press, 1993), p.85.

（二）普遍性究竟爲何？

爲解決上述主觀經驗問題，所以哲學家們經過思考的學說在濃縮後產生了本書二至四章的內容。哲學預設人具有理性，且我們理性的認識結構相同，所以我們能擁有相同的認識過程及能力。這種預設肯定任兩個人在相同條件與狀況下，看到同一物件時不會產生兩種不同解釋或認識結果。雖然哲學家解釋認知過程不同，但這種肯定對人際溝通占有重要的影響，應避免基於主觀經驗產生認知落差。爲此，哲學家們在這裡的工作並非庸人自擾，而是積極避免認知落差造成的問題。最近幾年常被提出來的世代隔閡或世代差異其實就是認知落差造成的結果。當人以所具有之主觀經驗解釋現象且不具普遍性時，其必然造成認知主體間的隔閡。

然而預設人具有普遍理性，或預設人具有共同認識過程在解釋知識的普遍性上仍會面對質疑：不論面對現實環境中之物件或所謂抽象觀念，我們是否眞的具有相同指稱對象？普遍性問題在此語言哲學間產生關聯。當我們提出一個共同名詞「狗」的時候，我們雖然對這個名詞能有共同認識，卻接連產生三個問題：

1.我們心中浮現出的狗乃是具體某一隻狗的影像，那麼我們爲何能確定這個具體的狗與這個抽象的名詞產生關聯？

2.我心中所浮現的具體狗之影像，與你心中所浮現的不一定相同，即便是同一隻狗，也可能因爲觀看角度不同或回想的時間點不同，而產生不同的認識，那麼我們爲何能確定我們使用狗這類抽象名詞時具有相同意義？

3.不同語言間中文的「狗」＝英文的「dog」＝日文的「犬」，雖然發音與書寫方式不同，但卻擁有相同指稱。就認知來說，三者在意義上的連結如何可能？特別再加上前一所提不同主體間相同思維對象時爲何具有

相同指稱內容。

確實，在懷疑主義甚至獨我論的論述中，這些問題都無法得到肯定答案。但在我們的實際經驗中，我們卻能對這些不同事物產生共同認識。為此不同哲學家才會期望透過解釋——雖然有時這些解釋需要回到哲學家所處時代，或者甚至解釋本身讓人覺得難以理解——說明為何不同主體可產生正確認識。這種對認識的解釋不只來自於對普遍概念的理解，還引出對超越感官對象認識的可能性。

（三）超越感官如何解釋？

我們對於一般性物件的理解本身已涉及所擁有的感官能力。更進一步來說，我們對那些超越感官以外的物件又能如何理解？當我們說到「超越感官以外的物件」，直接聯想的會是第五章所提及的宗教經驗。此處我們要再多提那些因為類比而產生的聯想或知識。

1.沒有經驗性的聯想或知識

若有一個對象是我們沒有經驗或缺乏知識者，我們究竟有否可能認識？懷疑論者的回答或許簡單乾脆：「不可能有所認識內容」，但是類比性的知識是否可能幫助我們有所掌握？例如我跟你分享我前往日本自駕的經驗，提到「因為對路不熟，所以被導航帶到杳無人煙但非常美麗的深山內」這句話，但你沒有看到我拍的照片，我也忘了我去到哪裡所以無法用網路找到路景；此外你既沒有駕駛經驗也沒有去過日本旅行——在缺乏所需經驗要素之前提下，你還是否有可能理解我這句話的內容？

實在論者肯定人既然能透過內感官組合未曾見過的知識，我們即可以透過內在已具備之經驗及記憶，組合成所聽到不具相關經驗內容陳述的類比資訊。之所以為類比，是因為與前文所言相同，主體透過內在感覺與

料所組合者不一定與提出資訊者所回憶起的內容相同。懷疑論者確實可指出，你的思想透過以往經驗所組合之對事物的理解與我心中所言，僅有部分類似甚至並不相同，但這並不妨礙你理解我所說的內容：因為知識論預設人同樣具有理性結構，所以我們對於類似事件或認知對象可擁有類似理解內容，至少可達成特定認知上的共識。從反面來說，當某人認知官能或內在能力出問題時，其認知過程因與我們所理解的內容不同，所以我們其實無法理解此人所認知的世界。因此，即便是沒有經驗的他人經歷，我們仍能透過使用過往記憶的類比建構出相似內容：雖然我們在經驗中確實有過即便類比仍無法理解甚至錯誤類比的可能。

2. 超越感官經驗的知識該怎麼辦？

上述缺乏經驗者的特殊例證為靈異經驗。我們在聽他人講述靈異經驗時，可透過以往經驗與記憶重構發生時我們所理解的事件內容；除非是共同經歷的，否則我們內心所理解的與講述者確實不同。當我敘述自己當兵遇到的鬼故事時，如果聽者是未曾服過兵役甚至沒有進過軍營的女性（甚至她從未遇過不可解釋之現象），確實可透過軍教片獲取知識，或者從朋友口中聽過的類似經驗幫助她理解我所說的鬼故事──雖然她所理解的與我所說的有極大落差，但仍可透過特定方式產生理解。這種不具感官經驗的知識如果確實可能，那麼我們在第五章所提及對超越世界的認識似乎就具有被證成的可能。

這種超越感官經驗的知識可被用來證明，知識論作為基礎往往與其他學科有關：這並不是知識論優先於其他學科，而是當知識論與其他學科產生關聯時，對學科的自我認識能有所助益。舉例來說，與哲學相近的神學論述中可見這種對知識論看中的觀點，像卡爾‧亨利（Carl Henry）主張知識論左右了護教學，因其與作為討論的基礎相關（見《神‧啟示‧權威》（*God, Revelation and Authority*）卷一，頁232）。再遠一點的學

科，即便在自然科學裡也涉及知識論的基礎問題。許多感官無法直接體驗自然科學運作規則之所以存在，於是人們透過科學驗證所獲得，但我們如何確定我們所觀察現象與把握概念確實符合我們所掌握者？這些知識嚴格來說都超越我們感官所能理解：我們無法以感官感受神（至少啓示宗教這麼認爲），我們也同樣無法以感官直接感受原子、電子或中子的存在。對於後者，一般人或許主張其乃基於自然科學所建構之物的組成，所以與前者那種在信仰內部相信之對象不同。但嚴格來說，作爲理性之人的結構既然相同，則對於超越感官之對象，不論爲何種應當採取相同認知之可能。

　　上述卡爾‧亨利就採取類似的論證路徑。在《神‧啓示‧權威》卷一中，他用了200頁的篇幅證明人的知識與認知唯有透過（基督教）啓示才能獲得確切有效性。他從人的經驗出發，逐步討論理性直觀與超驗知識，最後仍指陳這些透過理性建構的知識不具妥切性或普遍性，甚至自相矛盾。這種結論既強悍卻又不幸：強悍乃將知識的妥切性及普遍性建構在絕不動搖的根基上（嚴格來說過往不少哲學家都有類似做法），所以卡爾‧亨利所建構的知識論根基成爲他之後數卷論述發展的基礎；但不幸的是這種根基是否能爲當代知識論所接受，卻被打上問號，特別在康德想將知識論建構爲嚴密科學之後更是如此。

　　從上述討論來看，知識論探討的問題正是我們每日不斷問自己的問題。雖然其中不少問題我們不一定會透過直覺進行反省，甚至從不過問，但每當我們問出類似問題時，哲學家們對此的態度，都是認眞而嚴肅地嘗試回答這些看似平凡簡單卻是「大哉問」般的問題。透過對這些問題的反省與回答，知識論能夠更進一步擔任人類學科的基礎，並提供其作爲背景知識所需之預備。

二、知識論的進階與發展

　　如果知識論不斷重複的問題一直屬於這類的基礎問題，輔以我們已進入所謂後現代的世界，那麼知識論除了重複過往哲學家們的言談外，還能多提供點什麼實質內容嗎？如果知識論眞能作爲與其他學科連結時那種基礎論點的學門，究竟能否讓我們注意到那些未曾注意的內容？以下我們以第三章曾提及之實在論代表郎尼根爲例，進一步提出兩個部分作爲範例，指出知識論作爲基礎學科能提示我們那些可能性。郎尼根乃以知識論爲基礎，延伸至對其他學科進行研究。其例可證明知識論作爲基礎能如何與其他學科合作增助其益。

（一）歷史作爲知識彙總的專業[4]

　　歷史是一門高度專業之學科，而非如一般人所認知的將過往事件拼湊說明之簡易工作。好的歷史學家不但能將過往發生事件說明清楚，更能從中尋覓規律作爲人類自我省察之借鑑。作爲哲學家，郎尼根探討歷史並非爲了興趣，而是因歷史作爲專門學科，其在基督宗教內也引發若干爭議。爲此，郎尼根在以知識論爲基礎的前提上，進一步討論神學相關議題時，便正視歷史相關問題之內容。他在《神學方法》（*Method in Theology*）書中以兩章篇幅專門討論歷史之認知過程，以及歷史學家所扮演的角色。按照郎尼根的論點：就知識論所帶來之洞察的角度，歷史是一門實踐的學科；就歷史的角度來說，洞察是最後的結果。

---

[4]　郎尼根關於歷史的討論，可參見Bernard Lonergan, *Method in Theology*(Toronto: University of Toronto Press, 1972)，第8-9章。

1.歷史的特殊地位

郎尼根在討論歷史時，開宗明義說明歷史的特殊性：

歷史這個字可以被應用在兩個意義上。一種是（1）發生史實（writ-
ten about）的歷史，另一種是（2）被寫下來的（written）歷史。歷史
（2）的目標就是表達關於歷史（1）的知識。（《神學方法》，175頁）

這段前面的引文，表明郎尼根認為歷史作為一門科學（*sciencia*）與其他
科學之間的獨特性，並突顯出歷史的特殊性。郎尼根的意思為，歷史確實
是一門科學，但是這門科學與自然科學確有不同。自然科學具有公式規
範，並存有對自然觀察的基本框架。但是於自然科學中被認為是客觀要件
的規範，郎尼根卻認為在歷史中並不存在。這並非意味郎尼根說歷史是不
客觀的──如果此處客觀的意義被放在自然科學的概念下──應該說，郎
尼根認為這種不客觀的產生正是歷史這門科學具有的特性。就一般自然科
學的角度，觀察、系統化與普遍性均為其對自身專業要求的條件，但歷史
就其研究卻不能（或不應）被如此要求。因為歷史關注那些尚未清楚之事
實並對事件的因果關係進行思辨工作。所以郎尼根指出四個歷史所具有之
特點：

(1)歷史與經驗有關，這種經驗同時包含著個體與群體兩方面；
(2)事件之所成的原因甚廣，不但具有人們正面所傾向之決定，也包
含決定之前的先見或是錯誤和失敗；
(3)自然科學傾向於以普遍化系統評估事情的發展，但是歷史卻是從
已經發生的過往找出結論；
(4)歷史並非如一般人所言，將所有事件集合在一起而已，更包括在
整個事件彼此連結起來後所呈現的因果關係。

無庸置疑，郎尼根賦予歷史相當特別的地位（甚至並未賦予神學與哲學這兩個對他而言更爲根本的學科）。這種特殊地位來自於歷史是一門不建構普遍性的學科，也是一門需要賦予意義，並再由意義引導出更多意義的學科。爲此，歷史的特殊性就在兩方面呈現：歷史工作本身就是特殊的，這特殊又基於歷史學家身分而產生更多的特殊性。

2.歷史工作的特殊性

在主要意義上，歷史本身就是一門特殊的科學。一份史料，若只是單純放在那裡，並不能造成（對）此資料的洞察。要能對此史料有所認識，不能只是將資料放在那讓它自己說話，而是需要提出正確的問題加以探問。爲此，歷史是一種具有誘導性結構的詮釋循環：正確探問才能得到正確解答，正確解答才能再提出正確探問 —— 這意謂歷史學家必須受過專業訓練，才能透過正確方式問出正確問題。郎尼根以這樣的話語來說明歷史的工作：

> ……就一般意義來說，歷史是一種前進的過程。如同過程的發展，對闡述事件的文脈理解更加擴大。隨著文脈擴大，認知也隨著改變。（《神學方法》，192頁）

郎尼根以日記與傳記爲例，說明歷史事件發展的特性在於選擇，及日後意義的擴充。不論是日記、自傳或傳記，雖有作者仍稱之區分與撰寫方式上之略微不同，卻都需要累積（資料）的過程。累積過程中出現作者的選擇與判斷，此類選擇與判斷均爲洞察之認知循環不斷重複的結果。換言之，上述引言中的過程就存在於歷史的前進。我們需要注意的是，這種前進所需要的資料不一定立刻就在手邊，有可能需要歷史自己在時間中進行印證。

歷史學家的工作，被郎尼根認爲是較上述傳記形成過程更爲複雜的進程。但與自傳或傳記之成書過程相較，在三個部分兩者相同：

(1)根據現存且爲有效的資料進行研究。在作傳者來說是已有的書信或日記等文本，對歷史學家來說是已有的各類資料。

(2)藉由已存之圖象進行問題與答案的重構及組織化問題及答案。

(3)要能分析與比較受到限制之文本間的關係。

那麼，歷史究竟是如何的工作或專業？至少就其學科形成來看，其運作原則首先是基於認知結構。其次，此工作並非只是將許多證據放在一起，確認可信度之後再將這些資料重新提出來的行爲。第三，歷史學家產生洞察的前提是要能擁有足夠史料，這些史料能夠讓我們將歷史認知的發展視爲一個整體。這三者指出歷史具有的可理解性，這些可理解性建構在資料的掌握與分析上。因爲能產生洞察的資料才能提供對史實的認知，否則那樣的資料就可能只是某種臆測的結果。

爲此，歷史不但是一門專業，還是一門極爲特殊的專業。這門專業之所以特殊，是因爲使用者的緣故。歷史的特殊性既在於賦予事件或史實意義，且賦予意義的主體是作爲認知主體的歷史學家。這導致歷史的特殊性之來由亦應考慮歷史學家這樣的主體自身。

3.歷史學家作爲認知主體

歷史學家，一如其他人一般，同樣是認知的主體。正因爲歷史學家的身分是認知主體，所以郎尼根的歷史概念還是涉及對於「何爲眞實」問題的認知。在論及歷史問題時，郎尼根指出，歷史基本上是由人類意識所組成的集合體。這種人類意識作爲集合體有可能因爲傳統因素而將其原本面貌隱藏與遮蔽。歷史學家最主要的工作就是要能夠去除傳統的遮蔽，將

眞實發生的事實指明出來（how it really happened）。要將眞實發生的
事實指明出來，歷史學家需要經由經驗、理解與判斷的認知三層次加以辨
明，也就是洞察對於歷史學家具有重要的作用。此處涉及三個問題之呈
現：

Q1 歷史學家客觀嗎？

就認知結構的概念而言，歷史工作是一種對過往事件的洞察，證據越
多，越能接近眞相：此點與郎尼根的認識理論相關。新的證據可以幫助歷
史學家更正確理解過往曾發生過的事件。就這個角度來說，歷史可被稱爲
是前進的過程，進化史觀可以在此得到立足點。但這種前進的歷史過程帶
有兩層對歷史的批判：首先是將事實加以陳述的過程，其次是賦予意義的
可能性。尤其後者，爲郎尼根來說，歷史前進的過程中意義需要被（不斷
的）證明與提出。這層對歷史的研究被郎尼根稱爲複合的（compound）
或是批判的（critical）。此處可以呼應郎尼根在探討意義時所提出對於
歷史的概念。因爲意義有其不變動結構與要件，但是結構中的文脈卻也有
著思辨的發展與衰退。人類是一種歷史性存在。這種意義的顯現呈現在歷
史中，這也使得對於歷史的詮釋以及學習成爲所有人文科學的基礎。而
意義也藉此深深植入生活之中。所以，爲歷史賦予意義遂成爲一重要工
作。

我們注意到郎尼根不斷強調歷史學家作爲個人的主觀性，以及所受到
的環境、文化與所學背景的影響。這是因爲歷史學家的身分是認知主體的
緣故。但是作爲歷史學家，其受到背景影響產生認知上的失眞，與其作爲
歷史研究之重要性是可以區分開來的。例如勒南（Ernest Renan）的《耶
穌傳》（*The Life of Jesus*），針對耶穌基督趕出汙鬼究竟是在哪裡發
生，或是空墳墓前到底有幾位天使這一類的矛盾提出探究，並認定福音書
的撰寫彼此矛盾。勒南的研究有其盲點，因爲他對於猶太人的文化並不清

楚。但這並不能抹殺他透過歷史方法提出研究成果的重要性。然而若是後人繼續將基礎建立在勒南的偏見上，就可能成為郎尼根所謂的偏執。

Q2 歷史能夠有真相嗎？

　　為了說明歷史學家作為認知主體所帶來的影響。郎尼根提出不同的觀點與主張來加以說明。

　　我們在此舉出第一個例證，是關於一種常見的論述：歷史學家的工作是羅列所有史料或證據，讓歷史自己說話。郎尼根舉出歷史學家貝克（C. Becker）作為例證。他引用貝克的話說：「這個想法荒謬，因為首先，我們不可能拿出所有事實，其次，就算你拿出所有事實來，這些不幸的事物也不會自己說話，完全不會說任何事。」郎尼根認為，歷史學家不可能任由證據說話，因為所有的證據都是有意識性地被加以選擇或使用，所以歷史學家被郎尼根認為是不可能絕對客觀的工作者，但此處的客觀是自然科學架構下的意義。在這個意義下，歷史學家的工作不是建構出如自然科學般的客觀架構，而是對手上已有資料的整理與解釋。因此他甚至不可能讓證據自己說話。

　　從貝克的例證我們可以舉出第二個例證，關於觀點主義（Perspectivism）的論述。郎尼根在討論觀點主義時指出，觀點主義的使用能讓我們對歷史學家的工作有所理解。因為觀點主義能幫助我們理解：

　　①歷史學家是有限的，他的資訊是不完整的：他的理解無法主宰他研究所伴隨的資料，他的判斷也可能有誤。

　　②歷史學家會進行選擇，但是選擇的過程不是主體對其自身或是其所處早期階段的具體化控制。

　　③我們可以預期選擇的過程與他們的最初狀態可能是不相同的，因為歷史學家也是歷史的存有者，所以歷史學家將埋沒於不斷持續前進的歷史

中。

　　這意味著歷史學家就應該要毫無保留地接受他的背景與文化而不反省嗎？並非如此。郎尼根傾向於認爲，當歷史學家能正確掌握自己背景甚或偏執時，他就是一個稱職的歷史學家。爲此，郎尼根認爲：

　　當我們討論歷史學家無法擺脫他的背景時，並不意味著我建議他不要克服個人、團體或時代的偏見，也不是説他不能接受理智、道德或宗教上的轉變。其次，我也沒有那個意思要⋯⋯歷史學家從他的時空中將自己對素材的掌握搬移到另外時空以便理解其價值的能力。最後，我也不意指不同背景的歷史學家不能彼此了解以至於能將對過去的彼此分岔轉向逐漸合一。（《神學方法》，217頁）

Q3 歷史學家的眞實樣貌究竟爲何？

　　根據前面的討論，歷史學家似乎是一群不客觀且具有固定價值的研究者。但是，歷史學家究竟是如何的一群人？郎尼根在《神學方法》書中第九章第七節透過九個問題描繪歷史學家的工作：

　　①歷史學家的工作中存在著某些基礎（哲學）信念，若是他能發現這些信念，對他的工作能有更進一步的幫助。

　　②歷史學家有時候會採用類比的方式來釐清往發生的事情，但是類比的使用不能是自然科學式的意義，使用類比也應該謹守相關的規範或範圍。

　　③歷史學家並非不能使用某些特定的理想架構（一如郎尼根舉出韋伯的理念型概念），但是理想架構的使用有其限制。

　　④接續上面而來，歷史學家有時會追隨某些特定歷史理論。但一如理念型的使用，這些歷史架構的使用可能會導致失去對歷史眞貌的理解。

⑤歷史學家確實對過往史實提出解釋，但這些解釋是對理智的建構，而非普遍化的工作與規律。

⑥接續上面的觀點，歷史學家並不制訂因果法則，一如自然科學一般。（但是他可以解釋事件間的因果關聯。）

⑦歷史學家極有可能會陷在某些偏執中，和其他人相同。他可能會為了某些特定目的而撰寫歷史，所以歷史學家需要明白自己的偏執。但這並不意味歷史學家的偏執是錯的，因為歷史學家也是認知主體。

⑧歷史學家不能完全不受價值拘束（value-free），只有在特定情況下才能如此說明。歷史學家的研究中還是帶有特定的價值限制。

⑨歷史學家確實相信著某些事物，因為這是其進行歷史工作的基礎。

上面的九個問題，最終描繪出一個能夠洞察的認知主體。他或許受到價值與文化的影響，但是他能發現自己的問題何在，並且盡可能地在合理的前提下對事實加以闡述與說明。換言之，從歷史學家的例證可以發現，知識論在其中所扮演角色為基礎工具的部分。就歷史學家的專業訓練而言，他們在面對龐雜史料時確實能抽絲剝繭以理出脈絡。此為知識論所探求「真理為何」工作的具體實現。

（二）符號學的發展

第二個例證為符號學，其發展亦為根基於知識論的基礎而被建立。當我們看到符號及其指稱對象時，我們就是在探問該符號所具有的意義。此處我們相同可援用郎尼根的理論作為說明。郎尼根在探討意義的傳遞與發展時指出，意義之建構與人類生活有密切關係，因為人的生活由意義構成，而人際之間的溝通也與意義有密切關聯，因為普遍意義建立起溝通的

可能（或潛能），而意義的相反將會造成不同意義的可能以及其中衝突上的可能。更進一步來說，人在不同的人生階段中均因爲不同的意義而建構出不同體驗與內容。意義是一種若缺乏了則實在無法存在的某物（It is something without which that reality does mot exit.）。所以意義是「人類生活形式與建構的要件」，並認爲唯有在認知結構上以類比方式才能理解意義的內容。郎尼根特別強調符號與語言作爲意義傳遞媒介。他對於符號的定義是：一個實際的圖象或是虛構的對象能引發感受或是被感受所引發。感受雖然與對象相關，但仍可進一步加以說明感受與對象，甚至包含主體的關聯性。對符號的認知，經由個人關係而使符號與感受彼此關聯，然而當（多樣化的）感受匯聚時可能在個人身上產生衝突，因爲感受與其主體有密切的關聯性。這使得符號會因對象改變而與感受彼此相關。而語言的使用則是因能表達出主體的世界，所以更能清楚描繪出意義的作用。

1.符號爲何？

許多學者透過研究已經指出，社會價值能透過某些特定符號加以呈現。[5]這樣的觀察在郎尼根的著作中也能看到。嚴格來說，郎尼根所處的時代，符號學研究仍方興未艾，符號對他而言也還無需專章探討。[6]不過郎尼根仍然爲符號下了定義：符號是一個實際的圖象或是虛構的對象，其能引發感受或是被感受所引發。此處所提之定義，以感受概念爲主。感受雖然與對象相關，但仍應進一步指出感受與對象間，甚至包含至主體間的

---

[5]　參林信華，《符號與社會》，臺北：唐山出版社，1999年，頁64-74；98-103。

[6]　郎尼根關於符號的探討散見各著作中，此處使用的包括了：*Method in Theology*(Toronto: University of Toronto Press, 1972), pp.64-7; ‘Time and Meaning’, in *Collterd Works of Berbard Lonergan*, Vol.6(Toronto: Published for Lonergan Research Institute of Regis College, 1996),pp.98-100, also see ‘The Analogy of Meaning’, pp.189-91. 關於郎尼根解釋符號對於意義的傳遞，參黃鼎元，〈論郎尼根意義概念作爲兼容論之共同立足點的可能性〉，天主教輔仁大學第二屆郎尼根與當代思潮學術研討會，2012年3月。

關聯性。所以郎尼根強調：符號的認知能夠經由個人的關係而使符號與感受造成彼此關聯。他並未否認，多樣化的感受匯聚於主體時可能造成個人（內在價值觀）的衝突，這些衝突會使符號所代表之對象與主體間關係產生改變。為此，郎尼根分析符號具有以下七個特點，這些特點使得符號成為意義的載體：

(1)相同意向下的符號沒有差別。他們可以互換與結合，或是減少所代表的強度和解釋的多樣性。

(2)經由混合而得到的混合類型符號，此混合中的任一要件有可能無所差別，或僅在原本符號上具有些微差異。

(3)新的影響產生或是有與常軌不符之情形時，可能會引發對符號的重新評估或對符號使用的超越結果。這使符號將會擁有新的意義表達。

(4)符號所依據的規則並非（只是）邏輯的，而更應說是圖象與感覺的。因為邏輯迫使符號使用（某些受限定而）被描述的特徵。

(5)符號的使用範圍遠超過邏輯與辯證能處理的範圍，特別是涉及情感方面的符號。

(6)唯有在主體際遇間的溝通中，符號方能夠提供適當意義。

(7)唯有透過符號才能對不同的符號產生理解。

為主體而言，符號的運作是基於其所關注的世界而存在。主體所關注的世界被郎尼根稱為視域。用現代符號學的角度來說，視域可說是主體操作符號所需要的文本。

2.符號的意義表達[7]

按郎尼根所言，符號具有其意義但不受特定符碼限制，故任何事物均可以作爲符號之一種。此處所謂的符號被強調爲可以作意義傳遞的載體。若要正確理解符號需要考慮符號所在的文脈──雖然大多數符號學家強調符號（symbol）與記號（sign）的差別在於符號本身即爲文脈。一如國旗，雖然本身就是文脈，卻也必須在歷史、國家的概念上才能被傳遞其意義或肯定其價值。林信華在分析中指出，任何符號都具有基本傳統，他並引述皮爾士（C. S. Pierce）的觀點指出，符號與符號系統乃根植於社會原則中，而書寫和語言符號在社會實踐上具有約定成俗的規則。這意謂著符號需要根基在日常生活中衆人所熟悉的共同知覺或常識經驗，而每一個符號能達成意義與價值上的傳遞，是因爲我們所共同意識到的共同背景。這也意謂著不同性質的符號，進一步都會是一種不同的邏輯系統。

符號作爲意義與價值的載體就預設著我們是活在社會中的主體。因爲符號能夠作用在群體中是因符號都預設著主體行動的規則。任何一個我與你之間均具有相互主體性，並預設著彼此之間具有符號可供溝通。而符號的溝通也預設著一個在社會與歷史中已經存在的符號系統。林信華以語言作爲傳遞意義與符號的載體爲範例，指出四個特點：[8]

(1)語言具有客觀性、本身的一致以及行動上的一致。此點包含對事件的主觀控制項及主體之間的社會控制形式。

(2)語言符號預設社會中的結構。因爲人活在歷史中，使得語言具有社會性與制度性，符號因此是一種社會性傳遞，具有歷史的累積，並可從

---

[7]　黃鼎元，〈意義呈現的討論與反省〉，輔仁大學哲學系：第一屆輔仁學派成果發表會，2013年6月。
[8]　林信華，《符號與社會》，頁57到61。

其歷史累積中找到對應的歷程。

(3)社會結構決定了語言。設定語言即爲符號的前提上，不論語言或符號都具備社會性與歷史性，因此其形成並具備著自身溝通的循環鍊。然而這種自身溝通的概念亦形成一種知識社會學的建構，並標示出不平等的社會地位。

上述三點均意謂語言在意義與價值的傳遞上受制於社會整體價值系統，所以造成意義在傳遞上也受制於整體社會價值。這樣的價值有被打破的可能性，這種可能性來自於天才的存在。

(4)理解並非絕對由前面所提條件決定。不同的歷史與社會中，存在著表達自由的不同程度，也有不同表達方式的自由。因應不同的自由，產生不同的表達中介，亦使得溝通產生不同的可能性。所以天才的意義爲：不受拘束的表現方式，超乎常人的進行溝通的能力。這種表現方式能建構出新的意義與價值。

3.符號標示出的意義世界

所有的符號都因爲根植於社會文脈中，所以要理解一個符號，或是要明白一種價值觀，就必須在這個社會文中進行。就廣義的符號學來說，語言能夠建構出意義，但是有時語言建構出的意義彷彿存在於另外一時空中，一如唯實論所言。這種類似於唯實論的觀點標示出個體（及群衆）關於意義世界的概念與認識。一如禁忌或應做之事之於對此相信者，這些禁忌或應做之事標示出此相信者應爲之符號。如符號學家迪利（John Deely）所提示的，作爲符號的符號不（能）是一個改變被傳遞物的載體，其作用僅是在於傳遞。通過這個符號，人得以透過對所指涉的對象提

出詮釋。[9]所以當特定符號被當作是傳遞意義的載體時，其已經限定了符號的使用，並使之朝向已經被限定的那個部分。如此來看，價值與意義在傳遞上已然出現乖蔽與偏執。因爲符號需要依靠外在舊的某物，就此而言，作爲符號的那一物僅是表象性的意義載體，僅能以一種衍生或從屬的概念去加以理解。若符號脫離外在的某物，則該符號就可能必須要代表另外一個他者，也就是呈現出自身之外的另外一物：迪利稱這種狀態爲符號的關聯性（relativity）。[10]正是在這種關聯性上，符號的使用才會在傳達意義與價值中呈現乖蔽或扭曲。

這種狀態可被放置於公民價值與社會價值間的關係如同個體與群體間關係內加以討論，因其彼此互相影響也互相扶持，一如詮釋循環圈（hermeneutics circle）的作用一般。此間雖然關係複雜，但毫無疑問均以特定文化符號呈現。這些呈現方式雖不一而足（例如俗語、手勢等等），但大略都可化約或歸類爲某種類型的符號，並衍生出特定意義。既然意義，或是經由意義所引申出來的價值，本身都必然是一種發展過程，而意義本身也具有發展性；那麼任何符號承載意義的過程就與其科技發展彼此緊密相連。人能透過意義的媒介而接觸到意義，而此行爲會因著人類的成長而有所發展。爲此，郎尼根強調的意義符號需以感受概念爲主，且由人類知識所建構，所以意義的作用應被視爲是一種人類知識的作爲或結果。在此知識的定義並非個體經由感官所得之認識（knowing），而是個體經由經驗與理解對眞實對象進行的肯定與否定。所以更正確地說，意義應被視爲是一種洞察的結果。因爲個體會經由經驗察覺種種可見之物後，將對其理解傳達到理解層次以及判斷層次，並在最後進行判斷之動作。人之所以能在整個過程中正確認識到意義，是因爲知識來自於提問

---

[9] J. Deely, *Basics of Semiotics* (Bloomington : Indiana University Press, 1990.), p.290.

[10] Ibid., pp.57-8.

與回答之間的過程，而此過程已預設意義的存在。因此，一旦人類知識藉由回答問題而建構，人類知識就與意義產生關聯。

國家圖書館出版品預行編目資料

知識論／黃鼎元著. -- 初版. -- 臺北市：五
南，2019.09
　　面；　公分
　ISBN 978-957-763-296-8（平裝）

1.知識論

161　　　　　　　　　　　108001993

1BOR

知識論

作　　　者 ─ 黃鼎元

發 行 人 ─ 楊榮川

總 經 理 ─ 楊士清

總 編 輯 ─ 楊秀麗

主　　　編 ─ 陳姿穎

責任編輯 ─ 沈郁馨

封面設計 ─ 姚孝慈、王麗娟

出 版 者 ─ 五南圖書出版股份有限公司

地　　　址：106台北市大安區和平東路二段339號4樓

電　　　話：(02)2705-5066　　傳　　　真：(02)2706-6100

網　　　址：http://www.wunan.com.tw

電子郵件：wunan@wunan.com.tw

劃撥帳號：01068953

戶　　　名：五南圖書出版股份有限公司

法律顧問　林勝安律師事務所　林勝安律師

出版日期　2019年9月初版一刷

定　　　價　新臺幣480元